天下文化
BELIEVE IN READING

AI新世界

中國、矽谷和AI七巨人如何引領全球發展

AI SUPERPOWERS

China, Silicon Valley, and the New World Order

李開復 Kai-Fu Lee 著

|目 錄 Contents|

全球科技界、商界、學界領袖人物一致推薦

我和賈伯斯、李開復都曾親密共事過，開復描述 AI 新世界秩序的本事，就像賈伯斯在他那場 2005 年著名的史丹佛大學畢業演說一樣精彩。他在書中描述了個人算計如何影響人性，以及罹癌帶給他的智慧，讓他醒悟人類必須善用科技打造一個更充滿關愛的社會。這本書真的非常好看，誠摯推薦給各位。

——約翰‧史考利（John Sculley），蘋果前任 CEO

很少人擁有像開復這樣多元化的 AI 專業經驗，這使得他在預測亞洲和世界其他地方的 AI 發展趨勢時，宛如神諭般精準。這本書帶領我們認識眾多豐富、精彩的故事，非常值得一讀！

——揚‧勒丘恩（Yann LeCun），
臉書人工智慧研究院院長、發明深度學習的科學家之一

開復在本書睿智分析了人類與 AI 共存的藍圖，非常具有真知灼見。這是一本了解 AI 發展的必讀佳作，我們必須深刻向內尋求人類的價值，挖掘人性的智慧，才能妥善引領 AI 的發展。

——薩帝亞‧納德拉（Satya Nadella），微軟 CEO

開復對新一波 AI 發展背後的科學技術，以及中國崛起成為 AI 強權的關鍵要素，擁有非常深刻、精闢的見解。在本書，他和我們分享 AI 即將如何改變我們的社會、影響全球政經的發展。在科技議題的書寫中，他不忘對人性的關懷，提醒我們要睿智選擇前方的道路。

——約書亞・本吉奧（Yoshua Bengio），蒙特婁大學學習演算法研究院（MILA）主任兼教授、發明深度學習的科學家之一

李開復站在 AI 革命的最前沿，透過這本書幫助我們超越思想的界限，用他第一手的經驗讓我們了解中國目前飛速發展的 AI 科技生態系統。對所有認真關切人類未來的人，這本書是一本必讀佳作。

——彼得・迪亞曼迪斯（Peter Diamandis），奇點大學共同創辦人、《紐約時報》暢銷書《膽大無畏》作者

李開復是我踏入人工智慧領域的老師。

——郭台銘，鴻海科技集團總裁

這本書闡述的 AI 觀點非常睿智，時有令人驚奇之處、增長見聞，用非常邏輯化又鼓舞人心的方式，將 AI 和人類連結起來。真心建議各位花點時間閱讀這本書，你會獲得不少啟發，同時感到興奮。

——克里斯・安德森（Chris Anderson），TED 總裁暨首席策展人

開復在這本書中描述了全球科技的發展，分享了他長年在 AI 的專業經驗、身為世界一流創投業者的獨到看法，以及他罹癌康復的人生經驗。這是一本絕佳的未來指引，讓我們了解 AI 將為人類帶來的種種好處，也提醒我們不要忘了人之何以為人的獨特之處。

——雅莉安娜・赫芬頓（Arianna Huffington），《赫芬頓郵報》（*The Huffington Post*）創辦人、Thrive Global 創辦人兼執行長

李開復可能是世界上對全球科技發展觀點最全盤、透澈的人。

——艾倫・默里（Alan Murray），《財星》（*Fortune*）雜誌總裁

AI 是目前最受萬眾矚目的重要科技趨勢，即將大幅改變人類社會和地球面貌，開復在這個領域具有非常深刻的洞見。中國高新技術急速發展，舉國積極投入創新，對西方領先國家來說，是非常有趣、令人興奮的挑戰，未來有好戲可看了！

——程守宗（John Chen），
黑莓（Blackberry）公司董事長兼 CEO

這是一本由世界級專家所著、萬中選一的好書！李開復是一流的 AI 科學家、企業主管和中美兩地的創投業者，由他來描述中美兩國在 AI 的發展，比任何人都更合適、精準許多。

——塞巴斯蒂安・特龍（Sebastian Thrun），
優達學城（Udacity）創辦人

這本書精彩揭露了中國目前正在經歷的 AI 轉型，表達了對人類如何在未來與 AI 共存的擔憂。李開復以第一手的經驗，為我們精彩解說中美兩國在發展 AI 時，社會和政策對相關發展的支持與阻礙，提醒我們 AI 無可避免會帶來一些重大風險，並且與我們分享了他罹癌的故事，最後勾勒出人類與 AI 共存的藍圖。

——讓・塔林（Jaan Tallinn），Skype 共同創辦人

在這本精彩好書中，開復運用他的「超級力量」，預測定義 AI 未來的破壞力量，提出革命性的新社會契約：人機協作機制，結合 AI 優化能力和人類心靈的綜效。

——馬克・貝尼奧夫（Marc Benioff），
Salesforce.com 創辦人暨董事長

未來肯定不像過去，一項主因是 AI 的發展和日益龐大的影響，現在其實已經為中美兩國帶來一些新的經濟機會，以及一些治理上的問題。想要妥善應用這項重大的創新突破，我們必須先了解 AI 在現實世界已經有哪些應用、在不同國家如何發展，這些新科技又如何改變我們的生活和經濟。對所有想要掌握這項重大變革驅動因素的人，這本書都是一本絕佳的入門讀物。

——喬治・舒茲（George Shultz），美國前國務卿

如果你關注 AI 對人類未來的影響，就不能錯過 2018 年這本重量級巨作。如果你是創業者、投資人或企業主管，在這本書中，你會了解中美兩國在 AI 的發展情勢，以及即將改變全球經濟的 AI 四波浪潮。如果你是政策制定者，本書有人類如何與 AI 共存、繁榮發展的藍圖；面對愈來愈多領域被自動化，我們不必一味害怕。讀完這本書的人都會獲得提醒，AI 的力量雖然十分強大，但不會改變對人類而言真正重要的東西。

　　——提姆・歐萊利（Tim O'Reilly），歐萊利多媒體
　　　　（O'Reilly Media）創辦人

AI 已經在愈來愈多領域超越人類智能，改變地球。開復始終站在 AI 革命的核心位置，他在 AI 的專業經驗長達 35 年，寫出了這本終極指南，所有想要了解最新趨勢的人都不容錯過。

　——艾瑞克・布林優夫森（Erik Brynjolfsson），麻省理工學
　　　院史隆管理學院教授、《機器，平台，群眾》共同作者

李開復在太平洋兩岸都是一號傳奇人物，用「天才」兩個字來形容他最合適，因為他處處展現了過人的聰明才智。他不只是一個科技專家，尤其是在 AI 領域，也是一個令人崇敬的創業家，激勵全球各地許多人追求自己的夢想。全球有七十幾億人口，只有少數人渴望改變這個世界，在這些具有雄

心抱負的人當中，又只有極少數的人能夠真正做到，李開復就是其中一員。他在這本書和我們分享他的專業知識、對未來的看法，還有他令人感動的人生經驗。我相信，這本書肯定會再次讓他獲得更多的粉絲和追隨者。

——吳華揚，百人會會長

李開復數十年來都是 AI 革命的領軍人物，他在這本啟發人心的好書中，分析中國何以成為 AI 強權。面對未來，他告訴我們可以樂觀以對，只要我們能夠找出人機協作的妥善機制，人類在生活和工作上的許多面向，都可以獲得強化和擴大。

——丹妮拉・露絲（Daniela Rus），MIT 電腦科學和
人工智慧實驗室（MIT CSAIL）主任

在所有 AI 科學家和從業者中，開復坐擁了絕佳位置，第一手觀察中國在過去二十年來的發展，並且透過這本書大方分享給我們。對所有想要了解中國如何快速崛起，成為唯一可與美國相抗衡的 AI 強權，以及對未來感興趣的人，這都是一本不容錯過的精彩好書。

——拉吉・瑞迪（Raj Reddy），卡內基美隆大學教授、
圖靈獎得主

不，我才不要全身赤裸，讓李開復整個看透我，就像他在書裡面討論的各種主題一樣。無論如何，開復在這本書中，成功傳達了一項重要訊息，所有西方人士都應該仔細聆聽：中

國已經崛起，準備在 AI 時代稱霸全球，因為他們擁有更多更豐富的資料。在西方人士擔憂隱私法規之際，開復指出，中國在法規管制、整體發展規模和社會的看法上，都具有天然的優勢，足以發展出像微信、大疆創新無人機，或是新的自駕車技術。身為美國科技專家，這本書對我的矽谷同業提出了很好的警訊：中國就要迎頭趕上了！

——羅伯特‧斯考伯（Robert Scoble），美國知名部落格作者、技術傳播者

在這本精彩好書中，華人 AI 教父李開復告訴我們，中國如何崛起成為世界 AI 強權，並和我們分享人類如何與 AI 共存，而不是只能慘遭無情取代。

——馬克斯‧鐵馬克（Max Tegmark），麻省理工學院物理學教授、暢銷書《Life 3.0》作者

李開復在這本書中，針對 AI 在不久未來的發展，以及中國推動相關發展的重要角色，提供了十分具有啟發性、深刻、嚴正的觀點。他提醒我們，對於科技進步不該只是沾沾自喜，也應該謹慎思考 AI 對全球社會和人類的影響。

——伊藤穰一，MIT 媒體實驗室（MIT Media Lab）主任

沒有人比李開復更懂中美在發展 AI 上的複雜情勢和優劣條件，他是個「科技巫師」，長年領導中美兩地的 AI 研發團隊，從小浸淫在東西方兩種文化，現在領導全中國最頂尖的

AI 創投基金公司。他多元化的豐富背景，使他在文化、政策、科技等層面的剖析角度，都比大多數的 AI 專家深入許多。所有對 AI 未來感興趣的人，都應該抽空閱讀這本書，了解 AI 將如何改變世界秩序。

——湯姆·米契（Tom Mitchell），
卡內基美隆大學機器學習學院系主任兼教授

開復整個生涯都投入於科技，他的選擇非常正確。許多關於科技發展的報導寫作，不是抓不到重點，就是過度樂觀，開復的觀點清晰、令人耳目一新。本書提供了許多獨到的見解，我們必須特別關注他為何會說中美的 AI 發展不是一場零和遊戲，只有回歸人性、重視人際之間的關愛，我們才可能真正勝出。他在書中分享了罹癌的經驗，也十分令人動容，我會推薦這本書給我所有想要掌握 AI 趨勢的朋友。

——安德魯·摩爾（Andrew Moore），
卡內基美隆大學電腦科學學院院長

在這本極具啟發性的好書中，李開復認為 AI 會是中國趕上西方世界發展的最好機會，同時敦促我們重新思考人類的價值。這是一本由世界一流頂尖科技專家所寫的重要著作。

——梅麗特·傑諾（Merit Janow），
哥倫比亞大學國際公共事務學院院長

當世界變得愈來愈緊密連結、愈來愈智慧化和自動化，自然就會出現兩種人：一種熱情擁抱改變，他們是未來的創造者；另一種是這些創新與進步的消費者。未來的改變只會愈來愈快，全球各地的民眾都需要重新調適生活。對所有尋求了解 AI 力量的創造者來說，李開復的這本書是一本必讀好書，有助於善用 AI 的種種益處。

——約翰・霍普克洛夫特（John Hopcroft），
康乃爾大學教授、圖靈獎得主

李開復的這本 AI 新著，對於所有想要了解世界和人類文明未來的人來說，是一本必讀佳作。開復雖然在 AI 領域深耕了長達 35 年之久，但是解說 AI 的能力十分高明，對於像我這樣非領域專家的人來說，我很快就能掌握到他想要傳達的重點。他用深入簡出的方式來推廣 AI 科普知識，有助於我們釐清許多恐懼，看見希望。

——劉遵義，香港中文大學前校長

李開復在 AI 科研、企業領導、創投，以及中美兩地工作，都有第一手的長年經驗。這使得他和其他 AI 專家相比，具有更全面、跨文化的獨到眼光。這麼獨特的專業背景，讓他在這個變動愈來愈快的世界中，始終保持無與倫比的精準眼光。所有讀者閱讀這本重要著作，都能獲益匪淺。

——陳繁昌，香港科技大學校長

前 言

人工智慧的未來

身為創投家，我的工作時常需要對全球政商精英進行人工智慧（Artificial Intelligence, AI）的演說。有時候，我也會跟幼兒園的小朋友談論相同主題，這算是我的工作一大樂趣。令人意外的是，這兩個貌似截然不同的閱聽族群，經常會問我相同問題。最近，我參訪了北京一家幼兒園，一群嘰哩呱啦愛說話的 5 歲小孩，包圍我「拷問」人工智慧的未來。

「以後會有機器人老師嗎？」

「如果機器人汽車相撞，我們受傷了，該怎麼辦才好？」

「人類可以跟機器人結婚、生小孩嗎？」

「電腦會變得太聰明，反過來命令人類做事嗎？」

「如果機器人什麼事都能做，我們要做什麼？」

這些幼兒園小朋友提出的問題，呼應了全球最有權勢和影響力人士提出的問題，大家在言談互動間顯露出幾點值得討論的現象。首先，可以看出，不論男女老少，AI 已是眾人關注、思考的重要議題。不過才幾年前，AI 還只是學術研究實驗室和科幻電影的一門專業，一般大眾也許模糊有點概念，知道 AI 好像就是打造出人型機器人，能夠像人類那樣思考、行動，但想像不到那樣的未來景象，和一般人的日常生活能有多大、多密切的連結。

我和 10 後（2010 年～ 2019 年出生）的小朋友討論人工智慧

　　現在，一切都改變了。在各種報章媒體上，經常披露最新人工智慧創新的報導；在各地城市中，幾乎天天都有討論如何利用人工智慧來提升獲利的研討會；世界各國的政府也陸續發布國家計畫，提出如何運用這項科技的施政及發展方針。突然間，人工智慧成為公眾熱議，這不是沒有原因的。

　　近年來，人工智慧的重大理論突破，終於產生能夠改變眾人日常生活的實務應用，為我們喜愛的許多應用程式和網站提供強大效能。在不久的未來，人工智慧將能為我們開車，管理我們的投資組合，製造我們會買的許多東西，甚至搶走我們的飯碗。人工智慧的各種應用，既充滿希望，也潛

藏危險，我們必須同時做好準備。

此外，我和幼兒園小朋友的交談發生地點，也引人深思。也是才沒幾年前，中國在人工智慧領域落後美國數年、甚至數十年的發展，但在過去三年間，中國各地掀起了一波人工智慧熱潮，對這個領域的興奮狂熱全球少見。在這裡，人工智慧熱潮一路從科技界、商界、各級政府機關，延燒到北京的幼兒園教室裡。

這種對人工智慧的普遍狂熱與支持，反映出中國在這個領域的力量持續壯大中。中國的人工智慧公司和研究人員，已經大幅追趕上美國同業，不斷地在各應用領域實驗創新的演算法和商模，可望創造中國新一波的經濟革新。商業界和學術界聯手將中國重新打造成真正的人工智慧強國，成為在這個新興科技領域中，唯一能和美國相抗衡的國家。中美兩國如何在人工智慧領域競爭與合作，將對全球經濟治理有著非常重要的影響。

最後，我和那些幼兒園小朋友的交談，讓我發現了一件事：關於人工智慧的未來，我們全都和那些小朋友一樣，所知甚少。我們都有滿腹的疑問，卻沒有答案；我們帶著童真的好奇心想要展望未來，卻免不了成人的困惑和擔心。我們都想知道人工智慧自動化，對我們的工作和人生目的有何含義。我們都想知道哪些人和哪些國家，將會受益於這項重大的新科技。我們都想知道人工智慧是否能為眾人生活帶來物

質富裕;而且,在一個由智能機器操縱的世界,人類是否還有用武之地。

當然,沒有人有水晶球,可以告訴我們這些問題的答案。但就是這樣的不確定性,使得我們主動思考、盡可能尋求答案,變得更重要。我寫這本書,就是要嘗試做這件事。當然,我沒有神諭,無法完全預測人工智慧的未來。但是,在接下來各章節中,我會引據長年身為人工智慧研究人員、科技業高階主管,以及目前在中美都是創投業者的經驗,分析解說我們是如何走到目前的境界,期望引發眾人對未來之路的新探討。

想要預測 AI 故事的結局非常困難,一部分是因為這不只是一個關於機器的故事,也是一個關於人類的故事。人類擁有自由意志,可以做出選擇,塑造自己的命運。人工智慧的未來將由我們創造,反映出我們的選擇與行動。我希望,在過程中,我們將深入自己與彼此的內心,尋找指引我們的價值觀與智慧。

懷著這樣的精神,我們開始探索吧!

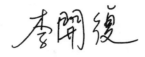

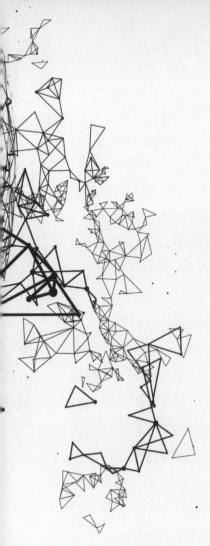

第 1 章

中國的史普尼克時刻

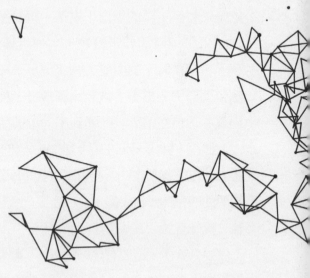

　　這個戴著四角黑框眼鏡的中國青年，看起來怎樣也不像是為人類勝利捍衛最終一道防線的英雄。這個身穿黑西裝、白襯衫，領口繫著黑領帶的年輕人名叫柯潔。此刻，他整個人癱坐在椅子上，揉著太陽穴，苦思眼前的這道難題。才19歲的他，平時自信滿滿，近乎驕傲自負，此刻卻在皮椅上一副侷促不安的樣子。把場景轉換一下，若是在課堂上，他看起來不過是個在苦思幾何學證明題的大學預科生。

　　但在 2017 年 5 月這天下午，他絞盡腦汁對付的，是全球最聰明的圍棋程式 AlphaGo，這是由世界最頂尖的科技公司谷歌（Google）旗下的 DeepMind 公司開發的人工智慧軟體。這場人機大戰的戰場是 19×19 的棋盤，雙方用來作戰的是一粒又一粒的黑白小棋子。棋具雖然簡單，但圍棋的玩法和下棋策略卻非常複雜，名列世界上最難的棋類遊戲前茅。下圍棋時，對奕雙方輪流把黑子和白子下到棋盤上，試圖包圍對手的棋子。截至比賽當日，柯潔是全球排名第一的圍棋手，但在這天，他遇到了一位前所未見的敵手。

　　據說，圍棋至少在距今 2,500 年前就被發明，是世界上最古老的棋類運動之一。在中國古代，圍棋是所有文人雅士必當嫻熟的四藝（琴棋書畫）之一；人們相信，下圍棋能夠陶冶禪性，提升智慧。其他棋類如西洋棋，下棋時主要靠戰術，圍棋不僅要靠戰術，還要有足夠的耐心，慢慢布局、走子圍城，使得下棋本身昇華成為一種藝術，一種心境上的修練。

　　圍棋的歷史淵遠，棋局本身的複雜程度也毫不遜色。圍棋的基本規則相當簡單，幾句話就能說完，但棋盤上可能的走子變化，超過目前所知的宇宙原子總數。[1] 這麼多的可能性導致決策樹的複雜程度難以想像，在人工智慧領域，想要打敗圍棋界的人類冠軍，宛如攀登世界第一高峰珠穆朗瑪峰般艱巨。有些比較詩情畫意的人說，機器想要打敗人類圍棋手是不可能的，因為機器缺乏人性元素，這種說法讓圍棋增添了一股神祕的感覺；理性思維的工程師們則是單純認為，圍棋棋盤上的可能變化總數太多了，電腦無法充分評估。

　　然而，就在這一天，AlphaGo 不但打敗柯潔，而且是三戰全勝，壓倒性的完勝。這三場猶如馬拉松的人機對奕，每盤都超過三個小時。柯潔使出渾身解數，測試不同的走法——保守的、具攻擊性的、防守的、大膽的……全都無效。AlphaGo 完全不讓柯潔有機可乘，自開局起就對柯潔進行壓制，柯潔找不到突破點，最終棄子投降。

柯潔輸給 AlphaGo 後落淚

北京觀點

你從這場人機對奕中看到了什麼，要看你從什麼角度來看。在美國一些觀察家看來，AlphaGo 的勝利不只代表機器戰勝人類，也代表西方科技公司睥睨全球。過去二十年間，矽谷的科技公司制霸全球的科技市場，臉書（Facebook）、谷歌等公司，成為最熱門的網際網路社群與搜尋平台，在發展過程中，勢如破竹地一節節擊敗法國、印尼等各國當地的新創公司。這些網路巨人使得美國在數位世界握有的支配力量，和在現實世界中在軍事和經濟上握有的支配力量不相上下。AlphaGo 原為英國人工智慧新創公司 DeepMind 開發的圍棋軟體，DeepMind 在 2014 年被谷歌收購；AlphaGo 在棋壇所向披靡，看來西方國家將繼續把這股強大的支配力量，延伸至人工智慧的新時代。

但就在柯潔與 AlphaGo 對奕之際，我從北京辦公室的窗戶往外看，看到的卻是非常不同的風景。我的創投基金公司──創新工場位於北京中關村，這個地區被稱為「中國矽谷」。今天，中關村是中國人工智慧發展的核心地區，在這裡的人看來，AlphaGo 的勝利意味著挑戰與鼓勵，象徵中國進入人工智慧的「史普尼克時刻」。

1957 年 10 月，蘇聯發射了第一顆人造衛星進入行星軌道，震撼了美國上下，對美國人的心理和美國政府的政策造

成了深遠的影響。這件事引發美國大眾的焦慮，認為蘇聯科技具有優越地位，美國人追蹤這顆衛星，接收它向地球發送的無線電波訊號。這起事件促使美國設立國家航空暨太空總署（NASA），政府大舉補助數學和科學教育，更促使美蘇兩國進入「太空競賽」時代。這場全美動員的結果是，十二年後尼爾・阿姆斯壯（Neil Armstrong）成為首位踏上月球的人類，說了那句振奮世人的歷史名言。

　　不過，AlphaGo 與人類圍棋手對奕的著名首勝，發生的

中國矽谷：北京中關村

時間點稍早一點，在 2016 年 3 月。與柯潔進行人機大戰的一年前，AlphaGo 和韓國傳奇九段棋士李世乭對奕五局，取得四勝一負。在南韓首爾舉行的這場五局的人機對奕，大多數的美國人並未關注，卻吸引了超過兩億八千萬中國人觀戰。[2] 一夕之間，中國陷入人工智慧的熱潮，引發的騷動雖然不像當年史普尼克衛星那樣造成全民躁動，但在中國科技界點燃了一把火，延燒至今。

當全中國的投資人、創業家和政府官員，全部聚焦於一個產業時，集結的力量確實足以撼動全世界。中國現在對人工智慧的投資、研究與創業規模，不斷創下歷史新高。創投業者、科技巨擘和中國政府，將大筆資金挹注到人工智慧的新創事業；中國學生也感染了人工智慧熱，紛紛研修先進科技課程，並且透過智慧型手機觀看國際學者的授課影音串流。新創公司的創辦人熱中於轉換跑道、再造或重塑公司品牌，以便搭上這波的人工智慧熱潮。

柯潔向 AlphaGo 棄子投降後不到兩個月，中國國務院便發布了《新一代人工智能發展規劃》，[3] 表示中國政府在未來十幾年，將投注 1,500 億美元資金建立、發展人工智慧產業。這項規劃表達了政策支持與國家級的統籌策劃，明確訂出 2020 年、2025 年和 2030 年的戰略目標，預期到了 2030 年，中國將成為世界主要人工智慧創新中心，在理論、技術與應用總體達到世界領先水平。中國創投業者已對這項規劃

做出熱烈回應，挹注在人工智慧新創公司的資金屢創新高，
占全球人工智慧創投資金的 48 %，首次超越美國（占
38 %）。[4]

AI 正在改變遊戲規則

中國政府大力支持，主要是因為人工智慧與經濟出現了
全新的典範。人工智慧的發展雖然已超過半個世紀，但是一
直要到近年，學術成果才真正轉化成現實世界的應用。

圍棋賽擊敗人類所涉及的技術挑戰，對我而言十分熟
悉。1986 年，我在卡內基美隆大學（Carnegie Mellon
University）就讀博士班，研修人工智慧，師承於人工智慧
先驅、圖靈獎得主拉吉・瑞迪（Raj Reddy）。那年，我設計
了一套電腦程式，[5] 擊敗奧賽羅棋（Othello）世界冠軍隊的

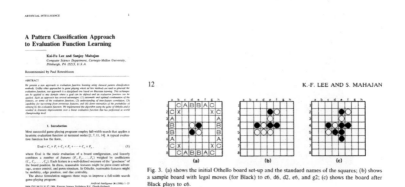

1986 年我設計的奧賽羅棋（又稱黑白棋）電腦程式

一位成員；奧賽羅棋是一種簡化版的圍棋，用的是 8×8 的棋盤。這是該領域首次由程式戰勝人類冠軍，在當時算是相當不錯的成就，但其中涉及的技術，只能用來應付簡單的棋類遊戲而已。

1997 年，IBM 的深藍電腦（Deep Blue）擊敗了西洋棋王加里・卡斯帕洛夫（Garry Kasparov），這場人機對弈被稱為「人腦的背水一戰」（The Brain's Last Stand），引發世人焦慮，擔心機器人大軍不知道何時會征服人類。然而，除了成功推升 IBM 的股價之外，這場人機大戰對現實世界的人

IBM 深藍電腦
（Photo by Jim Gardner, CC BY 2.0,
Wikipedia）

世界西洋棋王卡斯帕洛夫
（Copyright 2007, S.M.S.I., Inc. — Owen
Williams, The Kasparov Agency, CC
BY-SA 3.0, Wikipedia）

類生活，並未造成什麼重大衝擊。人工智慧在現實世界中仍然少有應用，研究人員努力了幾十年，還是沒能產生什麼根本性的重大突破。

　　基本上，深藍電腦是以「蠻力」（brute force）取勝，主要仰賴改善硬體的運算速度，計算每一步棋的成功機率，需要真人西洋棋冠軍指導策略。沒錯，就運算工程而言，深藍的獲勝是項了不起的成就，但它背後的技術發展已久，只能運用在範圍很有限的領域。走出 8×8 的西洋棋盤之外，深藍就毫無用武之地了。它充其量能夠威脅到的，也不過就是世界西洋棋王罷了。

　　但這次不一樣。柯潔與 AlphaGo 的人機對弈，雖然也是棋盤上的對戰，但在真實世界中造成了重大的改變，包括在中國掀起的人工智慧熱潮，以及 AlphaGo 完勝柯潔的背後技術進步。

　　AlphaGo 的技術原理是「深度學習」（Deep Learning），這是人工智慧一種突破性的方法，大大增強了機器的認知能力。採用深度學習的程式，如今在人臉辨識、語音辨識、核發貸款等工作上，做得都比人類好。在過去半個世紀間，人工智慧革命好像都是五年後會來，就這樣五年又五年，數十年過去了。直到過去幾年深度學習的發展，人工智慧革命終於來了。這場革命將會帶來生產力的激增，但也會廣泛破壞勞動力市場，隨著人工智慧在各產業取代人類就業，將對人

們造成嚴重的社會心理影響。

柯潔與 AlphaGo 人機大戰期間，我擔心的不是一些知名科技界人士警告的 AI 殺手級機器人，而是真實世界中若發生大規模的失業，可能引發的社會動亂。人工智慧對人類就業的威脅，比多數專家預期的都來得快，而且不分藍白領、無論教育程度，很多人的飯碗都有不保之虞。在柯潔向 AlphaGo 棄子投降的那天，深度學習奪走的，不只是人類圍棋冠軍的寶座；這項取代人類地位的科技，很快就會來到你我附近的工廠和辦公室，奪走人類的飯碗。

圍棋機器裡的幽靈

但在柯潔與 AlphaGo 的人機大戰中，我也看見了希望。在長達三個小時的馬拉松式比賽裡，柯潔進入撞牆期，他已經盡力了，雖然他知道還不夠，他與 AlphaGo 之間有著巨大的差距。他垂肩坐著，抿著嘴唇，眉頭抽動，止不住內心的情緒，摘下眼鏡拭淚。這個動作發生得很快，但所有人都能看出他的情緒。

淚水讓人們對柯潔產生同情與支持，在那三番棋中，柯潔歷經了人類情緒的高低起伏，先是自信滿滿，再來是焦慮、害怕、重燃希望，然後心碎。柯潔展現出他的拚搏精神，而我在這些比賽中，看到的是一種真愛的行為，一種出於對比賽、圍棋、其他棋士的尊重與熱愛，願意竭盡所能地

和難以抗衡的對手努力纏鬥下去。大家看見柯潔沮喪、難
過，紛紛做出友善的回應。AlphaGo 雖然贏得世界圍棋冠軍
的寶座，但落敗的柯潔成了人們心中的鬥士。在過程中，我
看到人類付出和回報善意與愛，瞥見了一線希望的曙光，我
發現在人工智慧的時代，人類將如何找到工作與人生意義。

　　我相信，如果能夠巧妙運用人工智慧，將是中國趕上、
甚至超越美國的大好機會。但更重要的是，無論對什麼人來
說，這波典範轉移將會創造機會，讓所有人重新發現人之所
以為人的意義。在那之前，我們先來了解一下這項新科技的
基本原理，知道它可能如何改變這個世界。

深度學習的發展簡史

　　「機器學習」（Machine Learning）是一項改變歷史的技
術，旗下包含了深度學習，歷經半世紀雜亂無章的研究之後
倖存下來。人工智慧自發展以來，走過多次的興衰週期，每
每看似前景大好，不久後又會出現「人工智慧的寒冬」——
由於缺乏實用成果，導致研究經費遭到大砍。想了解此次深
度學習為何會造成全然不同的發展，就必須回顧一下人工智
慧至今的進程。

　　1950 年代中期，人工智慧先驅為自己訂定了一項極為
宏大、但定義明確的使命：在機器上再造人類智能。這項定
義明確、但極為困難的使命，吸引了當代一些最傑出的鬼

才，投身於新興的電腦科學領域，包括馬文‧閔斯基（Marvin Minsky）、約翰‧麥卡錫（John McCarthy）、赫伯特‧西蒙（Herbert Simon）等人。

1979 年，我還只是個大學生，在哥倫比亞大學唸電腦科學系，電腦和人工智慧的發展令我大開眼界，產生了無限的想像。我在 1961 年出生於台灣，11 歲搬到美國田納西州，在當地完成中學學業。我在紐約市的哥倫比亞大學唸了四年書、取得學士學位之後，知道自己想要深耕人工智慧的領域。1983 年，我申請電腦科學博士班時，甚至在讀書計畫中寫下了這段有點吹牛的描述：

> AI 是對人類學習過程的闡釋、對人類思維過程的量化、對人類行為的澄清，以及對人類智力的理解。AI 是人類認識並理解自己的最後一步，我希望加入這個全新、但是最能改變世界的科學。

這段論述幫助我順利進入頂尖的卡內基美隆大學電腦學博士班，那裡是人工智慧尖端研究的溫床。但這段論述也顯示了我對這個領域的天真看法，不但高估了人類了解自身的能力，也低估了人工智慧在狹窄領域產生超人智慧的能力。

當我開始唸博士班之後，人工智慧分為兩派陣營，一是規則式（rule-based）研究方法，另一是神經網路（neural

networks）研究方法。規則式陣營的研究人員，藉著編寫一系列的邏輯規則（若……，則……），讓電腦中的人工智慧程式遵循邏輯學的基本規律，進行運算、歸納或推演，這種系統也被稱為「符號系統」（symbolic systems）或「專家系統」（expert systems）。這套方法適用於定義明確的簡單遊戲，也就是所謂的「玩具問題」（toy problems），但是當可能的選項或變化數目大增，就行不通了。為了讓人工智慧程式更適用於真實世界的問題，這派陣營的研究人員會訪談問題領域的專家，把他們的智慧建言編寫到程式的決策流程裡，也因此有「專家系統」這樣的稱號。

　　至於另一派的神經網路陣營，則是採取非常不同的方法，不是教電腦學習人腦的思維法則，而是乾脆在機器上重建人腦。據我們所知，動物的智能源頭只有一個，那就是大腦內部錯綜複雜的神經元網路，這派陣營的研究人員便決定從源頭下手，模仿人腦的內部結構，建構可以收發資訊的人工神經網路。和規則式的專家系統不同，人工神經網路的建造者，通常不會編寫規則，讓電腦程式在做決策時有所依據。他們會把特定領域的大量範例資料，例如相片、西洋棋賽、音檔等，不斷地餵給人工神經網路，讓這些網路自行從資料中辨識型態。換言之，人為的干預，愈少愈好。

　　從這兩種方法如何處理一個簡單問題，例如辨識一張相片裡是否有貓，就可以看出它們的差別。規則式方法訂定

「若⋯⋯，則⋯⋯」的邏輯規則，幫助人工智慧程式做出決定。比方說，「如果一個圓形物件上方，有兩個三角形物件，那麼相片中可能有一隻貓。」人工神經網路的方法，則是把數百萬張標示為「貓」或「無貓」的相片餵給電腦系統，讓程式自行判斷這些樣本中有哪些特徵，和「貓」這個標籤最密切相關。

在 1950 年代和 1960 年代，早期的人工神經網路獲得還不錯的成果，令研究人員相當振奮。1969 年，規則派陣營的人馬予以反擊，說服人工智慧領域的許多人士相信，人工神經網路的方法並不可靠，而且用途有限。於是，人工神經網路的研究方法很快就退燒，人工智慧的發展在 1970 年代陷入最早期的寒冬之一。

接下來的數十年，人工神經網路的研究方法偶有短暫聲望，後來又被幾乎完全放棄。1988 年，我採用一種類似神經網路、名為「隱馬可夫模型」（Hidden Markov Models）的方法，建立世界上第一套大詞彙、不指定語者、連續性語音辨認系統 Sphinx。[6] 這項成就雖然使我登上《紐約時報》（*The New York Times*），[7] 仍不足以讓神經網路的方法免於再度退潮的命運；在幾乎整個 1990 年代，人工智慧再度進入冗長的寒冬期。

最後，促使神經網路的方法復甦，進一步邁入我們今日體驗到的 AI 復興的是兩項重要元素的改變，以及一項重大

的技術突破。人工神經網路需要兩項大量的元素才能運作良好，也就是電腦的運算能力和資料；大量的樣本資料餵給系統，以便「訓練」程式辨別型態，電腦的運算能力愈強，就能讓程式快速分析資料。

　　在人工智慧啟蒙的 1950 年代，這兩者都很欠缺，但後來情況改觀了。現在，你手上的智慧型手機的運算能力，比美國航太總署在 1969 年把阿姆斯壯送上月球時所使用的最先進電腦的運算能力高出幾百萬倍。網際網路在過去數十年的發展，產生了數位資料的大爆發，無論是文字簡訊、圖像、影片、點擊紀錄、購買資料、推文等，全都讓研究人員獲得源源不絕的豐富資料可以訓練

1988 年《紐約時報》專文報導：〈和機器對話〉（"Talking to Machines"）

人工神經網路，而硬體在同時期的發展，也讓訓練人工神經網路所需要的電腦運算能力，變得便宜、大量可用。

但人工神經網路能做的事，仍然相當有限。複雜問題若想得出準確結果，就必須有很多層的人工神經元，但研究人員尚未找出方法，有效率地訓練那些大幅增加的神經元層。終於，到了 2000 年代中期，深度學習這項重大的技術突破出現，知名的權威科學家傑佛瑞・辛頓（Geoffrey Hinton）找到一種方法，有效訓練人工神經網路新增的神經元層。這就好像給舊的神經網路打了類固醇一樣，使它們的能力大增，可以有效執行更多更複雜的任務，例如語音和物件辨識。

這些性能大增的人工神經網路（現在有了新名稱，叫做「深度學習」），很快就在各項工作的表現上，遠遠超越舊有的系統。然而，多年來對這派陣營根深蒂固的成見，導致許多人工智慧的研究人員，漠視這個已經獲致出色成果的「邊緣」族群。轉捩點發生在 2012 年，辛頓團隊建造的一個人工神經網路，在一場國際電腦視覺競賽中勝出。[8]

在人工智慧研究的邊緣地帶熬了幾十年後，神經網路一夕成為主流，這次以「深度學習」的形式現身。這項突破可望融化最近一期的人工智慧寒冰，首度將人工智慧的力量，應用在廣泛的真實世界問題。世界各地的研究人員、未來學者、科技公司執行長，全都開始談論人工智慧的巨大潛力，

包括辨識人類語言、翻譯文件、辨識影像、預測消費者行為、辨識詐欺、放貸決定、機器視覺，甚至自動駕駛等。

揭開深度學習的面紗

那麼，深度學習是如何做到這些的呢？基本上，深度學習演算法使用特定領域的大量資料，為想要的結果做出最優化的決策。演算法會自我訓練，辨識大量資料中指向預期結果的深藏模式和關連性。資料標示出預期結果，例如：「貓」vs.「無貓」，「還款了」vs.「未還款」，「贏了」vs.「輸了」，型態辨識的流程就會更容易。演算法可以運用找到的這些關連性所累積的龐大知識（其中很多是人類看不到或覺得無關的），做出比人類更好的決定。

想要把這件事做好，就需要大量的相關資料，還有一套強大的演算系統、某個特定領域，以及具體明確的目標；欠缺任何一項，都無法運作得好。資料量太少的話，演算法沒有足夠的樣本，可以挖掘出有意義的模式和關連性。目標設得太廣的話，演算法將缺乏明確標竿做到最佳化。

深度學習屬於「限制領域人工智慧」（Narrow AI），或稱為「弱人工智慧」（Weak AI），或「應用型人工智慧」（Applied AI），使用特定領域的資料，運用這些資料最佳化特定結果。目前，在這個領域的 AI 發展成果已是相當驚人，但還是遠遠比不上「通用人工智慧」（General AI），或

稱「強人工智慧」（Strong AI），指的是能夠勝任人類所有工作的人工智慧。

深度學習最自然的應用領域，就是保險和放款等業務方面。借款人的相關資料非常多，信用評分、所得、信用卡近期使用情形等，想要優化的目標則是非常明確，就是降低還款違約率。進一步的應用例子包含自動駕駛汽車，深度學習可以幫助自駕車「看到」周遭的世界，藉由辨識相機像素中的型態（紅色八邊形），判斷物件和什麼有關（停車標誌），

機器學習正在分析、辨識街道上的人和物體

再利用這些資訊做出決策（煞車慢停），以最佳化你期望的結果（用最短的時間把我安全送回家）。

　　大眾之所以對深度學習感到如此振奮，主要是因為它的核心能力——辨識型態、優化特定結果、做出決策，可以運用在非常多的日常問題上。這也是為什麼谷歌、臉書等許多公司，爭相開出百萬美元的高薪，聘請為數不多的深度學習專家，進行野心雄大的研究計畫。谷歌在 2013 年收購辛頓創辦的新創公司，翌年又斥資超過 5 億美元，買下英國的 DeepMind 公司，開發出 AlphaGo。[9] 這些計畫的成果持續震驚各地的觀察家，成為媒體矚目的焦點，改變當代的文化思潮，讓世人們意識到，我們正站在一個新時代的邊緣；在那個新時代，機器的能力將賦予人類更強大的能力，但也可能會大舉取代人力。

AI 新時代，誰能保持領先？

　　在這一切的變化當中，中國位居何處？深度學習這項技術的誕生故事，幾乎全都發生在美國、加拿大和英國，之後有一小群中國創業家和創投基金（包括創新工場在內），開始投資這個領域，但是直到 2016 年中國的史普尼克時刻出現之前，絕大多數的中國科技界人士，都尚未覺醒於深度學習革命的到來，整整比這個領域突破性的學術論文的發表落後了十年，也比這項技術在國際電腦視覺競賽中的自我證明

晚了四年。

　　美國的大學和科技公司，數十年來都因為能夠吸引到全球各地的人才，收割極大的益處。人工智慧的發展似乎也不例外，眼看著美國似乎又要遙遙領先，尤其是頂尖的研究人員，得以利用矽谷豐沛的融資環境、獨特的文化和群聚的產業龍頭。在多數分析師的眼裡，中國科技業注定在全球人工智慧的發展與應用中，持續扮演數十年來一直扮演的角色：一群遠遠被尖端領導者甩在身後的山寨大軍。

　　我會在後面各章說明，這樣的看法錯了。這是基於對中國科技環境的過時假設，也是在根本上誤解了人工智慧革命的背後動力。西方國家點燃了深度學習的火炬，但最大的受益者將會是中國，這種全球性的轉變是下列兩項轉變的產物：從發明的年代轉變為實務應用的年代；從專家的年代轉變為資料的年代。

　　許多人之所以誤認為美國在人工智慧具有重大優勢，主要是因為還停留在我們生活在發明的年代的印象中；在發明的年代，人工智慧的頂尖研究人員不斷打破舊有典範，最終破解存在已久的謎題。媒體不斷報導人工智慧的最新成就，更是助長了這種印象，例如：在某些癌症的診斷上，人工智慧做得比醫生更好；在德州撲克的人機大賽中，人工智慧擊敗了人類冠軍；不用人為干預，人工智慧就自己學會並精通新技能等。媒體如此關注報導人工智慧的每一項新成就，也

難怪一般觀察者、甚至專業分析師，會認為 AI 研究不斷獲得突破性的新發現。

我認為，這種印象有誤導作用，因為在這些「新里程碑」中，很多其實只是把過去十年的技術性突破應用到新問題上，其中主要是深度學習，但還有一些互補的技術，例如強化學習（Reinforcement Learning）和轉移學習（Transfer Learning）。研究人員做這些事，需要卓越的技能和深度的專業知識，不僅要有能力思考、撰寫複雜的數學演算法，還要能夠處理巨量資料，針對不同問題調整人工神經網路。這往往需要博士級的專業知識技能，但這些發展都不過是利用深度學習這項科技大躍進所做的漸進式改善和優化。

實務應用的年代

這些漸進式的改善和優化，其實是把深度學習的型態辨識和預測能力應用到種種不同的領域上，包括疾病診斷、核發保單、開車、中英翻譯等，並不代表我們正在朝著「通用人工智慧」的方向快速前進，或是出現了類似深度學習的重大技術性突破。簡單來說，也就是人工智慧正式進入實務應用的年代，想要利用這個時期賺錢的公司，需要有遠見和才幹的創業家、工程師和產品經理人。

深度學習先驅吳恩達認為，人工智慧是新的電力，[10] 本身是一項突破性的技術，一旦被大幅採用，就能革新許多不

同的產業。就像 19 世紀的創業家很快就開始運用電力烹飪食物、照亮空間、啟動工業設備等；今天的人工智慧創業家，也用深度學習來落實各種創新應用。人工智慧許多困難、抽象的研究工作大都已經完成，現在是創業家捲起袖子、揮汗工作，把深度學習演算法轉換為永續事業的時候了。

當然，我絕對沒有要對基礎科研潑冷水的意思。唯有真正落實於應用，才能使學術研究變得有意義，才能真正改變我們的日常生活。實務應用的年代代表的是，在歷經數十年看似前景不錯的研究之後，我們終於看到人工智慧在真實世界中獲得運用，這是我在成年後一直期盼看到的。

我要表達的是，分清楚發明的年代與實務應用的年代，才能理解人工智慧將如何影響我們的生活，以及什麼（或哪個國家）將主導人工智慧的發展。在發明的年代，所有重要的發展主要是由少數幾個頂尖思考家所驅動的，他們幾乎全部聚集在美國和加拿大，他們精闢的研究洞察和獨特的知識創新，引領電腦科學與人工智慧產生重大的突破。自從深度學習出現以後，目前還沒有其他領域的研究人員或工程師，達到類似規模的創新。

資料的年代

這就把我們帶到第二項重要轉變的討論上：從專家的年

代，轉變為資料的年代。現今，成功的人工智慧演算法需要三樣東西：大數據、強大的電腦運算能力，以及優秀（但未必要頂尖）的 AI 演算法工程師。想在新領域善用深度學習的能力，這三者都是必要，但在實務應用的年代，這三者當中最重要的還是資料，因為當電腦的運算能力和工程師的能力達到一定門檻水準之後，資料量的多寡就成為演算法整體效能與準確度的決定性關鍵。

　　就深度學習而言，資料量愈多愈好。人工神經網路獲得的範例資料愈多，就愈能夠正確辨識出型態，準確辨認真實世界裡的東西。如果餵入的資料量更多，即使是由一群中等水準的 AI 工程師設計出來的演算法，表現也會比世界級頂尖深度學習研究人員用相對很少數據量設計出來的演算法更

數據量愈大，研究人員的演算法就愈精準

好。情況已經不同,現在獨家擁有最頂尖的人才,已經不再像以往那樣,享有絕對的壓倒性優勢了。

不過,最頂尖的 AI 研究人員,仍然有強大潛力把 AI 的發展推升至全新水平,但這類重大進展幾十年才會出現一次。在我們等待下一項重大突破出現時,資料的快速成長和可取得性,將是深度學習大幅度破壞世界各地無數產業的主要動力。

中國的優勢

一世紀以前,想妥善利用新發現的電力,需要四項要素:用來發電的化石燃料、電力事業的創業家、電力工程師,以及致力於發展公共基礎設施的政府。今天,若想妥善利用 AI 的能力(21 世紀的電力),也需要四項要素:大量資料、熱切的創業家、AI 科學家,以及對人工智慧友善的政策環境。比較中美在這四項要素的優劣,可以預測到 AI 新世界秩序的權力平衡狀況。

前述的兩項轉變──從發明的年代轉變為實務應用的年代,以及從專家的年代轉變為資料的年代,使得 AI 的發展競爭情勢現在傾向對中國有利,因為這兩項轉變淡化了中國的弱勢、強化了中國的優勢。從發明的年代轉變為實務應用的年代,淡化了中國最大的弱勢之一:對研究問題採用跳脫框架思考的方法,但強化了中國最重要的優勢之一:國內有

很多極具抱負、有敏銳頭腦創立健全事業的創業家。從專家的年代轉變為資料的年代，也為中國帶來同樣的好處：降低頂尖研究人員的重要性，這是中國所欠缺的；增強資料的重要性，這是中國所擁有的，有大量、詳細的資料。

矽谷創業家被封為全美最賣力工作的一群人，年輕、熱情的創辦人召集一群同樣瘋狂的有志之士，開夜車把產品趕出來，然後不斷地進行修正、迭代，一邊關注下一波的重要趨勢。矽谷創業家確實工作得非常賣力，但我在矽谷和中國科技圈都待過幾十年的時間，曾經任職過蘋果、微軟、谷歌等公司，後來移居中國，致力培育、投資中國的新創公司。我可以告訴各位，和北太平洋彼岸的中國創業家比起來，矽谷創業家可說是懶散了。

中國成功的互聯網創業家，幾乎都是從世界上最殘酷的競爭中脫穎而出的，在他們的世界裡，速度只是基本必須，山寨是可以接受的實務，競爭者為了贏得新市場不擇手段。在中國創業圈，每天都是火的試煉，就像古羅馬競技場上的鬥士，不是你死就是我活，對手毫無顧忌。

想在這種競爭中存活下來，唯一的方法就是不斷地改良產品、革新商業模式，同時採取必要的保護措施。如果你唯一的優勢，只是一個創新點子，這個點子最後一定會被抄襲，你最重要的員工也可能會被挖角，最後可能因為比不過其他獲得創投資金的同業而慘遭淘汰出局。這麼混亂、辛苦

的競爭環境，和矽谷的明顯完全不同。在矽谷，山寨別人的作品簡直就是恥辱，很多公司崛起靠的就是一個原創的點子，或者剛好鴻運當頭就出線了。在矽谷，缺乏競爭可能導致相當程度的自滿，創業家沒有對初始創新進行所有可能的修正與迭代。中國山寨年代的混亂市場和骯髒手段，確實產生了一些不體面的公司，但也培育出新一代世界上最敏捷、能幹、吃苦耐勞的創業家，而這些創業家將幫助中國成為第一個在實務應用的年代利用 AI 賺錢的國家。

這些創業家可取得中國科技界的另一項「天然資源」，那就是多到驚人的資料。中國已經超越美國，成為資料產量最多的國家，擁有的資料量不僅多到驚人，也由於中國獨特的科技生態系統，那些資料簡直就是為了打造賺錢的 AI 公司所產生的。

五年前，直接比較中美的發展很合理，網路公司的競爭就像賽跑一樣，大致處於平行的跑道上，美國稍微領先中國。但是，到了 2013 年左右，中國互聯網的發展急起直追，中國創業家不再跟著美國公司的腳步或一味模仿，而是開始研發矽谷沒有的產品與服務。以往，分析師常用類比形容詞來描述中國的公司，例如「中國的臉書」、「中國的推特」等，但在過去幾年，這樣的類比不再適用，因為中國互聯網已經成為一個另類宇宙。

中國的城市居民開始流行行動支付，在實體世界的消

費，刷手機條碼付費，這樣的行動支付革新在全球各地罕見。到處都可見外賣送餐員，或是其他外務人員（例如隨傳隨到的按摩師），騎著電動摩托車穿梭在大街小巷。這一批批的外務大軍，代表的是「從線上到線下」（online-to-offline, O2O）的商業模式創新，將電子商務的便利性，與實體世界的服務業串連在一起，餐飲服務或美甲服務都有。不久，幾百萬輛塗上鮮豔色彩的共享單車上路，用戶可以在任何單車租借站刷手機條碼借還車。

　　把這些服務串連在一起的，就是中國的超級行動應用程式──微信（WeChat）。對現代中國人的日常生活來說，微信就像是數位瑞士刀一樣，用途繁多、非常便利。微信用戶可以用手機傳簡訊或語音給朋友，也可以購物付費、預約看診、報稅、租借共享單車、訂機票等。微信已經成為全中國

中國上百座城市可見共享單車　　　用戶透過微信 app 做財務規劃

通用的社群 app，用戶可以建立不同的群組，不管是工作群組、親友群組、團購群組，或是其他同好組群，無論是洽公、辦生日派對、討論當代藝術，一個 app 就可以搞定。在美國和世界其他地方，不同 app 通常有不同用途，微信則是把十幾種功能統一在單一 app 裡。

中國的數位另類宇宙，如今創造、蒐集了實體世界的海量新資料，擁有非常豐富、詳細的用戶數據，包括用戶每天在什麼時候身處何處、通勤的方式、喜歡什麼食物、什麼時候會在哪裡購物或喝啤酒等。這些豐富的數據在實務應用的年代將是寶貴的資源，讓 AI 公司詳細了解用戶的日常習慣，結合深度學習演算法，量身打造出從財務審核到城市規劃等各種不同的服務。這些深度學習演算法得出的結果，會比矽谷頂尖公司從你的搜尋、你按過的「讚」，或你在各個平台上不定時消費所得出的用戶習慣描繪更為精準。在不久的將來，這些無可匹敵的實體世界海量資料，會是中國公司發展 AI 服務的重要優勢。

天平一端的重要推手

近年來這些強大的發展，讓天平自然倒向中國這方。但是，除了民間企業的發展，中國政府也盡所能地讓天平倒向自己。中國國務院發布的 AI 國家規劃，承諾對 AI 研究提供全面性的支持，並且會挹注大量資金；但更重要的是，這

項規劃為各地方政府提供明確指引，讓各地紛紛跟進。中國的國家治理組織架構，遠比多數美國人想像的更複雜，中央政府不僅會發出必須立刻執行的全國命令，也會設定長期的國家目標，並且動員廣大資源來達成目標。舉例來說，中國以閃電般的速度興建高鐵網絡，就是一個很好的例子。

　　面對國家規劃，各地方政府領導人對人工智慧熱潮的反應，就好像跑者聽到比賽槍響一般，卯足了勁全力競爭，端出各種慷慨的補助和優惠政策，爭取人工智慧公司和創業家來本地發展。這場比賽才剛開始，對中國的 AI 發展將產生多大的影響，目前尚不明朗；但不管結果如何，有一件事非常明確，那就是中國當前的 AI 發展情況明顯和美國不同，美國政府對創業界刻意採取不干預的做法，而且正在削減 AI 基礎研究的經費。

　　前述討論的這兩項轉變——轉變為實務應用的年代和資料的年代，再加上中國如今擁有世界級的創業家和主動、積極的政府，一切結合起來使我相信，中國在人工智慧的發展與應用，很快就會和美國匹敵，甚至超越美國。我認為，在人工智慧應用上的領先，將轉換為生產力的大幅提升，而且是工業革命之後最大規模的提升。普華永道（Pricewaterhouse Coopers）估計，到了 2030 年，人工智慧的應用部署將為全球 GDP 增加 15.7 兆美元，預估中國將囊括其中的 7 兆美元，幾乎是北美囊括的 3.7 兆美元的兩倍。[11] 隨著經濟

的天平向中國傾斜，政治影響力和軟實力的天平，也將出現同樣的情形，中國的文化和意識型態將推廣到世界各個角落。

面對這種新世界秩序的發展，最會感到震驚的，將是一路成長至今、對美國主宰全球科技習以為常的美國人。我們大多數人的印象都是，美國科技公司推出一流的頂尖產品，向全球各地的用戶傳揚他們重視的價值。久而久之，美國的公司、一般大眾和政府官員，自然會忘記當被動接收那一方的感受——也可以說是「科技的被殖民者」。當然，中國無意運用優勢成為 AI 時代的科技殖民者，但由 AI 引發對世界政經秩序的影響，將使各國體驗到數位全球化產生了重大的改變。

AI 時代真正的危機

人工智慧造成中美兩個超級強權的勢力變化，固然重要、引人關注，但是比起全球各地將產生的嚴重失業問題，以及不均加劇（國內與國家之間）問題，那可就不足為道了。隨著深度學習應用的普及衝擊全球經濟，整個經濟體系上上下下有數十億的就業機會，包括會計師、流水線作業員、倉儲作業員、股市分析師、品管人員、貨車司機、律師助理、放射線專業人員等，都會受到衝擊，而且這些只是其中一部分。

人類文明過去曾經成功吸收科技對經濟造成的衝擊，例

如在 19 世紀和 20 世紀，有數百萬計的農民成功轉業成工廠員工。但是，先前的那些重大科技變遷，發生的速度不像人工智慧這麼快速。照目前科技發展和採用的趨勢來看，我預估在十五年內，人工智慧將能取代美國大約 40％到 50％的就業機會，但實際的就業損失還會延遲個十年，因為必須考慮到很多現實因素，例如雇主相信 AI 的程度、法規限制等；但我預測，人工智慧對就業市場的衝擊將會非常非常大，而且很快就會來。

必須擔心的，還不只是嚴重的失業問題，還有龐大財富將落入新崛起 AI 巨擘手中的嚴重不均問題。優步（Uber）是當今世界上最有價值的新創公司之一，儘管 Uber 將每趟載客收入約 75％分給司機，它還是當今世界上價值最高的新創公司之一。如果再過幾年，Uber 可以用自動駕駛技術取代所有的人類司機，那麼該公司的價值將會變得多麼驚人？又或者，如果銀行能用演算法取代所有的貸款專員，因為演算法核貸的能力更高明、貸款的違約率更低，而且完全不用人類干預，會發生什麼事呢？這不是想像中的情節，類似轉變很快就會大規模發生在貨運業、保險業、製造業、零售業等各種產業，有些已經小範圍正在進行當中了。

還有一點值得注意，人工智慧傾向造成產業內贏家通吃的情況，這種傾向將會加劇獲利與財富集中的問題。深度學習與龐大資料量的密切關係，會自動形成一種良性循環，一

直增強最好的商品與公司——資料量愈多，就會產生愈好的
商品；商品愈好，就會吸引到更多用戶；用戶愈多，就會產
生更多的資料；更多的資料又能進一步改善商品。充足的資
料量與更高的薪資結合起來，就能夠吸引到最頂尖的 AI 人
才進入最頂尖的公司，進一步擴大產業領先者與落後者之間
的差距。

　　過去，實體商品是主流，還有地理上的限制，都有助於
抑制廠商在消費市場中的壟斷能力（美國的反托拉斯法當然
也有助益）；但在未來，數位產品與服務占消費市場大餅的
比例將會持續擴大，自動駕駛車輛和無人機將使送貨成本大

深度學習和龐大資料量的良性循環

幅降低，產業營收獲利分散在不同公司和區域的情況將會改變，我們會開始看到營收和獲利愈來愈集中在少數幾家公司，同時失業的長龍將會變得更長。

AI 時代的新世界秩序

不均的問題不會局限在國境之內，中美兩國在人工智慧的發展，已經比其他國家領先一大截，形成新一代的兩極世界秩序。還有其他幾個國家，包括英國、法國和加拿大在內，也有頂尖的 AI 研究實驗室，以及非常優秀的 AI 人才，但沒有創投生態系統和夠大的用戶群，無法產生實務應用的年代所需要的龐大資料量。隨著中美兩國的 AI 公司聚集更多的資料和人才，由龐大資料量所帶動的的良性循環，將會使這些公司的領先幅度持續擴大到無法超越的地步。中美兩國正致力孵化日後將制霸全球市場的 AI 龍頭，而這些龍頭將會囊括全球消費者的財富。

在此同時，工廠內的 AI 自動化，將會大量破壞開發中國家向來具有的經濟優勢，那就是廉價的勞動力。由機器人操作的工廠，可能會搬到更靠近大型市場顧客所在的地點，讓中國和亞洲四小龍等開發中國家以往藉以發展為高所得、科技導向經濟體的優勢消失無蹤。結果就是全球的貧富不均持續擴大，而且目前沒有已知方法可以消弭這種落差。

AI 時代的世界秩序，將會結合下列的發展：贏家通吃

的經濟，財富空前集中在中美少數幾家公司；我認為，這才是人工智慧造成的最大潛在威脅，因為嚴重的失業和不均問題，很可能造成巨大的社會動盪，導致政治崩潰。

就業市場和整個社會的混亂，背後是更加個人性質的人性危機──個人喪失了人生目的。許多世紀以來，人類工作度日，用時間和汗水換得溫飽、居有定所，據此建立了根深蒂固的文化價值觀。很多人已經習慣從日常工作找到自我價值感，人工智慧的普及將會挑戰這些人類價值，有可能在很短的時間內摧毀很多人的人生目的，讓他們頓失所依。

這些挑戰非常嚴峻，但並非無法克服。這幾年，我自己就在生死關頭走了一回，對生命的意義產生許多省思。罹癌的經驗改變我很多地方，打開我的眼界，讓我得以對人工智慧帶來的失業危機，產生一些潛在解方的看法。想要對付這些問題，需要清楚的分析，了解對你的生命而言，什麼事情最重要，而這需要一些深層的哲學思考，對身心而言都是一項修練功課。在本書最後的章節，我會分享我對人類如何在 AI 時代與機器和平共處，甚至發展得更好的看法。

想要成功邁入那樣的理想境界──無論在科技發展、社會進步和人類處境都變得更好，我們得先了解我們是如何走到今天這一步。首先，必須回到十五年前，中國被盡情嘲笑為山寨大國的年代，而矽谷睥睨全球，一枝獨秀，驕傲地站在科技的最前沿。

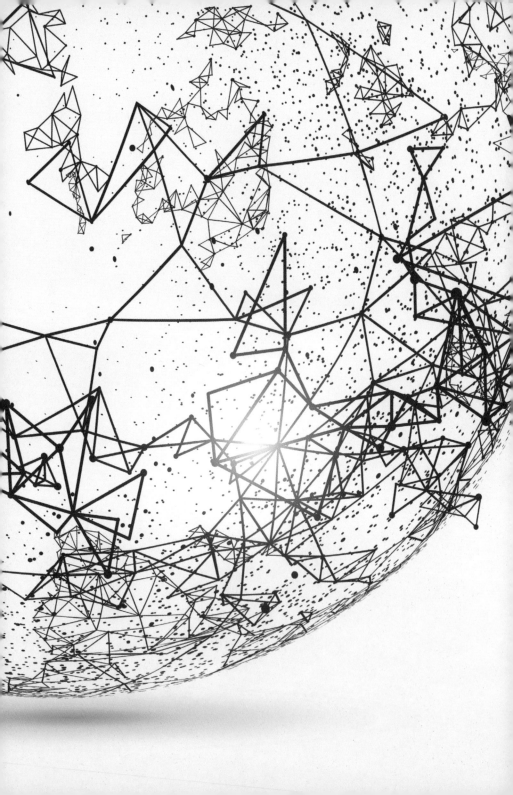

第 2 章

從山寨到世界級
創業家

《富比士》（*Forbes*）雜誌的專文標題稱他為「山寨王」（"The Cloner"），[1] 他是美團網的創辦人兼 CEO 王興，靠著一直山寨別人的作品，在中國互聯網早期的創業圈打響了名號。對矽谷備受尊崇的「連續創業家」而言，「連續山寨王」這樣的形象是挺奇特的，這位連續山寨王分別在 2003 年、2005 年、2007 年和 2010 年，抄襲美國當年度最火紅的新創事業，在中國推出山寨版。

「山寨王」王興

一切都從他在美國德拉瓦大學（University of Delaware）唸電子與計算機工程系博士班開始。他當時使用剛推出不久的社群網站 Friendster，這種虛擬交友的概念，和他的所學非常相合。25 歲的他，就這樣中斷美國的學業，回到中國創辦「多多友」，這是中國版的 Friendster。在他這第一項創業計畫中，他並未完全模仿 Friendster 的設計，而是和幾個創業夥伴採用數位社群網站的核心概念，打造出自己的使用者介面，結果就是他自己說的「很醜」，網站沒多久就關了。

兩年後，臉書因為簡潔的設計，以及精確瞄準學生用戶的策略，在全美各大學校園裡流行開來。王興再度模仿這兩

項產品特色，創辦了只對中國大學生開放的「校內網」（後來改名為「人人網」）。這次，他的使用者介面完全抄襲馬克・祖克柏（Mark Zuckerberg）的臉書，從首頁、簡介、工具列、網站配色等，幾乎都和這家位於加州帕羅奧圖的公司一樣。據報導，最早版本的校內網，甚至在每個網頁的最下方，標示了最早期臉書曾經標示過的標語：「A Mark Zuckerberg Production」（馬克・祖克柏出品）。[2]

校內網很成功，但王興太早就把它給賣了。2006 年，在這個網站快速成長時，由於募不到足夠的資金支應伺服器的成本開銷，最後他只好接受收購，新東家把它改名為「人人網」──後來在 2011 年，人人網到紐約證交所掛牌上市，籌資總額為 7.4 億美元。2007 年，王興從頭來過，再度完美抄襲了當時的新創公司推特（Twitter），在中國推出「飯否網」。飯否網整個網站抄得維妙維肖，只有語言和網址不同，不知情的人還以為是推特在中國推出簡體中文版。飯否網紅了一陣子，但不久就因為政治敏感內容被關站。三年後，王興模仿當紅炸子雞酷朋（Groupon）的商業模式，推出團購網站「美團網」。

在矽谷精英人士的眼裡，王興是個厚臉皮的山寨大王；在矽谷的神話中，鮮少有比完全抄襲他人的知名作品更被視為恥辱的事。就是這樣的山寨創業學，限制了中國的發展，使得中國無法發展出真正具備創新技術的公司，能夠「改變

世界」。

其實，就連中國一些創業家，也覺得王興對臉書和推特這樣「100％致敬」的抄襲行為，實在太超過了。沒錯，中國公司是經常模仿美國同業，但至少也可以做點在地化的改變，或是加上一點自己的風格，但王興對他複製出來的網站絲毫不覺有愧，他說複製只是其中一環，選擇要複製哪些網站，還有技術和經營執行，也是非常重要的部分。

事實證明，能夠一路笑到最後的人是王興。到了 2017 年底，酷朋的市值縮減到 25.8 億美元，股價跌到 2011 年首次公開上市時的五分之一不到。這家當時備受矚目的美國新創公司，後來成長停滯了幾年，在團購熱潮消退時，遲於做出反應。反觀王興的美團網，則是在殘酷的競爭環境中勝出，打敗了五千多家類似的團購網站，坐穩中國團購一哥的寶座。之後，美團網分出了好幾十條新的業務線，現在估值超過 300 億美元，是全球第四大最有價值的新創公司，[3] 王興則是把阿里巴巴和亞馬遜（Amazon）視為未來主要的競爭對手。

在分析王興的成功時，西方觀察家犯了一個基本錯誤，以為美團網的成功是靠著抄襲美國一個出色的創業點子，並且受到中國互聯網管制的庇護所致，認為中國互聯網的市場競爭沒有那麼激烈，本土公司因為受到保護，儘管體質薄弱，也能存活得很好。這種分析在本質上深刻誤解了中國市

從 2010 年創辦到 2017 年底，美團網成長為全球市值第四大的新創公司

場的動能，反映出從矽谷觀點來看所有網路創新的自我中心主義。

　　早年，王興在複製臉書和推特時，確實完全仰賴矽谷的劇本。在中國山寨時代的第一階段，新創公司會大幅抄襲矽谷的網站，這有助於建立中國當時完全欠缺的基礎工程和數位創業技能。但是，到了第二階段，中國新創公司從美國的商業模式中獲得靈感，開始強烈競爭、彼此殺個見血，在過程中不斷調整商業模式，直到最適合本地市場。也就是在這個階段的歷練，把王興變成世界級的創業家。

　　王興不是只靠著引進團購的商業模式，就這樣在最後打造出一家估值超過 300 億美元的公司。在中國團購市場蓬勃

發展的早期，有五千多家公司在做團購，包括全球龍頭酷朋在內。酷朋和騰訊成立了一家合資公司，打從進入中國，就取得優勢地位。在 2010 年到 2013 年期間，酷朋和中國本地的團購業者全面開戰，搶奪市占率和顧客忠誠度；為了推廣市場，每個月燒掉大把大把的鈔票，為的就是要在這場團購市場大亂鬥中勝出。

中國團購市場的大亂鬥，完全就是中國互聯網生態系統的縮影，這是現代中國版本的古羅馬競技場，場上站的是為數驚人的山寨鬥士，彼此殺個你死我活。在一片流血混戰中，外國先發者往往會淪為無足輕重，而本地業者由於競爭激烈，通常會變得更快、更靈活、更精實、出手更狠，一直抄襲彼此的產品創新，同時把價格砍到見骨，抹黑戰術只是手段之一，直接移除對手的軟體也不過是剛剛好而已，還有向公安部舉發敵方陣營執行長的毒辣招數。對這些山寨鬥士來說，沒有什麼手段或花招是過於骯髒、陰險的，他們的競爭手法相信連 Uber 的共同創辦人崔維斯・卡蘭尼克（Travis Kalanick）都自嘆不如。此外，他們還展現出驚人的職業道德，夜以繼日勤奮工作；換作谷歌員工，大概老早就奔向睡眠艙去打盹了。

矽谷人可能會覺得抄襲行為不光采，那些競爭手段很沒品，就許多案例來說確實如此。但也就是因為這麼大量的抄襲複製，競爭過於激烈，迫使中國公司學會創新。想在中國

互聯網的競技場上存活下來，就需要持續不斷地調整產品、進行迭代、控管成本，在執行上力求完美，公關要做得到位、有效，對公司的估值要夠誇張，以便募集到龐大資金，並且要設法讓企業經營變得夠穩健，讓其他山寨大軍無法再攻城掠地。只是複製，並無法成就偉大的公司；只會複製，在現代中國的互聯網競技場上，也存活不下來。就是這種火煉般的競技場，鍛鍊出地球上最強韌的一批世界級創業家。

　　隨著人工智慧進入實務應用的年代，這種割喉式競爭的創業環境，將成為中國建立機器學習導向經濟的一項核心資產。深度學習可望為全球經濟帶來劇烈的轉變，但不會是由一群在麻省理工學院或史丹佛大學電腦科學實驗室的獨立研究人員發表新奇學術成果促成的，而是由一群務實、亟於獲利的創業家攜手人工智慧專家，將深度學習的巨大能力應用到世界上的各種產業所促成的。

　　未來十年，中國的鬥士型創業家將會衝向各種產業，把深度學習應用到各種有賺錢潛力的問題上。如果人工智慧是新的電力，那麼中國各地大大小小的創業家，將會把很多東西都「新電力化」，從一般家電用品到房屋保險，各種你想得到或想不到的領域都會發生變化。這批鬥士型創業家長期磨練出一身本領，能夠不斷地快速調整商業模式，而且賺錢的嗅覺超級敏銳，屆時肯定會開發出範圍相當驚人的實務應用，甚至改變眾人的生活。這些不只會發生在中國，也會推

向海外，可能包括全球大多數開發中國家的市場。

美國企業界對這波中國走向全球的創業浪潮並未準備好，因為美國企業界從根本上，就誤解了「山寨王」成功的祕訣。王興成功，並不是因為他一直山寨別人；他最後之所以能夠成功，是因為他在中國互聯網的競技場上，成功殺出了一條血路，蛻變成鬥士型世界級創業家。

東西方文化的差異

新創公司和創辦人並非橫空出世，這些公司的商業模式、產品及核心價值，都是所處時空獨特文化的一種表現。

矽谷和中國的互聯網生態系統，生長自非常不同的文化土壤。矽谷創業家很多都是成功專業人士的後代，諸如電腦科學家、牙醫、工程師、學者等，在成長過程中經常被告知他們能夠改變世界。他們在大學生涯向世界頂尖的研究人員學習編寫程式，同時接受博雅教育的薰陶。進入矽谷工作之後，他們上下班通勤時會行經加州市郊和緩蜿蜒、兩旁樹木扶疏的街道。

這樣的環境非常富裕，培養人們產生崇高的思想，為抽象問題找出洗鍊的技術解方。矽谷的發展史，就是電腦科學創新突破的歷史，這樣的環境長期為「技客—嬉皮」的混合意識型態搭建好舞台，成為矽谷悠久的特色。這種「技客—嬉皮」混合意識型態的核心，是較為天真、單純的技術樂觀

主義，相信每個人和每家公司都能透過創新思考來改變世界。在這樣的氛圍下，抄襲別人的點子或產品特色，被鄙為背叛時代精神，是真正的創業家所不齒的行為。這裡追求的是從 0 到 1 的創新，能夠做出完全原創的商品，就像史蒂夫・賈伯斯（Steve Jobs）說的：「在宇宙中留下印記。」

在這種環境成長的新創公司，多半為使命導向。這些公司大多從一個新奇的點子或一個理想目標開始，全公司上下因為這個點子或目標全力發展，公司的使命宣言簡單、崇高，沒有一點世俗味或銅臭味。

反觀，中國新創圈的文化，則是迥然不同了。如果矽谷

矽谷空拍街景，中間圓形建築物是「蘋果公園」（Apple Park）

是太極中的「陽」,中國新創圈就是「陰」。中國公司不是使命導向,而是市場導向,這是最優先、也是最重要的目標。為了賺錢,沒有什麼產品是不能做的,任何商業模式也都可以考慮採用,各種不同的事業領域全部可以考慮發展。這樣的心態使得商業模式和執行力都具備高度靈活的彈性,兩者正是矽谷推崇的「精實創業」(lean startup)的精髓。對中國新創公司和創業家來說,點子是誰想的、從哪裡來的,都不是那麼重要,重要的是能不能執行得好,因此賺錢。對市場導向的中國創業家來說,主要的動機不是追求名聲、榮譽或改變這個世界,這些東西固然很好,但最大的獎項是致富,不管方法為何。

這種一律向「錢」看的態度,在很多美國人看來很礙眼,但背後有深長的歷史文化淵源。數千年來,填鴨死背就是中國教育的核心。從明清開始,想要進入中國朝廷任職,就得要有能力一字不漏地背誦古文,遵守章法寫出結構嚴謹的八股文。古希臘哲學家蘇格拉底鼓勵學生詰問,探究、追求事物的真理;中國古代聖賢則是教導弟子要效法先賢,完美仿效聖賢才能通達道理,成為人中龍鳳。

除了這種文化淵源,20世紀中國各項發展和資源的稀缺,也是非常重要的一項因素。大多數中國當代的科技創業家,距離中國擺脫長達幾世紀的赤貧,頂多也不過一代的時間。其中很多都是獨子,這是中國「一胎化」政策下的結果。

他們背負著雙親和四個祖父母的殷切期望，全家人把希望都押在這個孩子的身上，期盼孩子能夠過上更好的生活。在成長的過程中，父母不會跟他們談什麼改變世界的偉大目標，只會告訴他們如何才能在社會上生存，要能夠賺錢養家，當父母老了、無法工作的時候，才有能力奉養父母。大學教育被視為脫貧的重要關鍵，為了能在競爭激烈的高考中取得好成績、進入頂尖學府就讀，全國各地近千萬的莘莘學子，花了幾萬個小時死記硬背。在這些創業家的人生中，中國靠著宏大政策和辛苦奮鬥成功脫貧，把飯票換成新創事業股份的薪餉支票。

中國經濟近幾十年來的快速起飛，並未減輕這種稀缺心態。中國人民曾經目睹，由於法規管制跟不上割喉式的市場競爭發展，產業、城市和個人，在一夕之間失去財富。鄧小平領導中國走向改革開放的時代，遠離毛澤東的平均主義，這位前國家領導人曾經說過，中國必須「先讓一部分的人富起來」，[4] 才能夠進一步發展。但接下來中國如閃電般的發展速度，卻加深人們心中的害怕與擔憂：如果動作不夠快、跟不上最新潮流，沒能及時站上新市場的風口，可能就會變成眼睜睜看著別人富起來的窮人。

就是這三項元素：接受效法他人的固有文化、稀缺心態、願意跳進任何有前景的新興產業，構成了中國互聯網生態系統的心理基礎。

我無意在此宣揚文化決定論,我經常進出中美兩國,並且深受東西方文化的薰陶,深知不是只有出生地和文化傳統才會影響行為,個人特質和政府法規對公司行為也有非常重要的影響。在北京,創業圈經常開玩笑說,臉書「是最像中國公司的矽谷公司」,因為願意模仿其他新創公司,而且祖克柏本人具有強烈的競爭傾向。我在微軟工作時也曾親眼看到,政府的反托拉斯政策如何拔除一間狼性公司的利牙。不過,歷史和文化確實有影響性,在比較矽谷和中國科技業的發展時,必須了解不同的文化熔爐如何產生不同類型的公司。

多年來,中國出爐的山寨商品,被矽谷的精英人士廣為嘲笑,被譏為廉價仿冒品,只是讓製造者難堪罷了,不值得真正的創新者注意。但是,那些不知情的局外人,看不到壺裡正在翻滾攪動的東西,中國山寨時代製造出來最寶貴的並不是產品,而是一批幹勁十足的世界級創業家。

皇帝的新玩意兒

紫禁城內廷東側的奉先殿,現在每天都會展出兩次精彩的鐘錶表演。顧名思義,「奉先殿」為明清兩朝皇室祭祀祖先的家廟,每逢節日會於先後殿進行大祭或上香行禮;從 2004 年起,奉先殿再度變成北京故宮博物院鐘錶館,蒐藏成百上千件有史以來最精細複雜、巧奪天工的鐘錶機件。這

些鐘錶的外觀展現出超高水準的工藝，但吸引大批民眾晨午前來觀賞的，是一場長達幾分鐘的鐘錶表演，展現出鐘錶內部極為複雜的機械運作。

《故宮 100・時間機器》對寫字人鐘等展品的解說影音

　　隨著秒針移動，有隻金屬鳥在一只金籠子裡奔轉。還有一座木雕蓮花的花瓣，會隨著發條轉動一開一合，蓮座上頭還有尊小小的禪坐佛像。另一旁有一頭雕工精緻的大象，上下揮舞著象鼻，身後拉著一輛小戰車轉圈。在各式各樣令人驚奇的展品中，有一座最受乾隆皇帝喜愛的寫字人鐘，有個歐洲紳士的自動機械人偶手裡拿著毛筆，字跡工整地在卷軸上寫出「八方向化，九土來王」這句話。

　　這些鐘錶真的令人驚嘆不已，傑出工藝真正流芳百世。當年，前來中國的耶穌會傳教士帶來了許多時鐘，進行「鐘錶外交」，試圖用歐洲先進技術的產品做為禮物打開朝門。清朝乾隆皇帝尤其喜愛鐘錶，英國製造商很快就開始生產迎合中國天子品味的鐘錶。奉先殿蒐藏、展示的許多鐘錶，都是 17 世紀與 18 世紀歐洲最出色工匠的手藝，這些工坊的作品精湛結合了藝術、設計與機械功能性，是一種特別神奇的專業融合，就好像現代矽谷的許多作品。

　　我在擔任谷歌大中華區前總裁時，曾帶著前來拜訪中國的谷歌高階主管去參觀那些時鐘。我這麼做，不是想讓他們

陶醉於歐洲先人的驚人才華,如果仔細一看,他們可能就會發現,許多最傑出的歐式鐘錶工藝品,其實是在中國廣州打造的。

歐洲鐘錶贏得中國皇帝的喜愛之後,全國各地出現了許多鐘錶工坊,工匠們潛心鑽研、複製西方進口的時鐘。在西方人前來貿易的中國南方港埠,中國最優秀的工匠把歐洲時鐘拆解開來,研究每一個機關和花紋裝飾,在精通打造機械鐘錶的基本技術之後,開始打造出幾乎一模一樣的歐式鐘錶。然後,中國工匠就開始運用這些工藝,打造出具有中國設計與文化傳統的鐘錶,包含栩栩如生的絲路商隊、逼真的北京街道景象,甚至還有修身養性的佛經。這些本地工坊開始打造出足以媲美、甚至超越歐洲工藝的鐘錶,完全融入道地的中國藝術風格。

奉先殿始建於明朝初年,中國山寨鐘錶工匠的故事發生在數百年前,但同樣的文化淵源延續至今。看著這些令人讚歎的機械鐘錶滴答運作時,我不免為我身邊這些卓越的21世紀工匠擔心起來。

什麼都可以山寨

中國互聯網早期的山寨網路公司,看起來沒什麼殺傷力,幾乎可說是小巧可愛。到了1990年代末期,中國第一波互聯網熱潮湧現,中國公司開始為新創事業向矽谷尋找人

才、資金，甚至是公司命名的方式。中國第一個搜尋引擎「搜狐」，是張朝陽打造出來的。他是麻省理工學院的物理學博士，在美國目睹了網際網路早期的起飛，想要回到祖國啟動相同發展，便帶著他從麻省理工學院教授那裡募到的創投資金回到中國，原本打算開始打造中國互聯網的核心基礎建設。

但是，在和雅虎（Yahoo!）的創辦人楊致遠面談之後，張朝陽轉換焦點，打算做一個簡體中文的搜尋引擎和入口網站。他把這間新創公司命名為「Sohoo」（搜乎），直白結合了中文「搜尋」裡的「搜」字，代表這家公司的主要功能性，並且仿效了美國公司「Yahoo」的命名尾音。不久，他把公司名稱改為「Sohu」（搜狐），降低兩者的聯想與關連性；不過，當時這種模仿更被視為是對雅虎的恭維，而不是威脅。在那個時候，矽谷把中國互聯網的發展，當作新鮮、有趣的事來看——一個技術落後的國家，正在進行一場有趣的小實驗。

在那個時代，模仿抄襲加速中國經濟許多領域的發展。中國南方工廠仿製名牌包，中國汽車製造商仿製外國車款，甚至可以應顧客要求，把品牌標誌改成冒牌的外國車標誌。就連翻版的迪士尼樂園也有，這座遊樂園位在北京郊區，員工會扮成冒牌的米奇和米妮，熱情擁抱入園玩耍的小朋友。遊樂園的門口還掛了一幅宣傳標語：「飛到迪士尼太遠了，

中國山寨版的迪士尼樂園

請來石景山遊樂園！」[5] 在石景山開發商厚著臉皮抄襲迪士尼的同時，王興也在努力抄襲臉書和推特。

我在擔任谷歌大中華區前總裁時，曾第一手體驗到這些仿冒品對品牌形象構成的威脅。我從 2005 年起，投身打造谷歌中國的搜尋引擎，致力於建立中國用戶對谷歌的信任。2008 年 12 月 11 日晚上，中國一家主要電視台的全國新聞節目，播出了一則長達六分鐘的負面報導，重創了谷歌中國的形象。報導指出，用戶在使用谷歌中國搜尋醫療相關資訊之後，搜尋結果頁面出現的廣告連結到假醫療的網頁介紹。

新聞鏡頭拉進拍攝電腦螢幕，谷歌中國的標誌明顯出現在危險詐欺和假處方藥服務商的上方。

　　一夕間，谷歌中國立刻陷入嚴重的大眾信任危機。我看了那則報導以後，立刻在電腦上進行相同搜尋，奇怪的是，跑出來的結果並不像報導的那樣。為了檢驗結果，我改用其他一些關鍵字搜尋，同時改變了一些設定，但還是沒有連結到報導中那些大有問題的廣告。同一時間，我收到全國各地記者傳來的訊息，要求我對谷歌中國這種具有誤導性的廣告提出解釋，但我只能提供聽起來十分薄弱的官方說法：谷歌中國正在迅速移除有問題的廣告，這個過程可能會需要一點時間，問題廣告可能還會出現在線上幾個小時。

　　這場危機持續了幾個小時，因為我們的團隊一直找不到電視報導的那些問題廣告。那晚稍後，我收到一位工程師的email，他找到我們為什麼搜尋不到相同頁面的原因了，因為電視報導拍的那個搜尋引擎，其實並不是谷歌中國，是中國一家山寨公司複製谷歌中國的網站，包括網頁版型、字體、網站整體的氛圍……幾乎完全做得一模一樣。那個山寨網站的搜尋結果和廣告都是自己的，但巧妙包裝得跟谷歌中國沒什麼兩樣。我們的工程師只能看出一個非常微小的差別，就是有一個字型的顏色稍微不同。只能說，那個山寨網站的工程師實在是太厲害了，因為谷歌中國有七百名員工死命盯著螢幕瞧，只有一個人發現這項微小的差異。

中國 iPhone 山寨機

這種完美抄襲當然也發生在最雅致、頂尖的硬體裝置上，賈伯斯推出第一代 iPhone 沒幾個月，全中國的消費電子市場都在賣「迷你 iPhone」。這些 iPhone 山寨機，看起來和真品很像，但體積只有一半，握在手掌裡剛剛好。不過，「迷你 iPhone」沒有上網功能，是市面上最「笨」的智慧型手機。

造訪北京的美國遊客，總會吵著要買這種迷你 iPhone 山寨機，因為要是能夠帶回去送給親朋好友，簡直就是太好玩了。對那些長期浸淫在矽谷創新神話的人看來，這些迷你 iPhone 山寨機，就是中國山寨時代的完美縮影，金玉其外，外觀上抄襲複製了美國產品的華麗外表，但徒有空殼子，裡頭不具備創新，甚至可以說很難用。美國人的普遍態度是，像王興這樣的人，能夠山寨臉書的外觀與整體氛圍，但中國人永遠複製不出驅動矽谷創新的神奇魔力。

模仿到底是一種阻力，或是助力？

矽谷投資人深信，純正的創新心態是打造谷歌、臉書、亞馬遜、蘋果等一流公司的基石。「不同凡想」（think different）的能力，讓賈伯斯、祖克柏、傑夫‧貝佐斯（Jeff

Bezos）等人，打造出改變這個世界的公司。這派思維認為，像中國山寨鐘錶工匠那樣走的路是行不通的，山寨別人無法達到真正的創新，只會盲目模仿別人，會阻礙你的想像力，扼殺開發出原創產品的機會。

我的看法有點不同。我認為，像王興那樣抄襲推特的山寨作品，並不一定總是絆腳石，也可以是塊磚頭，久了就能夠打造出什麼來。一開始複製的行為，並不會讓這些創造者擁有反創新的心態，永遠擺脫不了抄襲別人，反而能夠培養出更具執行力的研發能力，設計出更符合當地市場需求的科技產品。

想要做出世界一流的科技產品，需要卓越的工程技術和設計美感，這些都需要培養。在美國，大學院校、公司和各領域的工程師，已經培育、傳承這些技能好幾個世代。每一代都出現突破性的公司或產品，這些創新都有學校教育、導師傳授、實習機會和各種啟迪為基礎。

中國沒有這樣的培育沃土，比爾‧蓋茲（Bill Gates）在1975 年創辦微軟，當時中國正值文化大革命的苦難末期，社會嚴重動亂不安，全國興起反傳統文化的階級鬥爭。塞吉‧布林（Sergey Brin）和賴利‧佩吉（Larry Page）在1998 年創辦谷歌，當時全中國只有 0.2％的人口能夠上網，[6]美國已有 30％的人口能夠上網。早年的中國科技創業家，根本就無法在國內找到導師，或是可以學習的模範公司，所

以就向外尋找，找到了就盡所能地模仿。

當然，這是一種粗魯的學習過程，時有難堪場面。但是，這樣的學習歷程教會這些山寨大軍很多基礎，包括使用者介面設計、網站架構、後端軟體開發等。等到山寨產品問世之後，這些市場導向的創業家，又要處理用戶滿意度和產品迭代開發的課題。想在中國市場勝出，要打敗的不只是他們模仿的矽谷同業，還有國內驚人的山寨大軍。他們從和用戶的互動反饋中，學會了哪些做法才行得通，然後反覆迭代、改良產品、做得更在地化，以迎合顧客的口味。

中國用戶也有獨特的習慣與喜好，使用軟體的方法和矽谷那套全球一體適用的產品模式不大投合。谷歌和臉書等公司，往往不願對核心產品或商業模式做出在地化的改變，而是傾向打造全球一致的產品，把它做得很好、無懈可擊。這是他們在網際網路問世早期橫掃全球的策略，當時大多數的國家在科技發展上都落後一大截，沒有在地化的版本可以選擇。隨著全球科技日益發展，這種強迫不同國家和文化的人接受使用專為美國人打造出來的方法，也就變得愈來愈行不通了。

結果就是，當中國山寨正面迎擊矽谷原創者時，由於樂於不斷調整產品、迎合用戶的喜好，這項優勢也就變成一項競爭利器。中國用戶的喜好和全球統一產品模式之間的每一項歧異，都是本土競爭者拿來發動攻擊的缺口。他們致力於

調整產品和商業模式，配合本地用戶的需求，逐漸拉大中國互聯網用戶和矽谷之間的差異。

阿里與 eBay：免費不是一種商業模式？

在中國電商龍頭阿里巴巴集團發展的早年，馬雲把這種攻擊手法變成了一種藝術。馬雲在 1999 年創辦阿里巴巴集團，頭幾年他主要的競爭對手是本地公司；到了 2002 年，當時全球最大的電商龍頭 eBay 進入中國，它是矽谷與華爾街的寵兒，阿里巴巴集團的網路商城，被譏為不過又是山寨網站，沒資格和矽谷的大咖相提並論。馬雲對 eBay 發動了五年的游擊戰，讓 eBay 本身的規模化變成不利的條件，而且不斷利用這個外來者沒能根據本地需求調整運作模式而給予痛懲。

eBay 在 2002 年成功進軍中國，靠的是收購當時中國領先的拍賣網站，也就是抄襲 eBay 的「易趣網」（EachNet）。這樁聯姻創造出一對強大的夫妻，結合了全球頂尖的拍賣龍頭，以及它在中國本地最大的山寨網站。完成收購之後，eBay 移除易趣網的使用者介面，重新打造成 eBay 在全球的統一形象。公司領導高層為中國區的新營運引進國際經理人，這些經理人把所有流量透過 eBay 伺服器導回美國。但是，新的使用者介面不符合中國網民瀏覽網路的習慣，而且新領導階層並不了解中國市場；此外，跨太平洋的流量路徑

使得網頁下載速度變慢,有次地震震壞了海底纜線,還導致網站停擺了很多天。

另一方面,馬雲忙著模仿 eBay 的核心功能,不斷地調整商業模式,以適應中國現況。他先創立「淘寶網」,這也是一個拍賣平台,直接和 eBay 的核心業務競爭。馬雲團隊不斷調整淘寶網的功能,新增迎合中國用戶特殊需求的網站特色。他做得最好的,是支付和營收模式。為了克服用戶對網路購物的不信任感,他成立「支付寶」(Alipay),這是一種第三方支付工具,買方先付款到第三方平台,在確認收到貨、商品品質無誤之後,才點選付款,系統再把款項轉給賣方。淘寶網也增加即時通訊功能,讓買賣雙方能夠在平台上即時溝通。這些業務創新讓淘寶很快搶走了 eBay 的市占率,eBay 全球統一化的商業模式,還有決策權高度集中在矽谷,導致公司遲於反應,未能新增在地化的產品特點。

不過,馬雲最高招的地方,在於「免費加值」(freemium)的營收模式。這是把「免費」(free)和「付費加值」(premium)組合起來的商業模式:使用基本功能免費,使用進階服務就要收費。當時,賣方只要張貼拍賣商品,eBay 就要收費;商品成交之後,還要加收一筆手續費;買方若使用當時還在 eBay 旗下的 PayPal 付款,另外還要收一筆費用。當時,一般認為,拍賣網站或電商市集必須這麼做,才能確保營收穩定。

　　但是，和 eBay 的競爭白熱化時，馬雲推出了一種新的模式。他保證，在接下來三年，在淘寶刊登商品或交易成功全都免費；後來，這項承諾無限期延長。這是非常高明的公關手法，也是極為聰明的商業策略；短期來說，這樣做贏得賣方的芳心，當時中國網民一般還是對網路交易存有不信任感，免費刊登商品幫助馬雲在低信任度的社會中，成功建立了一個欣欣向榮的線上市集。這項過程花費了幾年的時間，但就長期而言，這些線上商城成長到非常龐大，為了讓自己的商品能夠被看到，一些比較大或想要推廣商品的賣家，還要付費給馬雲的平台買廣告曝光，讓搜尋結果的排名往前跑。知名品牌必須支付更高費用，在淘寶網的姊妹網站「天貓」（Tmall）上銷售商品，這是一個品牌商城，定位更高端一點。

　　那麼，eBay 如何反應？在一則高傲的新聞稿中教訓馬雲：「免費不是一種商業模式。」[7]身為納斯達克的上市公司，eBay 承受著營收和獲利必須不斷成長的龐大壓力；美國的上市公司往往把國際市場當成金山銀山，仰仗著在本國勝利，就認為國際市場也能非常順利成為額外的營收來源。這家矽谷當時最有錢的電商公司，並不打算改變全球統一的商業模式，破例為了一家中國山寨集團，跟進免費的競爭策略。

　　然而，這種頑固的短見，也宣告 eBay 在中國的命運。

淘寶很快就搶走這個美國拍賣龍頭的用戶，eBay 的市占率像自由落體般下降。時任執行長梅格・惠特曼（Meg Whitman），2006 年曾經短暫來到中國駐守，試圖拯救業務，卻沒能奏效。她回國後，曾經邀請馬雲前往矽谷，想要談收購交易，但馬雲早就掌握了他們的弱點，他想要大獲全勝；不到一年，eBay 就完全撤出中國市場。

谷歌與百度：黃頁＆購物商場

我在擔任谷歌大中華區前總裁時，也目睹了這種全球化與在地用戶無法銜接的問題。谷歌中國可說是全球最有名聲的網路公司的中國分公司，理應具有很大的品牌優勢，但在調整產品以迎合更廣大的中國用戶群，我們和矽谷總部的臍帶關係，終究成為一大絆腳石。我在 2005 年協助公司成立谷歌中國，當時我們主要的競爭對手，是中國原生的搜尋引擎──百度。百度是由李彥宏所創辦的，他出生在中國，曾於矽谷工作，專長在搜尋引擎的相關技術。百度的核心功能和極簡主義設計模仿谷歌，但李彥宏努力不斷地優化網站，迎合中國用戶的搜尋習慣。

中國用戶習慣的差異，在和搜尋結果頁面互動時最為明顯。在焦點團體的研究中，我們能夠追蹤用戶的視線移動，掌握他們在搜尋結果頁面中點了哪些地方。我們使用這些資料，製作出如右頁結果頁面的活動熱度圖，綠色部分表示用

戶快速看過的地方，黃色部分是他們認真觀看的地方，紅點是他們點擊滑鼠的地方。比較中美用戶的活動熱度圖，可以看出明顯的差異。

　　從比較圖中可以看出，在美國用戶的活動熱度圖上，黃綠色集中在搜尋結果排行較前面的左上角，在排行前兩名的搜尋結果上有一些紅點，表示用戶點選過這些地方。美國用戶差不多只會停留 10 秒，就會離開搜尋結果的頁面。反觀，中國用戶的活動熱度圖熱點面積非常大，左上角聚集了最密集的瀏覽與點選，但綠色部分及紅點大範圍分散在整個頁面中，而且中國用戶會在搜尋結果頁面上停留 30 秒到 60 秒，視線穿梭在幾乎所有的搜尋結果上，同時間任意點選。

　　視線追蹤圖揭露了這兩群用戶使用搜尋結果頁面習慣上的不同：美國用戶把搜尋引擎當成黃頁使用，用來尋找特定資訊；中國用戶則把搜尋引擎當成購物商場一樣，什麼都要看一下、試一下，最後挑了幾樣東西帶走。對數以千萬計新使用互聯網的中國用戶來說，他們首度接觸種類如此龐大的資訊，自然什麼都會想要看一下。

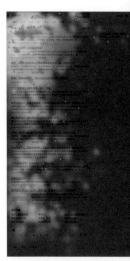

中國用戶使用百度

美國用戶使用谷歌

中美用戶搜尋習慣的
差異

　　面對這麼明顯的用戶習慣差異，公司理應為了中國用戶，對產品做一些調整。在谷歌全球的搜尋平台上，用戶點了一個搜尋結果連結，就會把他們帶離搜尋結果的頁面。這表示，我們在強迫中國「購物者」點了一個項目之後，就把他們給踢出「購物商場」。百度是怎麼做的呢？只要用戶點選連結，就會自動開啟一個新的視窗，所以可以點選很多地方、嘗試不同的搜尋結果，但不用「離開購物商場」。

　　因為有明確證據，知道中國用戶有不同需求，所以我建議谷歌對谷歌中國的搜尋點選，轉為仿效百度那樣，另開新視窗。但公司總部對核心產品的任何改變，審核的流程都很冗長，因為這些改變都需要對程式碼庫進行分叉，會增加維修工作的困難度。谷歌和其他矽谷公司都盡量避免這麼做，他們相信矽谷總部出來的簡潔產品，對全球用戶來說應當夠好了。我為了谷歌中國這項產品修正，努力了好幾個月，最後終於成功了。但是，百度始終以中國用戶為核心提供產品，在同時間已經贏得了更多用戶。

　　我在谷歌中國工作的四年期間，類似這樣的奮戰一再上演。在這裡，我也必須說句公道話，比起矽谷其他公司給予中國子公司的自由度，谷歌總部給我們的支持確實比較多。我們也用這樣的彈性，開發出許多最佳化的在地產品特色，贏回之前流失的不少市占率。但是，由於總部對分叉程式始終具有抗拒心理，我們每開發出一項新的產品特色，都像是

在打一場硬戰，不但拖慢了我們的速度，也讓我們精疲力盡。由於厭倦對自己的總部還要打仗，很多員工沮喪地離開谷歌中國。

矽谷龍頭為何打不進中國？

　　eBay、谷歌、Uber、Airbnb、領英（LinkedIn）、亞馬遜……，一個又一個矽谷龍頭嘗試進軍中國，但陸續鎩羽而歸。西方分析師驟下結論，認為這些失敗都是因為中國政府的管控；他們認為，中國公司生存得很好，是因為中國政府的保護主義，這在同時束縛了美國的競爭對手。

　　我之前長期為美國公司工作，現在專職投資中國的新創公司，以我多年的經驗來看，矽谷龍頭在中國市場出師不利，主要是因為進軍中國所採用的方法。美國公司把中國當成全球化清單上的另一塊市場，打勾一項完成一項，順利進去了就沒事了，不投足夠資源、耐性不夠，往往不給中國團隊足夠的彈性，和中國本地世界級的創業家競爭。他們認為，進入中國最主要的工作就是，把現有產品行銷給中國用戶；但事實上，他們需要下點工夫，針對中國用戶調整產品，甚至開發全新的產品，以便迎合這塊龐大市場的需求。但在這方面的抗拒心理，拖慢了產品迭代的時間，本地團隊時常覺得自己就像是一台巨大機器裡的生鏽齒輪。

　　在一流人才戰中，很多矽谷公司也輸了。中國現今的發

展和新創公司,能夠提供的機會實在是太多了,最有抱負的年輕人會選擇加入,或是乾脆自己創辦公司。他們知道,選擇加入美國公司成為中國區團隊,管理高層永遠只會把他們當成「當地員工」,發展僅限於中國,很難有機會晉升到矽谷總部擔任重要職位,最多只有「中國區總裁」這樣的最高職位。最有抱負、想對全球產生影響力的年輕人,對這樣的發展限制感到不平,所以不是選擇自己開公司,就是選擇進入中國本地頂尖的科技公司謀求升遷。因此,外國公司往往只能招募到「羊性」經理人,或是一些很會銷售自己、外派來的空降部隊,關心自己的薪資和股票選擇權,比關心公司如何贏得中國市場還多得多。把這些經理人集合起來,放到中國互聯網的競技場上,和一票鬥士型的創業家對打,你認為誰比較有贏面呢?

外國分析師一直在討論美國公司為何無法在中國成功,中國公司則忙著打造出更好的產品。「微博」(Weibo)的靈感也來自推特,但擴展到多媒體功能的速度快了很多,現在市值高於推特。和 Uber 對打的叫車服務「滴滴出行」(DiDi),大幅擴張產品線,現在滴滴每天在中國提供的載客量,比 Uber 每天在全球提供的還多。至於常被拿來和 Buzzfeed 相比的中國新聞平台「今日頭條」(Toutiao),則是採用先進的機器學習演算法,為每個用戶提供客製化的新聞內容,目前身價也比 Buzzfeed 高出很多倍。西方分析師

把這些發展日益強勁的公司，鄙為只靠政府保護才能如此成功的山寨大軍，導致看不清楚中國到處都在發生的世界級創新。

但中國創業生態系統的成熟，不只涉及跨太平洋兩岸的激烈競爭。在阿里巴巴、百度、騰訊等中國公司，向全球證明中國互聯網市場有多大之後，新一波的創投資金和人才開始湧入，市場急遽升溫，中國新創公司的數量呈現指數型成長。這些新創公司或許從太平洋對岸汲取了靈感，但真正的競爭對手是國內其他公司，猶如鬩牆之爭，激烈不已。

中國和矽谷的競爭，養大了本地一些互聯網巨人，但真正鍛鍊出現代這批鬥士型創業家的，其實是中國國內的割喉式競爭。

浴血戰場，不擇手段

周鴻禕喜歡張貼自己拿著各種重型機械武器的照片，他在微博上有 1,200 萬個粉絲，經常可以看到他張貼自己站在大炮旁，或手裡舉著大弓瞄準的照片。曾有多年時間，他的辦公室裡有一整面的牆，貼滿了一張張的靶紙，讓他用來練習手槍瞄準。他

奇虎 360 董事長周鴻禕

的公關團隊提供給媒體使用的照片，有時是周鴻禕穿著軍服，身旁靠了一把機關槍，背景還冒著煙。

周鴻禕是中國早期最成功的互聯網公司之一的創辦人，他創辦的第一家公司「3721」，後來賣給了雅虎，並於 2004 年出任雅虎中國區總裁。但他常和雅虎矽谷總部的領導高層發生衝突，有傳他曾在一次激烈爭吵中，把一張椅子用力甩出辦公室窗外。我在擔任谷歌大中華區前總裁時，曾經邀請周鴻禕來對我們的領導團隊講述中國市場的特性。他抓住機會，好好地把美國主管給狠批了一頓，說他們太過天真，壓根不懂得如何在中國競爭。他說，他們最好是把權力下放給像他這樣身經百戰的人。2006 年，周鴻禕創辦了中國知名的防毒軟體公司奇虎 360，推出一個瀏覽器名為「360 安全瀏覽器」，標誌完全抄襲微軟的 IE（Internet Explorer），但是綠色的。

360 安全瀏覽器

　　周鴻禕完全展現出中國互聯網鬥士型創業家的一面，在他的世界裡，競爭就像在打仗，必要時他會不擇手段求取勝利。若是在矽谷，他的戰術肯定會被社會排斥，招來反壟斷調查和無盡的官司；但在中國互聯網的競技場上，這些都阻擋不了鬥士，要是對手使出不正當、卑鄙的手段，唯一的解方就是做出傷害更大的反擊，不管是要抄襲產品、抹黑對方，甚至舉報公安部拘留審問，這些都只是開路方法。在周鴻禕的奇虎（Qihoo）和騰訊旗下的即時通平台 QQ 之間著名的「3Q 大戰」中，周鴻禕就遭遇了前述所有的招數。

　　2010 年某天晚上，我目睹雙方直接開戰。當時，周鴻禕邀請我和剛成立不久的創新工場的員工，到北京郊區一個基地，跟他的團隊一起玩雷射槍戰。周鴻禕如魚得水，正玩得不亦樂乎之際，他的手機響起，一名員工告訴他壞消息：QQ 的東家騰訊升級推出了一個抄襲奇虎 360 的防毒軟體「QQ 電腦管家」，會自動安裝在任何使用 QQ 的電腦上。騰訊當時已是一間非常強大的公司，對 QQ 用戶群具有極大的影響力，此舉可謂直接挑戰奇虎的核心事業。正如周鴻禕在自傳《顛覆者》[8] 中寫的，在他看來，這攸關公司的存亡。他立刻召集他在雷射槍戰基地的團隊，趕回公司總部，研擬反擊策略。

　　接下來兩個月，周鴻禕使出他所能想到的所有骯髒招數來回擊騰訊。首先，奇虎推出了一款新的隱私保護軟體

「360 隱私保護器」，當用戶開啟使用騰訊的產品 QQ，軟體就會發出嚴重的安全警告，這些警告雖然可能不是基於真正的資安威脅而發的，但能夠有效抹黑騰訊這家大公司。10月 29 日，周鴻禕推出了一款可以有效過濾 QQ 所有廣告的安全軟體「扣扣保鏢」，這等於是扼殺了騰訊 QQ 的主要收入來源，而這天正是騰訊創辦人馬化騰的生日。之後，周鴻禕在前往公司途中，接到了一通電話：有三十多名警察到奇虎總部搜查，正等著周鴻禕過來，準備拘留審問他。周鴻禕相信，這是騰訊的動作，他直接開車前往機場，飛到香港，研擬下一步。

2010 年 11 月 3 日，騰訊投下了一顆核彈，要用戶二選一，任何安裝奇虎 360 軟體的電腦都將停止執行 QQ——這就好像臉書告訴用戶，如果你用 Google Chrome 瀏覽器，臉書就讓你無法登入。總之，這兩家公司彼此殺紅了眼，他們的戰區則是全中國用戶的電腦。在同一天晚上，奇虎呼籲用戶罷用 QQ 三天，抗議騰訊 QQ 對用戶的不尊重與強迫行為。中國政府很快就介入，把這兩家殺到流血的公司拉開，不到一週時間，兩家公司就恢復正常運作。但這種鬥爭留下的傷疤，一直留在創業家和公司的身上。

周鴻禕是這些鬥士型創業家中最好鬥的其中一個，但骯髒招數和反競爭行為在業內是司空見慣。還記得本章一開頭提到，王興抄襲臉書成立校內網嗎？他在 2006 年賣掉校內

網後，業主將網站改名為「人人網」，成為中國首要仿臉書的社群媒體。然而，一山還有一山高，人人網在 2008 年遭遇新創公司「開心網」（Kaixin001）的挑戰。開心網不像人人網那樣瞄準大學生，起初是瞄準都市的年輕人，結合社群網路和許多線上遊戲，例如模仿《農場鄉村》（Farmville）的「偷菜遊戲」，但玩家不是因為合作種菜獲得獎勵覺得好玩，主要是因為到別人家偷菜很有趣。開心網很快就變成成長速度最快的社群網站。

開心網的產品已經做得很扎實，但公司創辦人不是善戰的鬥士。他在做這個網站時，想用的網域名稱 kaixin.com 已經被買走，他不想從網域主人的手裡買下這個網域名稱（也可能是買不起），所以就選擇使用 kaixin001.com。這是一項致命性的決定，形同沒戴頭盔就走上危機四伏的競技場。

當開心網一構成威脅，人人網的業主千橡互動，就從 kaixin.com 主人的手中買下這個域名，然後把使用者介面做得跟 kaixin001.com 的一模一樣，只是顏色改了一下，再起一個「正牌開心網」（The Real Kaixin Net）的名稱來競爭。就這樣，很多用戶想要註冊使用這個人氣很高的社群網站，不知情就變成人人網的用戶，也很少人知道這兩者的差別。後來，人人網更宣布和旗下的開心網（山寨開心網）互通，用戶的帳號彼此可以登入使用。這簡直就像直接綁架了原本

開心網的用戶，斷了它的用戶成長，讓它失去動能，一次解決它對人人網地位構成的重大威脅。

面對這樣沒品的競爭者，開心網一狀告上了法院，但打官司也無助於不正當競爭已經造成的傷害。2010 年 10 月，歷經一年半的訴訟之後，北京人民法院判決人人網賠償開心網人民幣 40 萬元，但這個一度前途似錦的挑戰者，如今已經元氣大傷。一個月後，人人網到紐約證交所掛牌上市，融資 7.4 億美元。

在中國互聯網競技場上學到的教訓很明顯：主動進攻，要不然就是等著被宰。無論在技術面、營運面，甚至是人事面上，無法和競爭者完全隔絕開來的公司，都會成為攻擊目標。贏家抱回豐富的戰利品，可能價值數十億美元。

而且，中國的文化傳承，也鼓勵只能用「瘋狂」兩字來形容的工作精神。矽谷常以長時間的工作時數自豪，很多公司都提供免費的餐點、健身房，甚至喝不完的啤酒，讓員工自然能夠忍受這樣的工作型態。但是，比起中國的新創圈，矽谷的公司和工程師可以算是貪懶了。深度學習先驅吳恩達共同創辦了「谷歌大腦」計畫（Google Brain），後來曾領導百度的人工智慧項目。他曾在創新工場在矽谷舉辦的一場活動中，比較過兩邊的環境：[9]

中國的速度實在驚人，我在中國領導團隊時，無論

是在週六、週日，或任何我想要的時間開會，大家都會出現，而且不會抱怨。如果我在晚上七點吃晚飯時傳了一條簡訊出去，八點還沒有得到回應，我就會想是怎麼了。在中國，任何時候都在做決策，市場隨時在變，最好即時反應。

我認為，就是這點，讓中國的生態系統非常善於創新，懂得如何把產品推上市場……。我在美國和一家供應商合作，在這裡就不說是誰了。有一天，他們打電話給我說：「這裡是矽谷，不要以為你在中國。我們沒有你期望的那種速度。」

精實鬥士

當然，中國山寨時代培養出來的這批科技創業者，會的本事可不只有骯髒招數和排滿瘋狂的工作時間表。高財務賭注、善於模仿，以及市場導向的競爭心態，也孵育出體現「精實創業」的中國公司。

「精實創業」這套方法來自矽谷，2011 年由於《精實創業》（*The Lean Startup*）[10] 這本書，在全球各地變得出名、流行起來。它的核心概念是：創辦人不知道市場需要什麼樣的產品，只有市場知道，所以新創公司不該花上幾年的時間，砸下大把銀子，暗中研發自己認為完美的產品，而是應該快

速推出「最小可行產品」（minimum viable product），測試市場對不同功能的需求。這樣一來，網路新創公司就能根據用戶活動，獲得即時的反饋，立刻就能開始調整產品、進行迭代，捨棄人們不用的功能，加上新的產品特點，持續測試市場的水溫。精實創業的團隊，必須要有能力察覺消費者行為的微妙改變，一直致力於調整產品，迎合用戶需求。當不能獲利時，他們也必須願意放棄某些產品和業務，不斷轉換跑道、重新布局，跟著錢走。

2011 年，矽谷所有創業家和投資人，都把「精實」掛在嘴邊。不知道有多少場研討會和主題演講，都在宣揚「精實創業」的福音，但這種方法不盡然都適用於矽谷孵育出來的使命導向新創公司。對媒體或創投公司介紹自家業務時，「使命」有助於說出一段動人的好故事，但在變化快速的市場上，卻可能成為真正的負擔。當市場需求和公司使命出現分歧時，公司創辦人又該怎麼辦？

中國市場導向的創業家，鮮少會面臨這樣的兩難。他們沒有崇高的使命聲明或核心價值的負荷，只管跟著用戶的活動趨勢走就對了。這些趨勢常常把他們帶到一些熱門的產業，裡頭擠滿了成千上萬家看起來幾乎一模一樣的公司，彼此爭食著年度熱門市場的這塊大餅。就像淘寶對 eBay 採用的戰術，如果原本要收費，就祭出免費的戰術來搶奪市場。由於市場太過競爭，免費戰術屢見不鮮，迫使公司加速迭代

週期，一直修改產品，發明新的賺錢模式，把事業做得愈來愈穩固，成功築起其他山寨軍團無法翻越的高牆。

在這樣一個抄襲是規則、山寨是實務的市場上，想要勝出，創業家只能被迫比對手更努力、執行得更好。矽谷反對模仿和抄襲，這往往容易導致志得意滿；先發制人者創造出一塊新市場、占有優勢，因為其他人不想被笑是山寨、沒有原創精神。中國創業家就沒有這麼好命了，如果他們夠幸運，成功做出人們想要的產品，他們不是宣布自己的勝利，而是必須宣戰。

美團點評：王興的復仇

2010 年代初期的「千團大戰」，完全反映出這種現象。酷朋在 2008 年成立後不久，就成為美國新創圈的寵兒。它的事業概念很簡單：購買人數達到指定數量的話，就能享有折扣價；買的人可以打折，賣的人獲得特定銷量。當時，美國剛發生全球金融危機，酷朋一開站，很快就造成轟動。公司估值在短短十六個月內就衝破十億美元，是當時有史以來最快達到這個里程碑的公司。

這個事業概念對中國人來說，簡直就是量身打造的，再適合也不過了。中國消費者很喜歡打折，討價還價基本上成為一種溝通藝術。所以，積極尋找新市場的創業家，很快就發現團購的商業模式，參考酷朋的「每日一物」（Deal of the

Day）模式，成立本地的團購平台。幾家最主要的互聯網入口網站，紛紛成立團購事業單位，還有數十家新創公司加入戰局。不過，一開始的數十家立刻就迅速膨脹，酷朋在2011年公開上市，這是2004年自谷歌掛牌上市以來最大的IPO，在短短不到兩年的時間，中國已有超過五千家的團購公司。

在西方人士的眼中看來，這是一場笑話，是中國互聯網生態系統的一幅完美諷刺畫，所有來自各方恬不知恥、缺乏原創的山寨大軍一口氣湧現。這些懷有夢想但愚昧的創業者，在這樣的血戰當中，根本沒有希望存活。

然而，在這場混戰的核心，王興就站在中央。在此前七年，他抄襲過三家美國網站，創辦過兩家公司，如今早已練就一身功夫，能在中國互聯網的競技場上存活下來。他不再是個只會山寨美國網站的宅男工程師，如今早已搖身一變，成為嗅覺敏銳的連續創業家，對科技產品、商業模式和浴血商戰，都能十足的掌握。

在這場「千團大戰」中，他精銳盡出。2010年初，他創辦了美團網，舉用之前複製臉書和推特時一起打拚、身經百戰的夥伴來領導公司。這次，他不再採用「100％致敬」的方法，而是打造更符合中國用戶習慣的使用者介面，頁面上密密麻麻排滿了資訊。

2010年3月，美團網開站時，中國團購市場的戰爭才

美團網設計出更符合中國用戶習慣的介面

剛熱起來，競爭者會豪擲驚人預算購買線下廣告。很多人認為，若想在這場激烈競爭中勝出，公司必須募集到大量資金，砸錢在打廣告和各項優惠措施上，這樣才能吸引到顧客。市占率愈高，就可以用來募集到更多資金，然後重複這樣的循環。由於投資人過度熱切，龐大的資金挹注到這些幾乎完全一樣的公司，真正獲利的是中國的城市居民，很多人利用低到不合理的優惠價格，成群結隊在外用餐，宛如中國創投圈在招待全中國人民外出用餐。

　　王興嗅到了燒錢的危險性，因為他當年就是這樣被迫賣掉校內網的。而且，他也知道用短期優惠收買長期顧客忠誠度的危險性，如果比的只是各項優惠，消費者當然沒那麼笨，會在各個團購平台之間跳來跳去，尋找最划算的下手購

買。王興決定,沒關係,就讓對手砸大錢去做這些事、好好
教育市場,他要在他們播種之後,等著收割。於是,他保持
低成本營運,持續進行產品迭代。美團不買線下廣告,把資
源投入於調整、改良產品,降低贏得和留住用戶的成本,優
化複雜的後台系統。後台系統要處理千百萬用戶的付款,以
及轉給全國各地成千上萬個商家的款項,這項工程的難度可
不小,但王興長年累月的歷練,讓他準備好應付這種挑戰。

美團最主要的差異化,是和商家之間的關係,這是執著
於市占率的新創公司,往往會忽略掉的重要環節。美團首創
一種自動付款機制,將款項更快轉入商家手中,當時天天都
有新創團購公司陣亡,餐廳經常收不到款項,所以這項改變
非常受到商家青睞。穩定就會產生忠誠度,美團就利用這些
優勢,建立了更龐大的獨家夥伴團購網路。

酷朋在 2011 年初正式進入中國市場,和騰訊建立一個
合資企業。這樁聯姻把國際首屈一指的團購公司,與本地擁
有專業技術和龐大社群的龍頭結合在一起,但這段關係打從
一開始就很辛苦。騰訊當時還不大懂怎麼有效和電商公司結
盟,這個合資企業直接使用酷朋進軍國際市場的標準手冊:
聘用數十位管理顧問,再請萬寶華(Manpower)組成龐大
的低階銷售團隊。萬寶華的獵頭賺了一大筆,酷朋的顧客取
得成本,遠遠高於中國本土的競爭者。燒錢燒得太快,但產
品的優化工作則是做得太慢。在中國團購公司的血戰持續下

去的同時，酷朋逐漸變成無足輕重的玩咖。

　　表面上看起來，這種靠創投資金搶奪市占率的戰爭，比的是誰能夠募集到最多資金，最後能夠撐得比對手更久。但這只是一半的實情，資金固然重要，資金消耗率和透過各項優惠收買到的顧客黏著度也很重要。陷入這些戰爭的新創公司，在當時幾乎從未賺到錢，能把單位服務成本降到最低的公司，撐得能比那些募到更多資金的對手更久。殺價血戰打完了，價格就會開始回升，這種穩固的做法，就會開始創造獲利。

　　隨著「千團大戰」愈演愈烈，各家團購公司自有一套求生方法。有些比較弱的新創公司結合在一起，希望達到規模經濟；也有一些靠著努力打廣告，突然爆紅了一陣子。美團始終低調，保持在前十名，但還沒有爬到頂尖。

　　王興展現的謀略，可與 14 世紀明朝開國皇帝朱元璋相比，就這樣率著一支軍隊，沿路打贏了其他起義軍，最後北伐滅元，建立明朝。朱元璋的開國三策是「高築牆，廣積糧，緩稱王」；對王興來說，創投資金就是他的糧，優異產品是他的高牆，整個中國 O2O 的市場將是他的王座。

　　到了 2013 年，中國這場有史以來最猛烈的團購市場大亂鬥，開始塵埃落定。絕大多數的公司都撐不過激烈競爭，或是因為自身的管理不善陣亡，只有三家公司存活下來：美團網、點評網、糯米網。點評網（全名「大眾點評網」）是

Yelp 的中國山寨版，在團購戰開打之前存在已久，後來跨足這個領域；糯米網是人人網成立的團購網站。這三個網站合計占據中國 80％ 的團購市場，王興的美團網此時估值上看 30 億美元。多年山寨美國網站之後，王興真正學會了創業的本領，成功占領了一塊龐大的新市場。

但美團成長到今天這麼龐大的規模，不是因為堅守團購事業。酷朋大致上堅守本業，靠著當初團購折扣的新穎概念，在早期順利開疆闢土。但是，到了 2014 年，酷朋的股價已經跌落不到公開上市時的一半，今日的酷朋更是大不如前。反觀，王興則是一直擴展美團的事業線，持續改造核心產品，隨著每一波新興消費熱浪衝擊中國經濟，例如高漲的電影票房、爆炸性成長的外送服務、龐大的國內觀光熱潮、愈來愈流行的 O2O 服務等，一再地轉換跑道，最後將公司轉型。他永遠積極看向新市場，一直進行新產品的迭代；他的成功，是市場導向精實創業的最佳典範。

2015 年 10 月，美團網和大眾點評網合併，合併後的新公司繼續由王興掌舵。到了 2017 年，這家合併的新公司每天接下來自 2.8 億月活躍用戶兩千萬筆的訂單，大多數的用戶早已忘了美團如何起家，只知道現在的美團網，是一個龐大的消費服務王國，業務包山包海，有麵食、電影票、住宿訂房等。今天的美團點評網市值為 300 億美元，成為全球身價排名第四的新創公司，超越 Airbnb 和伊隆・馬斯克（Elon

Musk）的太空探索技術公司（SpaceX）。

創業家、電力與石油

王興的故事，並非只是「山寨成功致富」的故事。他的
轉型，描繪出中國科技生態系統的進化史，這個生態系統最
大的資產，就是一批堅毅不撓的創業家。他們先在本土節節
擊退矽谷龍頭，學會如何在全球最競爭的創業環境中生存下
來，然後利用中國互聯網革命和移動互聯網的爆炸性成長，
為現在由消費帶動的中國新經濟注入活力。

這些成就固然了不起，但比起他們將利用人工智慧在未
來實務應用的能力，不過是小巫見大巫，不足為奇。互聯網
在中國的發展，就像電報的發明：縮短距離，加速資訊流
通，促進商務；而人工智慧在中國的發展，將會像電力的應
用：能讓所有產業大幅提升產能和效益，影響到所有層面，
顛覆世界現在的遊戲規則。已經成功蛻變、練就出一身本事
的中國創業家，紛紛發現這項新科技的潛力，正在尋找能把
它轉為獲利的產業與實務應用。

想要做到這件事，不只需要街頭智慧和敏銳的商業嗅
覺。如果把人工智慧比作新的電力，大數據就是發電機需要
的燃油，而中國蓬勃發展的獨特互聯網生態系統在 2012 年
起飛之後，中國已經成為 AI 時代全球最大的這種石油產國。

第 3 章

中國的另類
互聯網宇宙

領導「中國矽谷」中關村
十年的郭洪

郭洪雖然是中國政府官員，但骨子裡有新創企業家的靈魂。中年的他，時常穿著一身中規中矩的深色西裝，臉上戴了一副厚重眼鏡。在一些開幕儀式的照片中，他看來和其他前來剪綵、致詞的北京官員沒什麼兩樣。

在 1990 年代到 2010 年之間，中國一直由工程師治理，政壇上大多是理工科出身的男人。他們實事求是，努力將自身所學用於推動中國轉型，讓中國從貧窮的農業社會，進步到全國各地建設、發展了大大小小忙碌的工廠，各省城都會蓬勃發展。郭洪代表的是中國新時代的新品種官員，在這個新時代，中國不只需要建設、生產，也需要創意。

這樣一個平時穩重自持的人，單獨和一群創業家或科技人員共處一室時，突然間就活潑了起來，點子很多、口若懸河、熱切聆聽，對下一波的科技新趨勢很有興趣，也能夠想像新創公司如何利用這些新趨勢。郭洪是個能夠跳脫框架思考的人，然後腳踏實地採取行動。如果他真是個創業家，肯定會是投資人樂於出資的那種創辦人。

　　他身上的這些特質，在他決定將自己的北京轄區發展成中國矽谷，致力於培育中國本土創新時，全部派上用場。那年是 2010 年，郭洪在北京西北部、極具影響力的中關村科技園區管委會擔任主任，中關村向來被標榜為「中國矽谷」，但實際上還沒有發展到那種程度。有十幾年的時間，中關村有幾座大型知名的電子商場，專門販售低階的智慧型手機和盜版軟體，鮮少有真正創新的新創事業，而郭洪想要改變這種情形。

　　為了啟動這項轉型，他來到當時剛成立不久的創新工場找我。有將近十年的時間，我代表美國最強大的科技公司派駐在中國。2009 年秋季，我決定離開谷歌中國，創辦創新工場，做為一家帶有孵化功能的天使創投基金公司，協助中國新創公司創業。我之所以會做這項生涯決定，是因為我發現中國新創生態系統，有一股新的活力湧現。中國在山寨時代培養出一批世界級的創業家，現在開始應用他們在激烈競爭中學會的技能，解決中國獨特的問題。中國迅速轉型到移動互聯網的時代，全國各地的都會中心煩囂喧鬧，創造出一種全然不同的環境。如今，創新產品和新的商業模式都能繁榮發展起來，我想要參與，為這些新創公司提供指導和融資，幫助他們壯大起來。

　　郭洪到創新工場來找我時，我正和一群由前谷歌中國員工組成的核心團隊，在中關村東北部清華科技園一個小辦公

室裡頭工作。我們正在招募有潛力的工程師加入我們的育成中心，瞄準中國第一波智慧型手機用戶來扶植新創事業。郭洪想知道，他可以做些什麼，支持這項使命。我告訴他，辦公室租金吃掉我們想用來培育這些新創事業一大部分的資金，租金若能夠減少一點，我們就有更多錢可以用來打造產品、培育公司。他說，沒問題，他打幾通電話溝通一下。結論是，如果我們能夠搬到中關村西區的第三極大廈，地方政府可以補貼我們三年的辦公室租金。

這對我們來說，真是個好消息！更棒的是，郭洪的來意不止於此，他不只想投錢給單一育成中心，他還想了解矽谷成功發展的訣竅，所以便一口氣問了我好多1990年代在矽谷工作的經驗。我告訴他，矽谷有很多早期創業家，後來變成天使投資人和導師。加上地利之便和緊密的人脈圈，幫助孕育出一個自立自足的創投生態系統，持續對絕妙的好點子進行聰明投注。

在交談之間，我看得出郭洪的腦筋飛快轉動。他正在吸收所有的東西，好像在做什麼計畫一樣。矽谷的生態系統是歷經數十年的有機發展，逐漸成為今天的模樣。如果中國可以動用官方的力量，加速這項發展過程呢？要是在中關村挑一條街來發展，重新安置本地居民，把空間開放給這種生態系統中的要角，包括創投公司、新創企業、育成中心和各種服務商呢？郭洪甚至已經想好了名稱，就叫「創業大街」。

　　這種由上而下對創新生態系統的建設，和矽谷的發展方式完全相反。在矽谷的世界觀中，矽谷真正特別的地方，是一種抽象的時代文化精神，致力於原創思考和創新，不只是用磚頭和租金補貼就能夠打造出來的。

　　然而，郭洪和我都能夠看得出這項神聖使命的價值。我們當然也都知道，中國的情況不一樣，如果想要加速中國的這項發展，資金、不動產和政府支持都非常重要。在過程中，我們需要投注大量心力，必要時還得用上一點手段，努力把矽谷抽象的創新精神，調整帶入今天的中國。結果是，雖然會需要利用矽谷的一些核心機制，但中國互聯網的發展，會往非常不同的方向。

　　經過這些年的發展之後，這個生態系統逐漸變得自立自足。中國新創公司的創辦人，不必再為了迎合外國投資人的喜好，特別修改行銷話術。他們現在可以致力於打造中國產品，解決中國獨特的問題。這項重要的轉型，改變了中國各地城市的發展，也代表中國互聯網的發展，進入一個全新的階段。突然間，AI 時代需要的天然資源——各式各樣豐富的資料和數據，產量便大增了起來。

未開發的線上疆域

　　中國在山寨時代，和矽谷的關係是「模仿—競爭—追趕」；到了 2013 年左右，中國互聯網的發展改變方向，在

功能性上，不再落後於西方的網際網路，但也不是超越矽谷，而是進化成一個另類宇宙，一個能夠產出自己的原物料，有獨特行星系和物理定律的空間。在這個空間，有很多用戶透過廉價智慧型手機連上互聯網，這些智慧型手機扮演了信用卡的角色，而人口密集的城市，宛如一座超大型的實驗室，無縫結合了數位世界與實體世界。

　　主宰這個世界的中國科技公司，在矽谷找不到同類。以前，會用「中國亞馬遜」或「中國臉書」之類的形容詞來稱呼中國公司，現在用這種方式來形容像微信這樣的 app，已經不再適用。微信是中國最主要的手機社群軟體之一，對中國人來說，微信就像把數位瑞士刀一樣，用途繁多、非常便利，可以用來付款、點餐、預約看診等。

　　推動這種轉型的，是許多層面的改變，包括「移動優先」（mobile-first）的互聯網用戶、像微信這樣的全國超級app，以及將所有智慧型手機變成數位錢包的行動支付。當一切水到渠成之後，中國的新創公司便進入本土創新大爆發的階段，首創了很多 O2O 服務，緊密結合互聯網與中國經濟。現在，在中國許多城市，很多人都過著無現金的生活模式；這是自以物易物經濟之後，最大規模的交易轉型之一。中國各大城市的交通運輸，也出現了大規模的共享單車系統，結合了手機 app、單車裝置和各站點的設備，創造出全世界最大規模的物聯網之一。

　　中國政府對創新前所未有的支持，更加速這一波爆炸性的發展。如果說郭洪設立創業大街的使命是涓滴，那麼從2014年起，中國政府推動「大眾創業，萬眾創新」的系統性政策，就是一股滾滾洪流了。在國家和「創客」總理李克強的強力號召下，各縣市首長紛紛成立新的創業園區和孵化基地，中國政府也成立國家級政策性的創投基金，其中很多都仿效郭洪的創業大街計畫。很多西方分析師將這波「雙創」熱潮，鄙為無效的錯誤發展，它卻大幅加速了中國另類互聯網宇

中關村創業大街
3D 實景

北京的創業大街

宙的演進。

　　想要這樣的環境穩健發展，不只需要高超的工程技術，也需要充足的人力支應。全國各地有無數的外送大軍，騎著摩托車穿梭在大街小巷；公司派出了數不清的業務人員，推廣街頭攤販使用行動支付；數以千萬輛計的共享單車，則被裝運在小卡車上，載送分配到城市的各個角落。這些服務業的爆炸性成長，使得中國公司必須捲起袖子，在實體世界費力維持繁重的營運。

　　在我看來，願意進入實體世界執行繁重業務的這種意願，正是中國科技公司和矽谷同業一項最主要的差別。美國新創公司喜歡維持在自己熟悉的業務：建立簡潔的數位平台，促進資訊交流，至於在實體世界的業務，則是由合作廠商負責執行，科技公司鮮少參與實體世界的後勤運作。他們嚮往像 HBO 影集《矽谷群瞎傳》（*Silicon Valley*）中的神話：一群人數極少的聰明駭客，完全不用離開舊金山的辦公室，就能打造出價值 10 億美元的獨角獸公司。

　　中國公司可就沒有這麼好命了，國內到處都是山寨大軍，隨時準備好對自己的數位產品進行「逆向工程」（reverse-engineering），大幅抄襲、改良，再推出類似的產品。他們必須善用自己打造出來的規模，砸大錢、有效率地執行這些繁重的日常業務，以便創造出差異化的優勢。這些公司燒錢的速度非常驚人，仰賴龐大的低薪外送員工，讓商

業模式保持運作。這是中國另類互聯網宇宙的一項決定性特點，讓習慣矽谷模式的美國分析師迷惑搔頭，抓不到重點。

AI 時代的新沙烏地阿拉伯

也就是這種願意進入實體世界執行繁重業務的實作精神，為中國在人工智慧實務應用年代的領導地位打穩了基礎。中國公司積極參與餐飲外送、車輛維修、共享單車、銷售支付等龐雜、繁瑣的日常業務，蒐集到非常豐富、詳細的資料和數據，使中國搖身一變成為 AI 時代全球最大的能源產出國，突然間就坐擁了能在這個新科技時代全力加速發展的重要資源。在可以用來訓練 AI 的互聯網數據方面，中國已經遠遠超越美國，成為全球最大的數位資料產出國，而且領先的差距日益擴大。

我曾在第 1 章提過，深度學習的問世，代表我們將從專家的年代轉變為資料的年代。要訓練出成功的深度學習演算法，需要強大的電腦運算能力、足夠優秀的工程人才，以及大量的資料；未來，在這三者當中，最重要的是資料量，因為工程能力達到一定門檻之後，就會開始出現報酬遞減，過了這個門檻，資料量就決定了一切。如果資料量遠遠超出很多的話，一般水準工程師調整出來的演算法，比全球頂尖專家打造出來的演算法表現更加優異。

中國在資料上的優勢，不只在數量上面，也在質量上

面。中國有超過 7.53 億、為數驚人的互聯網用戶，比美國
和歐盟的加起來還多，產生了浩瀚如海的大數據，但這群龐
大用戶在線上做的事，也提供了資料的品質。中國的另類行
動 app 宇宙，蒐集到的豐富、詳細資料，在打造 AI 導向的
公司時，遠遠更有用處。

　　矽谷龍頭透過自家平台，從用戶活動來蒐集資料。這些
資料主要集中在用戶的線上行為，包括所有的搜尋、上傳的
圖像、看過的 YouTube 影音、對哪些內容按過「讚」等。
中國公司則是從用戶在實體世界的活動來蒐集資料，包括什
麼時候在哪裡做過哪些事，比方說，花了什麼錢、點了哪些
餐點、做了哪些美髮美容、搭乘過哪些交通工具等。深度學
習系統只能透過資料來優化它能夠「看」到的內容，中國公
司與實體世界緊密結合的科技生態系統，則是讓這些演算系
統長出了精密的複眼，能夠大範圍「看」到龐大用戶的日常
生活內容。隨著 AI 開始進入各種產業，為各項作業提供「新
電力化」，中國科技公司如此廣泛蒐集實體世界的各種資料
和數據，將比矽谷更占優勢。

　　然而，中國這筆在短期間內突發的大數據之財，並非任
何宏大計畫的結果。郭洪 2010 年來找我時，根本預測不到
中國互聯網會發展成什麼樣子，也預測不到機器學習突然間
會將數據變成寶貴商品。不過，他的確相信，只要環境對
了、資金到位了，再加上一點推力的話，中國新創公司肯定

能夠創造出全然獨特、極有價值的事物。就這點而言，郭洪
的「創業家直覺」完全正確。

躍過桌機，直入手機

　　我離開谷歌中國、成立創新工場沒幾個月後，谷歌就決
定退出中國市場。此舉讓我們團隊幾個待過谷歌中國的人非
常失望，畢竟我們也辛苦耕耘了很多年，才讓公司在中國具
有競爭力。但谷歌的退出，也讓中國新創公司有機會為當時
最令人興奮的科技新趨勢——移動互聯網，打造出一系列全
新不同的產品。

　　iPhone 在 2007 年問世之後，整個科技世界逐漸為智慧
型手機，推出手機版網站和各項服務。其中最簡單的，就是
根據裝置大小調整畫面，把電腦版網站調整成手機版網站。
不過，當然也出現了全新不同的數位產品和工具，包括 app
商店、各種圖像編輯 app，以及防毒軟體等。谷歌退出中國
市場之後，安卓系統（Android）的 app 市場門戶大開，創
新工場最早投資孵化的一批新創公司，就是相中了這塊市
場。過程中，我想要大家探索和互聯網互動的有趣新方式，
因為矽谷在這個數位空間，還沒有界定出主流的典範。

　　在中國的山寨時代，有一小部分的人口像美國人一樣，
使用桌機或筆記型電腦上網。雖然中國網民的使用習慣和行
為與美國人的不同，但兩國用的上網工具基本上相同。當

時，對大多數的中國民眾來說，電腦還是比較昂貴；2010年，全中國大約只有三分之一的人能夠上網。在便宜的智慧型手機問世之後，全國各地大批的中國百姓，直接跳過使用個人電腦的階段，人手一機，藉著智慧型手機首次上網。

這種過渡，聽起來好像很簡單，但對中國互聯網的發展，擁有深遠的影響。智慧型手機用戶的行為，和桌機用戶的行為不但不同，要的東西也不一樣。對移動優先的用戶來說，互聯網不是從單一定點上網，在網路上存取抽象的數位資訊而已；它是一項工具，在城鄉任何地方移動時，都能夠跟著一起移動，如果遇到了問題，無論是吃喝玩樂、購物、旅行或是本地交通，都能夠幫忙解決問題。而中國的科技公司，也必須因應大眾需求，開發出各種不同的商品。

這著實打開了一波真正的機會，讓中國創投業者金援的中國新創公司，能夠開闢出一片新天地，培養中國模式的創新。創新工場第一輪投資孵化了 9 家公司，其中好幾家後來被 BAT（百度、阿里巴巴、騰訊）收購或受控。BAT 透過我們孵化的新創公司，加速轉型為移動互聯網的公司，雖然這些收購為 BAT 打下了良好的基礎，但是騰訊自家暗中進行的計畫，率先打開了我稱為「中國另類互聯網宇宙」的潛能。

微信：微小起步，志向宏大

當全球最強大的 app 進入世界舞台時，幾乎沒有人注意

到。2011 年 1 月，騰訊推出新的即時通訊軟體微信時，只有一家英文媒體報導：科技新聞網站 The Next Web（TNW）。[1] 當時，騰訊在中國已經有兩個非常主流的社群網絡——即時通平台 QQ，以及部落格系統 QQ 空間，分別擁有幾億用戶，但美國分析師嗤笑不過就是美國產品的二流翻版。騰訊新推出的這款智慧型手機 app，一開始連英文名稱都沒有，就取名叫做「微信」，以免費短訊、更方便的即時通訊為產品賣點。

微信後來陸陸續續加入了一些新產品功能，所以用戶數量持續成長。除了文字簡訊之外，它也可以傳送圖像和語音短訊，而能夠收發語音訊息這點非常吃香，因為用手機打字對許多人來說，並不是那麼容易。微信是專門為智慧型手機開發的即時通軟體，騰訊不是直接把用戶數量已經破億的電腦平台 QQ 轉成手機 app，而是自我破壞，專門再為手機用戶打造一款全新的 app。這對任何科技龍頭來說，都是一項冒險的策略，結果證實非常正確。

微信簡潔的設計大受歡迎，在用戶人數成長的同時，它的系統也新增了更多功能。短短推出才 14 個月，用戶人數就衝破 1 億；2013 年 1 月，它在慶祝兩週年時，用戶人數來到 3 億。一路上，系統推出了語音通話、視訊通話、電話會議等功能，現在看起來這些功能好像沒什麼，但微信的全球頭號對手 WhatsApp，要到 2016 年才全部跟上這些功能。

　　微信早期的改良與優化，不過是個開始，它很快就首創「小程序」模式，改變了媒體與廣告主使用社群平台的方式。他們現在可以推出微信「公眾號」，提供串流內容的訂閱，把資訊推播給用戶。對所有媒體來說，這很像臉書的粉絲專頁；不同的是，臉書的功能比較迷你一點，只能張貼內容，而微信公眾平台本身的功能，強大到就像一個獨立 app。經營微信公眾號在社群媒體很快就成為主流，很多媒體和消費性產品與服務的公司，乾脆就不自己做 app 了，選擇在微信的平台上活動。

　　短短兩年時間，微信就從一個無名的行動 app，發展成一個包含通訊、媒體、行銷、遊戲等功能強大的多元化平台。不過，騰訊要的更多，雖然它可說已經「壟斷」了中國用戶的數位生活，但它眼裡看的不只是智慧型手機這塊。

　　之後五年，騰訊苦心經營，把微信做成全球首屈一指的超級 app。微信變成一種「生活遙控器」，[2] 不只是中國數位世界的主流軟體，也影響了廣大中國用戶的實體生活，他們可以用來在餐館付費、叫車、租借共享單車、管理投資組合、預約看診、宅配處方籤等。這麼強大的功能，模糊了線上、線下世界的分界，不斷形成、擴大中國的另類互聯網宇宙。當然，在這一切之前，微信得先好好掌握用戶的錢包，這表示它必須挑戰數位商務的龍頭。

騰訊「偷襲珍珠港」

這場突襲，發生在 2014 年農曆過年的除夕夜，武器自然和這喜氣洋洋的節日有關。過農曆年一般都會發紅包，這是全球華人的傳統習俗。紅包就像耶誕節禮物一樣，通常是由長輩包給晚輩，老闆包給員工。

騰訊的創新很簡單，好像只是要娛樂用戶、過年好玩而已，掩飾了背後的商業角力。這場突襲的內容是：微信用戶可以透過數位紅包包現金給親朋好友，只要用戶綁定銀行帳戶，就可以包一個特定金額的紅包，給某個人或一個群組，看誰先「打開」紅包，錢就是他的。那筆錢會存到用戶的錢包裡，這是一項新增的功能，錢包裡的錢可以用來購物、轉

微信的虛擬紅包

帳，如果用戶綁定銀行帳戶的話，也可以存到銀行帳戶裡。

簡單來說，這等於是把一項歷史悠久的中國傳統，無縫接軌轉進了數位時代的操作，在過程中增添一些遊戲元素。微信用戶很愛這項功能，在 2014 年的春節期間，足足發送了 1,600 萬個虛擬紅包，成功綁定了 500 萬個新銀行帳戶。

在另一頭，馬雲可就沒那麼開心了。他把騰訊這項過年活動稱為「偷襲珍珠港」，對阿里巴巴的數位商務龍頭地位發動攻擊。[3] 2004 年，阿里巴巴集團的支付寶，首創為中國用戶量身打造的數位支付模式，之後也為智慧型手機用戶改造了介面。但微信居然在一夕之間，就用新的行動支付模式在用戶間爆紅，一下子就讓好幾百萬用戶自動綁定銀用帳戶。當時，微信已經是中國最強大的社交行動 app 了，馬雲便發信警告全體員工，頭頂變天了！如果不努力守住行動支付領域的地位，2013 年就會成為阿里的最後一個好年。觀察家當時都認為，這只是馬雲一貫張揚的言論，畢竟這位創業家很有魅力，很懂得激勵人心，善於號召員工。經過幾年回頭來看，馬雲確實很有遠見。

在騰訊「偷襲珍珠港」前四年間，中國另類互聯網宇宙的許多塊拼圖陸續到位。山寨時代的激烈競爭，讓中國培養出一批很有街頭智慧的互聯網創業家。從 2009 年到 2013 年，中國智慧型手機用戶人數倍增，從 2.33 億人來到 5 億人。早期階段的創投資金，培育出新一代的新創公司，專門

為這塊市場開發創新的行動 app。微信展現出超級 app 的力量能有多強大，幾乎每個中國人的手機都安裝了這個 app，這是一個進入中國行動生態系統的全方位入口。

騰訊這起「偷襲珍珠港」事件，可說是完成一場消費革命的最後一塊拼圖，而這場消費革命就是：能夠使用手機支付任何款項。在後續幾年間，阿里巴巴、騰訊，以及數千家中國新創公司，爭相把這些工具應用到城鄉生活的每個角落，包括食物外送、支付電費帳單、網紅直播、到府美容服務、租借共享單車、購買火車票或電影票，還有繳交交通罰單等。中國的線上、線下世界開始緊密結合在一起，這種情況在世界各地極為罕見，不但改變了中國的都會面貌，也創造出世界上最豐富的實體世界資料。

然而，要在中國成功打造出另類互聯網宇宙、深入中國經濟的每個角落，沒有最重要的經濟成員支持是不可能的，那就是中國政府。

蓋好了，他們就會來

站在這個支持陣線最前方的人，就是郭洪。他第一次來找我之後的幾年間，把「創業大街」的夢想轉換成一項計畫，積極採取行動落實。他在中關村選了一條商店街來做實驗，這裡曾是書店、餐廳、山寨電子零售店混雜一處的地方。

早在 1980 年代，中國政府為了經濟升級，就曾經改造

過這條街。當時，中國正經歷重要的出口成長和都市化轉型階段，兩者都需要當時中國所欠缺的工程專業，所以官員就把這條街變成一座書城，書店林立，販售很多現代科學和工程教科書，符合附近清華大學和北京大學學生的需求。到了2010 年，互聯網興起讓許多書店的生意變得很難做，便紛紛改成銷售廉價電子和盜版軟體的小店面，這些商品都是中國山寨時代的象徵。

但郭洪想要的，是幫助中國加速升級到本土全面創新的時代。他對創新工場提供租金補貼的小實驗成功了，他打算用同樣的方法改造一整條街，讓高新技術產業的房客入駐。他和北京市政府採用現金補貼，以及在別處提供空間的方法，順利將幾乎所有的傳統產業商家遷出。2013 年，建築工班帶著工具進來，開始改建起已經搬空的這條街；一年後，2014 年 6 月 11 日，創業大街以全新的外貌，開放給新的承租人。

郭洪將自己能用的所有工具都派上用場——資金、水泥、人力等，奮力推了本土新創公司一大把，讓他們能夠順利展開創新。這是中關村一個重要的里程碑，但它影響的，不只是北京市的一區，郭洪的方法不久就在全國展開。

雙創政策

2014 年 9 月 10 日，世界經濟論壇在天津舉辦了 2014

年夏季達沃斯論壇。中國總理李克強上臺致詞，他談到科技
創新在推動中國經濟成長與現代化中扮演的重要角色。演講
相當冗長，充滿了官方說法，談到的細節並不多，但引人注
意的是，他重複說了一項新政策的口號：「大眾創業，萬眾
創新。」[4] 演講最後，他祝福論壇圓滿成功，與會嘉賓工作
順利、身體健康。

　　在外界觀察家的眼中，那是一場普通的論壇活動，西方
媒體幾乎沒有報導。中國領導人幾乎天天都會發表類似這樣
的演說，冗長、官僚，充滿了西方人聽來覺得空洞的制式說
法。這些說法在中國政壇上也許代表了什麼樣的信號，但不
盡然在真實世界中立刻造成改變。

　　不過，這次不一樣。李克強的演講點燃了第一道火花，
在中國科技產業燃起了熊熊烈火，把投資和創業圈推向了新
的熱潮。中國政府的這句新口號：「大眾創業，萬眾創新」，
變成政府強力支持新創生態系統和科技創新的誓言。早先郭
洪對創新的支持行動，突然間就這樣在世界第二大經濟體全
面橫掃開來，加速了唯一可與矽谷匹敵的勢力形成。

　　中國的「雙創」活動，不但直接補助中國科技創業者，
也改變了時代思潮，讓創新人士有錢、有空間把點子幻化成
真，讓他們的父母不再叨念，老是要他們在國有銀行找個鐵
飯碗。

　　在「創客」總理李克強發表那場演說九個月後，中國國

務院印發了一份政策文件：《關於大力推進大眾創業萬眾創新若干政策措施的意見》，[5]加速了「雙創」活動。這些政策措施呼籲實現創業便利化，中國各地大量成立了孵化基地和創業園區；它也呼籲優化財稅政策和擴大創業投資，中國政府成立「引導基金」，成功吸引到更大的私人創投資金。此外，它明確表示，中國政府將致力於發展創業服務、建設創業創新平台、拓展城鄉創業渠道、實現創業帶動就業等。

「雙創」的戰略布局由中央政府制定，但執行工作則是交由各地方市長和政府官員來做。中國政府官僚體系的升遷，是根據中國共產黨組織部所做的績效評估。中央政府設定的明確目標，成為較低階官員展現能力的新衡量指標。全國各地有抱負的政府官員，無不卯足了勁，全力推動這些目標，證明自己的能力。

國務院針對「雙創」政策推出一系列措施之後，中國各地的城市迅速複製郭洪的願景，推出在地版的「創業大街」，也用稅賦和租金優惠來吸引新創公司。政府設有一站式服務的辦公室，讓創業人士能夠快速註冊公司。這一系列大規模的利多措施，讓全國各地新成立了 6,600 個孵化基地，足足成長了四倍以上。突然間，中國的新創公司比以前更容易取得良好的辦公環境，而且租金更便宜，有更多錢可以用來發展事業。

較大型的城市和省政府，首創了許多不同模式的「引導

基金」，用政府的錢來撬動、引導社會資本參與創投，由政府引導民間資金投向重點發展領域，為個人投資者的投資增值，但還是存有風險。中國政府運用引導基金的錢，投資於私人創投基金，就像私人有限公司的合夥人一樣，如果投資的新創公司失敗，所有合夥人都會蒙受損失，包括中國政府在內。

　　但如果投資的公司成功了，比方說，五年內價值翻了一倍，那麼基金經理人可以依照預定比例，例如 10％，限制政府獲得的投資增值，其餘 90％ 則分配給基金的管理者和投資人。中國政府這種讓利的方法，能夠有效刺激民間資金追隨政府的引導，把錢挹注到地方政府想要扶植的基金和產業。在「雙創」政策的推廣下，地方政府的引導基金呈現爆炸性成長，從 2013 年的 70 億美元，增加將近四倍，到 2015 年的 270 億美元。[6]

　　私人創投基金也紛紛跟進。創新工場在 2009 年成立，當時中國正值製造業和房地產業快速成長之際，熱錢仍然大舉流入這些傳統產業，但 2014 年一切都改變了。從 2011 年到 2014 年，這四年間有三年，中國的創投基金每年穩定維持在 30 億美元左右；到了 2014 年，一下子暴增為四倍，達到 120 億美元；2015 年，再加倍為 260 億美元。[7] 突然間，好像任何頭腦聰明、有經驗，有新奇點子和一些技術本領的年輕人，只要快快草寫個創業計畫，就能夠找到資金，發展

自己的新創事業。

美國政策分析師和投資人，對中國政府這種在原本理應自由、有效運作的市場，採取高度干預的做法抱持著懷疑的態度。他們認為，在投資這一塊，私人投資者做得比較好，政府出資成立的創新園區或孵化基地不會有效，只是白白浪費納稅人的錢。在許多矽谷大咖看來，聯邦政府所能做的最好的事，就是千萬別來打擾。

但這些評論忽略了一點，那就是這種做法可能浪費資源，也可能非常有效。當長期利益非常巨大、具有歷史價值時，短期的過度支付，可能是正確的事。中國政府想要中國經濟發生根本轉型，從製造業驅動的成長，轉型成為創新驅動的成長，而且要快速轉型。

當然，中國政府大可採取不干預的做法，在一旁等著傳統產業的投資報酬降低，私人投資慢慢轉向高新技術產業。這種轉型會遭遇一般都有的發展摩擦，包括資訊不完全、老派投資人對互聯網這種東西不夠確定，以及既有的經濟慣性。這些發展摩擦最後都會被克服，錢也會流向私人創投基金，而且每一分錢都花得比政府更有效率。

然而，這樣的過程得花上好幾年、甚至幾十年的時間。中國領導高層沒有耐心慢慢等，想用政府資金靠蠻力加速這項轉型，愈快轉型成更高品質的成長，國家收到的回報將十分值得。這種靠蠻力轉型的過程，在一些地方上的執行，的

確可能缺乏成效──孵化基地冷冷清清，創業大街從未繁榮發展過，但就國家整體而言，影響十分巨大。

高新技術大革命

「雙創」活動的影響，遠遠不只是在辦公空間和投資動向這兩個層面，也深刻影響了一般中國民眾對互聯網創業的認知，徹底改變了時代思潮。

中國文化傳統上都會尊敬、服從權威人物，例如父母、老闆、老師和政府官員。一個新產業或活動在還沒獲得權威人物認可之前，一般都會認為有風險，持懷疑或保留的態度。但如果這個產業或活動，獲得中國領導高層的支持背書，大家就會搶著參與。這種由上而下的結構，阻礙了自由、探索式的創新，但當中國政府一旦背書、方向確定，社會各角落就會同時動員起來。

2014 年之前，中國政府從未明確表達過對互聯網興起的立場。儘管有百度、阿里巴巴等早期成功的公司，在歷經線上較開放的一些時期之後，中國官方對一些在社群平台上「散播謠言」的用戶採取鎮壓手段，造成了不安，沒有人知道接下來會發生什麼事。透過「雙創」的相關政策和活動，中國政府對互聯網創業首度發聲表示全力支持，全國各地出現了相關口號標語，呼籲大家趕快加入行動。官方傳媒也不斷報導本土創新的精彩故事，宣揚國內新創公司的成就，而

全國各地大學競相提供創業相關的新課程，書店也陳列許多科技業巨子的自傳，以及新創公司創辦人需要的自助書籍。

阿里巴巴 2014 年在紐約證交所掛牌上市破紀錄的規模，更是讓這股雙創熱潮急速升溫。創客總理李克強發表演說的九天後，2014 年 9 月 19 日，淘寶的一群賣家，在紐約敲響了阿里巴巴公開上市的鐘聲。經過一陣忙亂的交易之後，阿里巴巴奪下史上最大規模 IPO 的頭銜，馬雲則是坐上中國首富的位置。

2014 年 9 月 19 日，阿里巴巴首度在美掛牌上市，創下史上最大 IPO

　　但重要的不只是錢，馬雲搖身一變成為全國性的英雄人物，而且是全中國人都能夠起共鳴的英雄人物。乾瘦的馬雲，有著憨厚、樸實的鄰家氣質，就像中國人走在街上都會遇到的那種大男孩。他念的不是全國一流的頂尖學府，也沒有學過寫程式，他最喜歡告訴大家的個人故事之一，就是當肯德基在他的家鄉杭州開店時，有 25 個人去應徵，24 個人都上了，只有他沒上。其他中國早期互聯網龍頭公司的創辦人，通常不是有博士學位，就是曾在矽谷工作過；馬雲和人家不同，他沒有這些華麗背景，如今成功爬到全球搖滾巨星的地位，賦予「大眾創業」全新的定義──中國大眾任何人只要願意，都可以一試，說不定你就是下一個馬雲。

　　中國政府的支持背書，以及馬雲互聯網創業的成功例子，在爭取一票最難爭取到足夠信心的群眾時特別有效，那就是中國的母親們。傳統的中國人心態仍然認為，搞創業是找不到好工作的人才會做的事，對餓過、窮過、苦過的老一輩來說，在公家機關找個鐵飯碗才是正途。事實上，我在 2009 年創辦創新工場之後，很多年輕人都想要加入我們投資的新創公司，但覺得自己可能做不到，因為過不了強烈反對的父母或配偶那一關。我為了說服他們的家人，嘗試一切我所能想到的辦法，包括請他們的父母共進晚餐、親自寫信給他們，甚至告訴他們新創公司的財務報酬預測。最後，創新工場成功組成了一支堅實的團隊，但在最初的階段，每招

募一位新員工，都像在打一場硬仗。

到了 2015 年，情況大逆轉，很多人主動上門來找我們。有一次，為了爭取工作機會，有人還拿石頭砸破了創新工場的大門。來找我們的人，有高中輟學生、頂尖大學的優秀畢業生、臉書工程師，以及一些心理狀態不穩定的人。有一回，我人不在，創新工場的總部來了一位有志創業者，堅持不見到我就不離開。同事告訴他，我不會那麼快回來，他乾脆脫光了衣服躺在地上，發誓就要這麼躺著，直到李開復回來聽他的創業計畫。

迫不得已，同事們只好找了警察把他給請出去，他當然也沒能獲得種子投資。從這起事件，可以看出中國的雙創風潮有多熱。一個曾經在互聯網創業邊緣徘徊慢舞了十年的國家，現在一頭栽了進去。郭洪本身的發展也是一樣，他在建設「創業大街」的過程中，也對創業著迷。2017 年，他離開中國政壇，成為北京中關村銀行創辦人暨董事長，這是一家師法矽谷銀行（Silicon Valley Bank）的金融新創公司，標榜為「創業者的銀行」，專門服務本土的創新創業者。

如今，中國另類互聯網宇宙的繁榮要素，都已經到齊了。技術大躍進、資金、設備、人才與環境，通通準備就緒，可以期待新型態、有價值、中國獨特的互聯網公司在全球發光發熱。

到處都是 O2O

　　為了做到這件事，中國互聯網必須從許多實務進行革新。過去二十年，中國互聯網公司扮演的角色，相似於美國同業，都是數位網絡中的資訊節點。現在，它們準備好深入實體世界的日常生活細節。

　　分析師把中國各地繁榮發展的實體世界互聯網服務稱為「O2O 革命」，O2O 是 online-to-offline（線上到線下）的頭字語，概念很簡單：把線上行動轉為線下服務。阿里巴巴和亞馬遜等電商網站，長久以來提供這類服務，消費者在線上購買商品之後，它們會將實體商品送到買方手裡。O2O 革命把同樣的電商便利性，擴大到實體世界的多元化消費領域裡，包括那些無法打包裝箱、跨越全國運送的東西，例如熱食、載你上酒吧的叫車服務或理髮服務。

　　其中，最早的一種 O2O 服務起源於矽谷：汽車共乘。Uber 透過手機和私家車，先是改變美國民眾在城市裡的交通方式，然後改變全球民眾的交通方式。中國公司像滴滴出行，很快就複製了商業模式，再根據本國情況加以調整。最後，滴滴出行收購了 Uber，把 Uber 逐出中國市場，現在在全球市場上互相競爭。Uber 的確是最早提供 O2O 服務的供應商之一，但是把 O2O 模式的核心力量，廣泛應用到其他各種不同產業的，是中國公司。

　　中國各地城市就是這場 O2O 模式的理想實驗室，中國都會區好玩、有趣，但也像都市叢林一樣，擁擠、汙染嚴重、吵雜、不夠乾淨。搭地鐵通勤擠了一天，或是開車上八線道塞了一日，很多中國中產階級不想再外出用餐或辦事，幸好城裡面有大量外來移工，樂意以一點點的費用把服務送到府，這是非常適合 O2O 發展的環境。

　　除了叫車服務之外，第一波真正紅起來的 O2O 服務是餐點外賣。中國的互聯網龍頭，以及像王興的美團點評之類的大量新創公司，合力讓 O2O 的餐點外賣在全國各地開枝散葉，這些公司挹注了大量補貼和工程資源進入市場。全國各地上餐館的人變少了，取而代之的是大街小巷出現了一批批的外送大軍；外務人員騎著電動機車，將車箱裝的熱食送到客戶手上。而且，付款的方式很簡單，用微信錢包或支付寶就可以了。2014 年底，中國人花在 O2O 外賣餐點上的總額，已經成長超過 50％，達到 150 億人民幣。[8] 到了 2016 年，中國每天約有 2,000 萬筆食物外賣的網路訂單，是全美總量的十倍。

　　自此，中國 O2O 的商業模式，變得更有創意。有些美髮、美容或美甲師，索性就不開實體店面了，只透過 app 或電話預約服務。身體不適、想看病的人，也可以請幫手先到醫院去大排長龍。慵懶的寵物主人現在可以用 app 預約到府服務，請人過來清貓砂，或是幫狗狗洗澡。中國家長也可以

叫車到學校接送小孩，透過 app 就能確認司機身分，並且即時監控，確保孩子安全到家。至於不想生小孩的人，也可以用另外的 app，隨時叫人在 30 分鐘內把保險套送來。

對中國民眾來說，這種轉變消除了城市生活的一點麻煩與不便；對中小企業來說，這帶來了顧客成長的機會，隨著摩擦減少，中國城市居民的消費也增加；對中國新一波新創公司來說，這則是身價一飛沖天的大好時機，可以再把觸角深入都會生活的不同領域去發展。

經過幾年的爆炸性成長和流血競爭，O2O 商業模式的瘋狂發展，有了逐漸冷卻的跡象。靠補貼優惠加速的成長一旦停止，很多在一夜之間長成的 O2O 獨角獸，就會迅速死亡。不過，剩者為王，像王興的美團點評那樣，原本已經破十億美元的身價又會翻倍，並且從根本上改變了中國都會服務業的面貌。到了 2017 年底，美團點評的估值已經來到 300 億美元，滴滴出行的估值則是高達 560 億美元，超越 Uber 的身價。[9]

這樣的社會和商業轉型，獲得像微信這類平台的大力推動，而轉型成功又回過頭來拉抬微信的身價。現在，中國的智慧型手機用戶，有過半數都安裝了微信，其中很多都綁定了銀行帳戶。這讓微信有能力影響中國千萬手機用戶的 O2O 消費，也有能力左右誰能在眾多激烈競爭中脫穎而出。微信錢包和很多 O2O 新創公司的服務連動，所以微信

用戶能夠直接在 app 上叫車、點餐、訂房、繳電話費、買美國機票等。當然，可以想見，微信挑中來串連服務的新創公司，大多都是騰訊投資的對象。

近年來，中國 O2O 服務發展得這麼旺盛，微信強大到被頂尖創投公司安德森賀羅維茲（Andreesen Horowitz）的合夥人陳梅陵（Connie Chan）封為「生活遙控器」。它已然是一款超級 app，是其他生態系統數十種不同功能 app 的中樞；事實上，微信的功能包括臉書、iMessage、Uber、智遊網（Expedia）、eVite、Instagram、Skype、Paypal、美食外送平台 GrubHub、亞馬遜、共享單車 LimeBike、「網路醫生」WebMD 等，雖然它不能完美取代任何一個，但能夠執行每一個最主要的核心功能，而且全部支援行動支付，讓用戶消費無摩擦。

這跟矽谷的 app 發展模式完全不同，矽谷的 app 通常只有一套主要的功能，臉書甚至把它的首頁社群功能和即時通訊功能分開來做兩款 app：臉書和臉書即時通（Facebook Messenger）。騰訊選擇把微信做成超級 app，這項策略起初看起來有點風險：把這麼多項功能綁在一塊，用戶用得來嗎？事實證明，這種超級 app 的模式非常成功，微信在形塑中國另類互聯網宇宙的服務時，扮演了十分重要的角色。

積極參與線下實務，讓中國具有數據優勢

不過，O2O 革命顯示出中國和矽谷另一項更大的差異，而且在人工智慧實務應用的年代，產生了更大的影響性。我認為，一國的公司走「輕量」模式，另一國的公司走「重磅」模式，這是在形容兩國的互聯網公司在提供產品或服務時有多深入實務，表示一家公司結合線上與線下的垂直整合程度。

在破壞一個產業時，美國的互聯網公司，通常採取「輕量」模式。他們普遍相信，網際網路的主要力量，是在分享資訊、消除知識鴻溝，透過數位的方式來連結全球各地的人們。矽谷的互聯網公司通常會堅守這項核心價值，所以由新創公司負責打造資訊平台，但是真實世界的日常營運，則是交給實體企業或商家來做。矽谷的互聯網公司想要以智取勝，方法則是透過對資訊問題提出新穎、簡潔的程式型解方。

中國的互聯網公司，則是採取「重磅」模式，不只想要打造資訊平台，還想要親自招募每個商家、處理商品、經營物流、成立車隊、提供車輛維修服務、掌控支付平台。如果有必要的話，灑錢也只是一種手段，他們會補貼整個流程，加速用戶採用，同時祭出低價競爭，以求脫穎而出。對中國新創公司來說，涉入這些日常實務的程度愈深（參與營運細

節通常十分昂貴），其他人想要抄襲、複製商業模式，或是想要用低價來競爭就愈困難。參與實務的程度愈深，就表示在自家周圍築起了更高的城牆，可以有效阻擋一些流血商戰。這些公司不只以智取勝，也以執行力、營運效率、競爭力和投資規模取勝。

比較中美知名的評論平台 Yelp 和點評網，就可以看出這種明顯的差別。這兩個網站都是在 2003、2004 年成立的，一開始都是專門讓用戶對餐廳評價，後來也都推出智慧型手機 app，但 Yelp 的主要功能還是停留在評論，而點評網則是一頭栽入了團購熱潮，開始建立支付系統、發展上下游廠商關係，並且大舉補貼優惠。

兩家公司後來進入線上訂購和外送服務業務，採取了非常不同的模式。Yelp 很晚才進軍這塊市場，採取矽谷公司一貫的「輕量」模式。Yelp 在線上運作了 11 年，只靠廣告收入來支持營運，後來終於在 2015 年靠著收購外送平台 Eat24，往外送領域踏出了一小步。不過，這個平台上絕大多數的外送服務，還是由餐廳負責處理，Yelp 只是用 Eat24 為沒有外送人員的餐廳代為提供服務。這種「輕量」模式，讓各地的餐館沒有太多誘因加入這個平台，所以這項業務從未真正起飛。短短兩年半，Yelp 就放棄了，把 Eat24 賣給 GrubHub，退回原本的商業模式。Yelp 的執行長傑洛米・史塔波曼（Jeremy Stoppelman）如此解釋：「賣給 GrubHub，

我們就能夠做原本最擅長的事，那就是打造 Yelp app。」[10]

　　反觀點評網，則是很早就進入電商領域，而且高度涉入餐點外送服務。經過四年團購大戰之後，點評網在 2013 年底開始餐點外送服務，砸大錢成立外送車隊，把食物從餐館送到顧客府上。點評網的外送車隊負責跑腿，中國各地小本經營的商家，突然間有了機會擴展業務，不必額外雇用外送人員，或是自己找協力廠商來提供服務。

　　點評網針對各地商家可能遇到的問題，投入大量的資金和人力，在中國人口密集的都市中心取得規模經濟。這種投入不但昂貴，而且實務細節非常繁複、辛苦，但最終證實這項策略非常有效，也為終端顧客降低了總成本。點評網在推出外送服務十八個月後，對這些規模經濟加倍下注，和勁敵美團合併。到了 2017 年，美團點評的估值已經達到 300 億美元，是 Yelp 和 GrubHub 加起來的三倍以上。

　　至於其他的中國 O2O 公司，很多也都採取「重磅」模式。滴滴出行在成功把 Uber 趕出中國的叫車市場之後，開始購買加油站和汽車維修廠，為旗下車隊提供服務，賺了很多利潤，因為它了解司機的需求，知道他們對滴滴品牌的信賴。當 Airbnb 大致上仍然採取「輕量」模式，讓全球用戶在平台上張貼租屋公告，它的中國對手「途家網」，則是自行管理、經營起大批出租民宿，協助房東處理了很多繁複事務，包括退房後的清潔工作、補充用品、安裝智能鎖等。

　　中國公司的「重磅」模式，願意花錢投資、管理人力、執行外送勤務、建立規模經濟，大幅改變了數位和實體世界的經濟。中國互聯網遠遠更為深入、滲透一般民眾的經濟生活，影響消費趨勢和勞動市場。根據麥肯錫公司（McKinsey & Company）2016年一項調查，[11] 65％的中國O2O用戶表示，這些app讓他們花更多錢在餐飲上；至於在旅行和交通部分，分別有77％和42％的用戶表示消費增加。

　　短期而言，這種金流刺激了中國的經濟成長，推升O2O事業的身價；長期而言，這種O2O革命的發展，創造出非常豐富、詳細的資料環境。藉由招募商家、處理訂單、執行外送、支援付款，中國O2O龍頭開始在消費模式和用戶的個人習慣方面，累積出豐富、多面向的實體世界資料。這種深入實務細節的經營模式，讓中國互聯網公司比矽谷同業在數據上更具優勢。至於行動支付的發展和普及，則是讓這些公司的觸角更深入實體世界，將這樣的數據優勢轉換為領先地位。

全民互相掃描的世界

　　隨著O2O消費呈現爆炸性成長，支付寶和騰訊決定直接下注，破壞中國完全仰賴現金支付的經濟。（阿里巴巴集團在2011年，把旗下包括支付寶在內的金融服務業務分支出去，在2014年正式成立獨立的螞蟻金融服務集團，簡稱

中國行動支付非常普及，路邊攤小販也支持刷 QR Code 付款

螞蟻金服。）在中國，信用卡和簽帳金融卡從未真正成為支付主流，絕大多數的交易仍然使用現金，大型超市或購物商場雖然提供顧客刷卡服務，但各地最普遍的一般小本經營商家和家庭經營式餐館，鮮少設有 POS 系統可支援刷卡服務。

　　然而，這些小賣店的主人，幾乎人人都有智慧型手機。中國互聯網龍頭相中了這點，把他們的手機變成行動支付的入口。這個概念聽起來很簡單，但被成功執行的速度、對消費者行為的影響，以及因此產生的資料和數據，卻是十分驚人。

在 2015 年到 2016 年之間，騰訊和支付寶逐漸將掃描 QR Code 付款的業務推廣開來。突然間，中國變成一個全民互相掃描的世界，較大的商家採購一些簡單的 POS 系統，掃描顧客手機上的條碼、進行收費，小賣店的主人則可以秀出自己微信錢包的 QR Code，顧客再用支付寶或微信刷條碼來付款，只要輸入密碼或透過螢幕指紋辨識，就可以確認打款。就這樣，簡單操作幾下，錢立刻就能轉到另一個帳戶，不用手續費，也不用急忙在那邊翻找錢包。這和已開發世界主要採用信用卡支付的模式完全不同，當信用卡在上個世紀普遍流行開來時，是當時世界上最先進、最便利、最具成本效益的支付解方，但這項優勢逐漸變成劣勢，銀行針對大多數交易加收的 2.5％到 3％手續費，拖累了辦卡比例和刷卡次數。

中國行動支付的用途，則是遠遠超越了傳統金融卡。支付寶和微信錢包也支持點對點轉帳，用戶可以把錢轉給親朋好友、小販，甚至是陌生人。由於使用上無摩擦，而且只要有智慧型手機就能用、非常便利，這些 app 也帶動中國線上影音和文章「打賞」機制的流行，金額可以低到只要一塊錢人民幣就好。針對絕大多數的交易，這些公司都決定不加收手續費，這有效促使大量民眾使用行動支付，不必擔心最低消費金額，或者像美國某些地方的小商家，還要針對刷卡加收 0.5 美元的手續費。

這樣的便利性，讓中國民眾以閃電般的速度採納了行動支付。支付寶和微信差不多都是在 2014 年開始這場掃描支付的實驗，在 2015 年快速擴展業務，到了 2016 年，大城裡已經很難找到商家不接受行動支付。不論是購買雜貨、按摩、買電影票、喝啤酒、修理單車等，中國各地的民眾都會用這兩個 app 來付款。到了 2017 年底，中國有超過 7.53 億的智慧型手機用戶，已經有 65.5％使用行動支付服務。[12]

由於進入門檻極低，這些支付系統很快就普及到中國廣大的非正式經濟裡，路邊攤的移工一邊忙著炒麵，客人可以在一旁用手機掃描付款。中國的行動支付普及，到了什麼程度？中國城市街頭的乞丐，開始貼出兩個 QR Code 的紙牌，一張是支付寶的，另一張是微信錢包的。

在中國各地的城市，現金快速消失中，甚至把犯罪活動都「破壞」了。2017 年 3 月，中國有對倒楣的搶匪登上了頭條。兩人是表兄弟，都是二十出頭歲，大老遠從雲南來到杭州（這座富裕城市是阿里巴巴集團總部的所在地），想要幹幾票大的，再快速離城。兩人持刀，連續搶了三家便利商店，只搶到將近 1,800 元人民幣，還不夠來回路費。案發沒幾個小時，他倆就被警方逮捕了。媒體報導，據說被捕之後，兄弟倆哀歎道：「你們杭州怎麼沒現金的？」[13]

這種情況跟行動支付在美國的遲緩成長，形成了強烈的對比。谷歌和蘋果兩家公司，也嘗試發展行動支付，分別推

出了 Google Pay 和 Apple Pay，但都不算被廣為採用。這兩
家公司雖然並未公布平台用戶數據，但日常觀察和更為嚴謹
的分析都指向，用戶採用上有著巨大的落差。市場研究公司
艾瑞諮詢（iResearch）2017 年一項估計指出，中國的行動
支付支出金額與美國的相比，大約是 50：1。[14] 2017 年，中
國行動支付平台的交易金額，據報導超越了 17 兆美元，[15]
比中國的 GDP 80 兆人民幣還高。[16] 金額之所以如此驚人，
是因為這些行動支付平台支持點對點轉帳，而且支持整個生
產鏈中各式各樣產品與服務的交易。

從技術落差到科技躍進

　　造成這種巨大落差，主要還是跟科技的採用有關。美國
人長期受惠於各種金融卡的便利性（當然也付出了一些代
價），和各種便利的金融卡比起來，行動支付雖然是一項技
術進步，但採用率遠遠不如信用卡。中國快速轉型進入移動
互聯網的時代，扭轉了它原本的劣勢——桌機、固網電信和
信用卡等發展得不夠普及，因此能夠迅速一躍至全新的
典範。

　　不過，中國迅速轉型為全民愛用行動支付，並不只是因
為前述這些科技發展得不夠普及，還有消費者自身的選擇而
已。阿里巴巴和騰訊等公司，透過大舉補貼優惠，蠻力加速
了這項轉型。這種「重磅」經營的模式，足以讓美國的科技

公司驚慌失措。

在中國叫車 app 發展的早期，乘客可以透過 app 叫車，但大多數還是使用現金付款。在中國領先的叫車平台上，有一大部分的車輛還是傳統計程車，而司機大多是年紀較長的人，並不急著放棄長久以來用慣了的現金。為了推廣業務，騰訊就對使用微信錢包的乘客和司機提供補貼，乘客付的車資少一點，司機領的多一點，差額則由騰訊買單。

這種推廣方式，當然要花掉大把銀兩，因為騰訊補貼的，不只是真正完成交易的乘客和司機，還有不少只是為了領錢的詐騙乘載。不過，騰訊苦撐下去，最終嚐到甜美的果實。這些補貼優惠策略，成功建立了用戶習慣，也吸引計程車司機加入平台，而他們是中國城市消費經濟的重要節點。

反觀 Google Pay 和 Apple Pay，只是輕輕涉足這個領域。理論上，這兩家公司的確為用戶提供了更大的便利性，但不願意賄賂用戶探索使用這種支付模式。美國科技龍頭的這種抗拒心態，其實並不難理解，因為補貼優惠會吃掉季營收獲利，而且想要「收買用戶」的這種念頭，通常也不被矽谷的創新純粹主義者接受。

然而，就是這樣的抗拒心態，使得行動支付在美國的採用率，一直龜速發展。在由數據驅動的 AI 世界，這對這些科技龍頭的傷害將會更大。現在，由行動支付生成的資料和數據，創造出有史以來最生動、豐富的消費者活動圖，這些

資料遠遠超越傳統信用卡的消費資料，或是亞馬遜等電商或谷歌、Yelp 等平台上的活動所生成的資料。這些由行動支付生成、蒐集到的資料，在打造零售業、房地產業，以及其他廣泛產業的 AI 公司時，將證實非常寶貴且實用。

共享單車王國：全球最大的移動物聯網平台

行動支付徹底改變了中國的金融風貌，共享單車則是大幅改變了中國的城市風貌。從許多方面來看，共享單車革命彷彿把現代中國帶回了古老時光。從第二次國共內戰結束、中華人民共和國在 1949 年建國，到邁入千禧年的半世紀期間，中國的城市裡到處都是自行車。改革開放創造出一批新的中產階級，買得起汽車的人多了，騎單車變成窮人的象徵；單車被逼到街道邊緣，退出文化主流。在中國非常火紅的相親類電視節目《非誠勿擾》中，有位女性嘉賓在拒絕一位窮小子的追求時，說了一句最能夠捕抓到這種拜金主義的話，她說：「我寧願坐在寶馬（BMW）車裡哭，也不願坐在自行車上笑。」

但是後來，突然間，中國的另類互聯網宇宙，就把潮流給逆轉過來。從 2015 年中開始，ofo 和摩拜等共享單車新創公司，陸續在中國各大城市部署了上百萬輛計的連網單車。摩拜的車身可刷 QR Code，後輪上方有連網的智能鎖，用戶只要透過 app 掃一下 QR Code 就能解鎖。摩拜是無樁

北京市民騎著 ofo 小黃車和橘紅色的摩拜

式共享單車，用戶可以把車子騎到任何地方，留在那裡等待下一個人來使用。這些共享單車的租借費用，大多依照時間來收費；在優惠推廣政策之下，租車費用大多是半小時 1 人民幣以下。這是實體世界的一項革命性創新，因為行動支付，才能像現在這麼普及。想想看，如果這些單車上面加裝的是刷信用卡的 POS 系統，成本會有多麼昂貴、需要多麼密集的維修？但這些用起來毫無摩擦的行動支付，不但安裝成本便宜，整體的運作也非常有效率。

　　共享單車的使用量呈現爆炸性的成長，短短一年時間，騎單車這件事就從都會窮人的代表，變成無處不在的城市創

新。每個交叉路口、每個地鐵站出口、知名商家附近，都能夠看到共享單車的蹤影。不管哪個方向，隨便一瞥，就能夠找到一輛來騎。只要把 app 叫出來，五秒鐘內就能解鎖。就這樣，中國城市的街道上，開始出現七彩繽紛的單車：摩拜的車身是橘紅色加銀色，ofo 也稱為小黃車，其他還有車身是藍色、綠色或紅色，由一些山寨公司推出的共享單車。到了 2017 年秋季，摩拜每天的總騎乘趟數高達 2,500 萬次，[17]幾乎全都在中國，這是 Uber 2016 年每天全球載客數量的四倍，而這是該公司最後一次公布數據。2018 年春季，在創辦三年之後，摩拜被王興的美團點評以 27 億美元收購。[18]

這些共享單車的租借服務，形成了一個全新的龐然大物——或許是全世界最大、最實用的物聯網。物聯網是實體世界各種裝置連結網路所組成的資訊網絡，各種裝置都能夠把周遭的資料和數據，傳送給網絡中的其他器材和設備。絕大多數的摩拜單車，都安裝了太陽能的 GPS、加速器、藍芽，還有近距離無線通訊（NFC）功能，能夠和智慧型手機互動。這些感應器結合起來，每天能夠產生 20TB 的資料量，送回摩拜的雲端伺服器。[19]

模糊線上、線下的美麗新世界

中國的共享單車革命在短短兩年間，改變了全中國的城市風貌，同時深度豐富了大數據的面貌。這種轉型完全展現

出中國的另類互聯網宇宙做得最好的一件事：模糊了線上、
線下世界的分界，解決實務的問題。這需要用到網際網路的
核心力量，也就是資訊傳輸，大幅利用這些資訊，打造出延
伸至實體世界、直接接觸每個人日常生活的事業。

　　當然，這樣的另類宇宙，不是一夜之間就生成的。它需
要市場導向的創業家、行動優先的用戶、創新的超級 app、
人口密集的城市、廉價的勞力、行動支付平台，以及政府支
持的文化轉型。這種轉型的過程相當混亂、昂貴且具破壞
性，但成果十分豐碩。中國已經產生一群世界關注的科技龍
頭，身價超過一兆美元；全世界除了美國之外，沒有其他國
家達成這項成就。世界排行前五大的新創公司，包括螞蟻金
服、小米、滴滴出行、Uber 和美團網，中國已經占有四
席，這五家公司都是數據驅動＋ AI。

　　但中國這個新科技世界的最大財富，還沒有真正收割
呢。就像長期掩埋在地層的有機物質，最終變成推動工業革
命的化石燃料，中國另類互聯網宇宙與實體世界的互動，也
正在生成推動 AI 革命的龐大資料量。這個宇宙的每一個面
向，包含微信平台上的活動、O2O 服務、叫車服務、行動
支付、共享單車等，都在為這個龐大且豐富的數據世界，增
添更多元化的細部資料，前所未有地描繪出實體世界的各種
消費和交通習慣。

　　中國 O2O 的爆炸性成長，讓這些 O2O 公司可以蒐集到

用戶在線下生活的大量、詳盡資料，包括什麼時候在哪裡吃喝了哪些食物、做了什麼按摩等五花八門的日常活動。數位支付打開了實體世界消費的黑盒子，讓這些公司一窺精確、即時的消費行為資料圖；在這些經濟交易之外，點對點交易則是增添了一層新的社群資料。共享單車革命讓物聯網的網絡，遍及中國各地的城鄉，每日追蹤、記錄千萬次的通勤，掌握用戶去了哪些商店、騎車到哪裡回家、騎去哪裡進行第一次約會，這些資料在質與量兩方面，都遠遠超越了 Uber 和來福車（Lyft）等公司蒐集到的資料。

相關領域的統計數字，顯示出中美兩國在這些產業的差距。近期的評估是，在食物外送方面，中國公司的數量是美國同業的 10 倍；在行動支付的規模，中國公司則是美國同行的 50 倍。至於中國的電商購買金額，大約是美國總額的兩倍，而且差距還在擴大當中。叫車 app 的統計數字比較少，但在 Uber 和滴滴的商戰打得如火如荼之際，兩家公司公布的數據顯示，滴滴在中國的載客數是 Uber 在全球的四倍。至於共享單車的數據，中國方面的則更是驚人，足足以 300：1 的比率遙遙領先美國。[20]

這讓中國的科技龍頭，在營收和市值方面，成功追趕上美國對手。在人工智慧實務應用的年代，這些資料生態系統的差異，將會造成更深遠的影響，決定 AI 新創公司將在各國破壞哪些產業、解決哪些棘手的問題。

　　不過，建立由 AI 驅動的經濟，需要的不只是鬥士型創業家和豐富的大數據，還需要一批訓練有素的 AI 工程師，以及強力支持的政府，迫切想要運用這項轉型科技的力量。後面這兩項因素：AI 專家和政府的支持，是整幅人工智慧拼圖的最後兩片；到位之後，就完成我們對世界兩大強權在 21 世紀決定性新科技競爭情勢的分析。

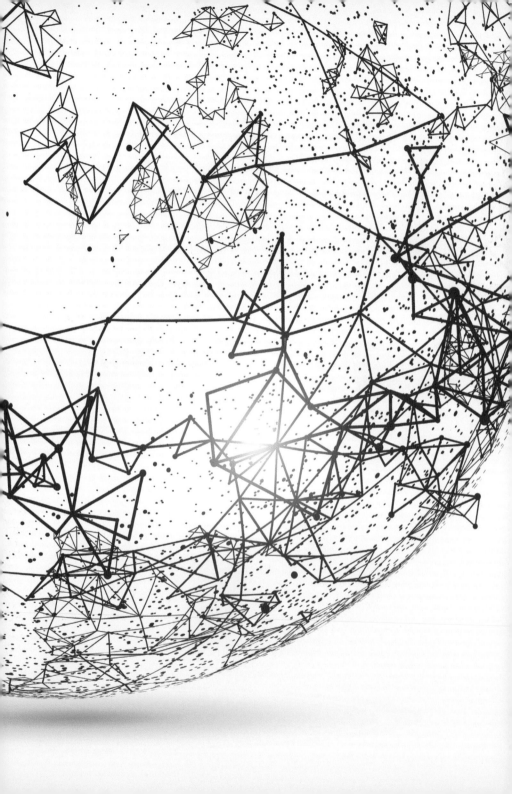

第 4 章

北太平洋兩岸
對峙的巨人

　　1999 年，中國的研究人員對 AI 的相關研究仍然一無所知，讓我來回溯一下這段不算很久以前的故事。

　　那年，我到中國科學技術大學演講，介紹我們微軟亞洲研究院（Microsoft Research）正在進行的語音和影像辨識技術的研究。中科大是中國頂尖的工程學校之一，但是它的地點和北京比起來較為偏遠一點，位於中國中部的安徽省合肥市。

　　演講那晚，大量學生擠進了演講廳，沒有門票的人就擠在窗邊看，希望能夠聽到一些演講內容。我感受到他們的熱情，就請主辦方開放走道的位置，後來都坐滿了，還有不少人坐在我身旁的講台周圍。我逐一介紹了語音辨識、語音合

中國學子對吸收新知的熱情，反映在踴躍　　1999 年中科大的演講，學生擠到了講台上
參與各項學習活動上

成、3D 圖形學、機器視覺的基本概念，現場的學生都聽得很專注，也用心抄筆記，對我提出了一些問題，例如相關領域的基本原理和實務應用。當時，在 AI 研究方面，中國明顯落後了美國十年以上，但這些學生就像海綿一樣，用力吸收來自外界的所有知識，我明顯感受到演講廳內學生的興奮情緒。

這場演講持續了一段時間，在我離開演講廳時，天色已晚。我朝向校門口走去，準備離開。學生宿舍就在路的兩旁，整個校園安安靜靜，路上沒什麼人。突然間，好像約好了一樣，學生魚貫走出宿舍來到路上。我站在那裡，心想發生什麼事了？整個場景就好像慢動作的演習一樣，而且還是默劇版的。

直到他們坐定在路旁、打開課本，我才明白是怎麼回事。原來，宿舍在晚上 11 點熄燈，想要繼續唸書的學生很多都走出來，在路燈下繼續看書。在黃澄澄的燈光下，我看到的是上百個中國最聰穎的年輕工程人才。當時，我並不知道，這其中有一人日後成為中國最重要 AI 公司之一的創辦人，就這樣在合肥香黃的路燈下，硬是多擠出一點時間K書。

這些學生讀的教科書，很多都已經過時了，或是翻譯品質很糟糕。但是，那是他們所能夠獲得的最好讀本了，他們讀得津津有味，想要吸收每一滴知識。二十年前，中國的學校很少能夠上網，出國留學更是困難了，除非能夠拿到全額

獎學金。被看到書邊都磨損了的教科書，以及偶爾才會有的
訪問學者演講，是他們一窺全球 AI 研究現況的唯一窗口。

二十年，今非昔比了。

AI 超級強權

我在前面的章節提過，打造 21 世紀的 AI 強權，需要四
項要素：豐富的大數據、堅毅不撓的創業家、訓練有素的
AI 科學家，以及政策大力支持的環境。在第 2 章，我們已
經看過，中國如競技場般的激烈新創生態圈，如何訓練出一
批全球最具商業嗅覺的世界級創業家；在第 3 章，我們看到
中國如何發展創新，直接進入移動互聯網時代，創造出一個
另類互聯網宇宙，生成世界上最豐富的資料生態系統。

在這一章，我將會評估後面兩項要素 —— AI 專業和政
府支持——的發展情勢。我認為，在人工智慧實務應用的年
代，矽谷的精英專家優勢將逐漸失去上風，至於在政府支持
這一塊，中國技術實利主義的政治文化，將有助於更快部署
翻轉賽局的新科技。

隨著 AI 滲透到經濟體系更廣泛的層面，優秀 AI 工程師
的數量，將比精英研究人員的質量更具重要性，也更能夠產
出豐厚的回報。在人工智慧實務應用的年代，真正的經濟實
力將不只是來自那一小群頂尖科學家的突破，也來自一批人
數眾多、訓練有素的工程師，和堅毅不撓的創業家共同攜手

利用那些研究發現，打造出翻轉賽局的公司。

　　中國正在訓練這樣的大軍，我在合肥演講後的二十年間，中國的 AI 科技界逐漸追上和美國的落差。雖然在超級巨星級的研究人員方面，美國仍是一枝獨秀、獨霸全球，但中國的公司和研究機構，已經有一批訓練有素、各司其職的工程師，可以有效協助 AI 的部署應用。中國能有如今的發展，靠的是結合了我在合肥目睹的那種對知識的強烈渴求，以及取得全球頂尖研究成果的管道大增。現在，中國的 AI 學生不再像二十年前那樣，在昏黃的路燈下苦讀過時的教科書，他們善用 AI 的開放性研究文化，直接從源頭吸收第一手的知識，不但可以瀏覽網路上最新發表的論文，也可以在微信群組裡辯論頂尖 AI 科學家使用的方法，或是透過手機觀看他們的授課影音串流。

　　這麼便利、多元化的連結，讓中國的 AI 科技界得以在智識層面追趕精英水準，訓練出新一代求知若渴的研究人員，對 AI 的發展做出高水準的貢獻。這也讓中國的新創公司將先進的開放源碼演算法，運用到實用的 AI 產品上，包括無人機、刷臉支付系統、智慧型家電等。

　　這些新創公司努力爭食著 AI 這塊大餅，在這個領域，只有幾個大咖玩家稱霸全球，也就是所謂的「AI 七巨人」：谷歌、臉書、亞馬遜、微軟、百度、阿里巴巴、騰訊。這七巨人勢力平分秋色落於美國和中國，為了能夠主導 AI 型的

經濟體系，出手相當大膽，捧上大把現金和令人眼花撩亂的豐富大數據爭奪 AI 人才。七巨人正在為 AI 時代鋪設大範圍的「電網」──私人控制的運算網絡，讓機器學習分布到整個經濟體系中，自己則是扮演起「公用事業」的角色。對重視開放 AI 生態系統的人來說，這個現象令人擔憂，對中國興起成為 AI 強權，也是一塊隱形的絆腳石。

不過，想讓 AI 的力量深入經濟體系的各個角落，只靠私人公司是無法做到的，還需要高度支持的政策環境，政府直接支持可以加速整個環節。第 1 章提過，柯潔敗給 AlphaGo 不久後，中國國務院發布了《新一代人工智能發展規劃》，希望中國在 2030 年成為世界主要人工智慧創新中心。中國各地也火紅進行著各種「雙創」活動，大量的新資金不斷地湧入，還有各種對新創公司的補貼優惠，以及政府慷慨的採購合約，都加速了中國的 AI 發展和實際應用。

中央政府對 AI 的發展規劃，改變了各地方政府的施政方針，將政策轉向 AI 創新。全中國上下積極向上的政府官員，無不爭先把家鄉建設成 AI 示範城市。在他們的發展藍圖裡，有無人車的專用車道、大眾運輸工具上有刷臉系統，還有「城市大腦」（City Brain）可以改善交通流量。

在這些行動的背後，隱藏著中美政治文化的一項核心差異──美國自由、好鬥的政治體制，積極懲罰任何對技術升級的投資失利或浪費；而中國的技術實利主義，則是獎勵主

動投資與採用。當然，這兩種體制沒有任何一者有資格主張客觀優越性。現代史上，美國在個人自由和科技成就的長期卓越表現，舉世無可匹敵。不過，我相信，在人工智慧實務應用的年代，中國的體制與推廣方法，將有助於加快 AI 的部署應用，生成更多的資料和數據，播下未來成長的種子。這是一種永續發展的自我循環，藉由數位資料的神奇力量、創業家的膽識、辛苦學來的專業技能，以及強烈的政治意志，持續良性循環下去。在了解中美兩個 AI 強權的發展對比之前，我們得先了解兩國的專業知識來自哪裡。

諾貝爾獎得主和 AI 工班

1938 年，物理學家恩里科・費米（Enrico Fermi）踏上了 RMS *Franconia II* 號郵輪，從此改變了全球勢力的平衡。費米那年剛在斯德哥爾摩領完諾貝爾物理學獎，但他不是返鄉回到墨索里尼（Benito Mussolini）統治的義大利，而是舉家往紐約出發。他們這麼做，是為了逃離義大利新通過的種族法，法令禁止猶太裔和非裔擔任許多職務，也禁止他們和義大利人通婚。費米的太太蘿拉是猶太裔，所以他決定舉家遷往半個世界外的美國，遠離當時橫掃全歐洲的反猶太主義風潮。

這是一項個人的決定，但後來對世界產生了極重大的影響。抵達美國之後，費米得知納粹德國科學家發現了核分

裂，便立刻著手探索核分裂現象。不久，就在芝加哥大學建造了世界第一座核子反應爐，後來在曼哈頓計畫（Manhattan Project）扮演極為重要的角色。這項被列為最高機密的曼哈頓計畫，是當時有史以來最大的工業計畫，發展巔峰為美國軍方製造出世界上第一批核子武器。後來，那些原子彈投向日本，終結了第二次世界大戰，也為二戰後的核子世界秩序奠定了基礎。

費米和曼哈頓計畫反映出「發明的年代」的價值：專家的「質量」遠勝過「數量」。在核子物理學領域，1930 年代到 1940 年代是根本性突破的年代；說到重大突破的重要性，一個費米勝過千萬個沒他那麼優秀的物理學家。美國在發明的年代建立了主導地位，主要是靠著吸引到像費米這樣的天才，這些出類拔萃的頂尖男女，隻手就能夠推動科學發展的天平。

但不是所有的技術革命都是依照這種模式發展，通常在獲致一項根本性的突破之後，發展重心就會迅速從少數幾位頂尖的研究人員，轉移到一大批的「專業技術工班」，他們是專業的工程師，具備足夠的專家技能，可以把技術運用到各種不同的問題上。當一項重大突破的益處被推廣到整個社會，不再局限於特定實驗室或武器系統時，尤其如此。

前面提過幾次「電氣化」，就是一個很好的例子。愛迪生善用發明「讓電力變得更便宜」之後，有多項的用電設備

陸續從純粹的發明物，變成一般大眾都會用的日常設施。電
氣相關領域出現了無數的工程師和各種技術人員，開始研究
電力的各種應用，讓後來陸續問世的許多裝置和設備通電，
改造了各種工業流程。這些「應用工班」不必像愛迪生等人
那樣，在專業領域內創造重大突破，只要掌握電力如何運
作，將電力連結到有用的機器，創造出獲利和實際效益就可
以了。

　　人工智慧目前進入實務應用的年代，也吻合這樣的發展
模式。媒體不斷報導 AI 的最新發展和成就，讓絕大多數的
人以為我們還處於 AI 發明的年代，少數幾個像費米那樣的
天才，掌握了全世界的發展。但事實上，我們正見證深度學
習這項根本性的突破，對各種不同的問題展開實際應用；在
這個階段，需要的是訓練
有素的 AI 科學家，他們
是 AI 時 代 的「專 業 工
班」。現在，這些工藝大
師正在將 AI 的模式識別
能力，應用在核貸、開
車、文本轉譯、下圍棋，
以及驅動你家裡的亞馬遜
智慧語音助理 Alexa。

亞馬遜智慧音箱 Echo，用戶可與
Alexa 對話

深度學習「三巨頭」── 傑佛瑞・辛頓（Geoffrey Hinton）、揚・勒丘恩（Yann LeCun）和約書亞・本吉奧（Yoshua Bengio），是 AI 界的費米們，持續把 AI 的界限往外推。他們或許可能創造出另一個翻轉賽局的重大突破，讓全球科技的排名重新洗牌，但在這之間，真正協助 AI 技術普及的人，是訓練有素的「高新技術工班」。

開放性的知識共享機制

在這場科技革命中，這些專業工班還有另一項優勢，那就是有多元化的管道，可以即時取得產業先進的頂尖研究成果。在工業革命的時代，國界和語言障礙往往導致新的工業突破滯留在發明地本國──英格蘭。美國因為文化上比較接近，智慧財產權法規比較寬鬆，從英國那裡取得一些重大發明，但創新者和模仿者之間，仍然存在著相當大的落差。

現在，可就不是那樣了。如果你問：「中國在 AI 研究落後矽谷多少？」有些中國創業家會開玩笑回答：「16 個小時」，也就是加州和北京的時差。美國還是擁有最頂尖的研究人員，但任何人只要能夠連上網路，並且具備 AI 的基本專業知識，都能夠即時取得他們大部分的研究成果和洞見。AI 研究圈的兩項重要特質：開放性和改良速度，也促進專業知識交流。

AI 研究人員對公開演算法、資料和研發成果，通常相

當開放。這種開放的心態，源
自大家想要一起推動這個領域
發展的共同目標，也源自希望
獲得客觀的競爭評量標準。在
許多物理科學領域，研究室的
實驗無法被完全複製，因為一
些操作上的變數或環境條件的
差異，都可能大幅影響到結
果。但 AI 實驗可以被完美複
製，演算法可以直接比較，只
要用相同的資料集來訓練、測
試演算法就行了。國際競賽經
常讓不同團隊，在電腦視覺或
語音辨識相互較量，參賽者會
把成果公開，讓其他研究人員
檢視。

　　AI 的改良速度，也讓研
究人員樂於即時分享研究成
果。很多 AI 科學家不是嘗試
在深度學習領域再努力產生根
本性的突破，而是不斷地進行
一些修正，調整出最好的演算

深度學習之父辛頓（正中間）

2018 年 4 月，我在全球移動互聯網大
會（GMIC）和勒丘恩（螢幕上）討論 AI

本吉奧（後排二）的多項研究成果，
對深度學習的復興意義重大

法。這些小進步經常在語音辨識或視覺辨識等任務，創下刷新準確度的紀錄。研究人員比的是這些紀錄，不是比誰推出了什麼新產品，或是營收數字有多高。如果他們成功刷新了紀錄，自然想要獲得認可，讓自己在業界被記上一筆功勞。由於進步的速度實在太快，很多研究人員擔心，要是等到期刊出版才發表成果，創下的紀錄老早就過時，名留 AI 青史的光榮時刻也稍縱即逝。所以，他們選擇立刻把研究成果發表在網站上，例如科學文獻預印本資料庫 www.arxiv.org，可以標示日期，對自己的專業成就捍衛主權。

在 AlphaGo 人機大戰之後，中國的學生、研究人員和工程師，可以說是 www.arxiv.org 一票最熱切的讀者了。他

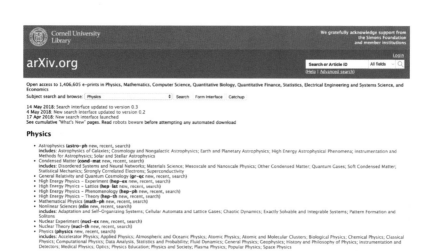

康乃爾大學的 arXiv 資料庫，幫助科學家快速流通知識

們認真在網上爬文，尋找最新的知識和技術，努力吸收世界一流的研究人員提供的新知和技巧。除了這些論文，中國的AI學生也會下載勒丘恩、史丹佛大學的塞巴斯蒂安‧特龍（Sebastian Thrun）和李飛飛等頂尖AI科學家的演講，然後翻譯、打上字幕，讓其他人也能夠看得懂。有好長一段時間，中國學生只能就著微弱燈光苦讀過時的教科書，現在這些研究人員可是認真把握這種全球通訊的即時便利性，一手掌握最新的研究趨勢。

在微信上，中國的AI界啟動了人數眾多的群聊，大家都會使用各種不同的多媒體平台，互相交流、掌握AI的最新發展。光是在這個領域，就有13家新媒體出現，每日供應產業新聞、專家分析，進行開放式對話。這些媒體聚焦在AI，標榜用戶人數破百萬，其中有一半獲得創投投資，每一家的估值都超過1,000萬美元。為了參與更多的學術討論，我也是微信「PaperWeekly」群的成員。這個群有很多子群，每個子群有500個成員，每週會在線上討論一篇新的AI研究文獻。微信上還有很多這樣的群組，群裡聊天的訊息每天千百則是家常便飯。大家會熱烈討論問題，用螢幕截圖秀一下自己最新的演算法成就，當然一定也會有各種不同的動畫表情符號。

中國的AI從業者，不只是被動接收西方世界的最新知識和技能，也正在加速回饋給AI的研究生態系統。

重要研討會撞期農曆新年

美國人工智慧協會（The Association for the Advancement of Artificial Intelligence, AAAI）遇上麻煩了！這個協會長達三十年主辦全球最重要的 AI 研討會之一，2017 年卻陷入兩難的局面，為什麼？因為研討會的日期，和農曆新年的撞在一起。

要是在幾年前，這哪會是什麼問題？因為一般主講嘉賓都是美國、英國和加拿大的學者，只有少數幾位中國研究人員會發表論文。但是，2017 年這場，協會接到中美兩國的論文數量幾乎一樣，而農曆新年又是華人文化最重要的節日，可能會有一半的人無法參加。

AAAI 主席告訴《大西洋月刊》（The Atlantic）：「就像沒人會把研討會辦在耶誕節一樣，我們緊急轉彎，改了地點，延後一週舉行。」[1]

中國發表的 AI 論文種類繁多，從針對現有模型的小調整，到介紹新的世界級神經網路建構方法都有。來看一下文章引用次數，就知道中國研究人員的影響力顯著提升。創新工場做過一項調查，檢視 2006 年到 2015 年這段期間，前一百大 AI 期刊和研討會引用的論文，發現華人作者參與論文的比例遞增，從 23.2％上升到 42.8％。[2] 這也包括了在海外工作的華人作者，例如沒有使用英文姓名的美籍華裔研究人

員；然而，進一步調查這些作者任職的研究機構，發現他們絕大多數都在中國工作。

另一項近期調查，則是計算了全球研究機構被引用的論文次數，證實了這股趨勢。這項調查排出 2012 年到 2016 年間，前一百名最常被引用的 AI 研究機構，[3] 中國的排名僅次於美國；在全球一流學府的表現，中國清華大學被引用的總次數，甚至高於史丹佛大學的。這些都還只是前 AlphaGo 時代的表現，中國後來有更多研究人員投入 AI 領域，在未來幾年，一批新的年輕博士就會出現，把中國的 AI 研究推向全新水平。

當然，中國在 AI 領域的貢獻，不是只有發表論文和被引用的次數。自從深度學習問世以後，中國的研究人員已經在神經網路和電腦視覺，創造出一些最重要的進展。其中，很多都出自微軟中國研究院，這是我在 1998 年轉赴中國創立的，後來改名為微軟亞洲研究院，陸續訓練出超過五千個 AI 研究人員，很多都在百度、阿里巴巴、騰訊、聯想、華為擔任高階主管。

微軟亞洲研究院：中國 AI 黃埔軍校

2015 年，微軟亞洲研究院的一支團隊，在全球圖像識別大賽 ImageNet 中大放異彩。他們的演算法殘差網絡（ResNet）一鳴驚人，能夠辨識 10 萬張圖像的物體、分成 1,000 類，錯誤率只有 3.5％。兩年後，谷歌 DeepMind 在打造 AlphaGo Zero 時（這是 AlphaGo 的最新版本，透過自我對奕來學習），採用了 ResNet 為核心技術之一。

開發出 ResNet 的中國研究人員，待在微軟亞洲研究院的時間並不長。ResNet 論文的四位作者中，有一個加入勒丘恩在臉書的研究團隊，其他三個不是創辦、就是加入中國的 AI 新創公司。其中一間新創公司就是曠視科技（Face++），很快就變成人臉識別和圖像辨識技術的全球領導者。2017 年，曠視科技在 COCO 圖像辨識競賽中，在四項最重要的類別奪得三項第一，擊敗谷歌、微軟和臉書的頂尖團隊。

在一些西方觀察家看來，這些成就和一些根深蒂固的觀念想得不同，也就是對不同政治體系的知識和研究如何發展的看法。中國對互聯網的管制，不是應該會妨礙研究人員突破全球創新的能力嗎？這種評論也許在某些領域有一定道

曠視科技在人臉識別領域達到世界頂尖水準，可同時識別 300 萬人

理，例如實名評論等領域，但是在硬科學領域的研究，束縛並不像外界以為的那麼大。AI 研究並不觸及敏感的政治問題，中國 AI 科學家基本上跟美國同業一樣，可以自由建構先進的演算法，或是任何可獲利的 AI 應用。

當然，你可以不相信我說的，我們來看看 2017 年，谷歌前執行長艾力克・施密特（Eric Schmidt）在人工智慧與全球安全高峰會（The Artificial Intelligence and Global Security Summit）上怎麼說。談到中國發展 AI 的能力時，施密特提醒與會者不要志得意滿，他直率地說：「相信我，這些中國人真的很行⋯⋯。你之前要是有什麼成見，或是以為他們的體制和教育制度培養不出我說的人才，那你就錯了。」[4]

七巨人和下一個深度學習

全球的 AI 研究界已經發展成相當流動、開放的系統，但在這個生態系統中，還有一環比較封閉，那就是大公司的研究實驗室。學術界的研究人員或許急著向全世界公布研究成果，但上市的科技公司為了股東，有責任追求獲利最大化，這也代表較少公開分享成果，更捍衛自家研發出來的技術。

非常多公司都投入資源研究 AI，我們來看看做得最好或最早的七家公司──「AI 七巨人」：谷歌、臉書、亞馬遜、微軟、百度、阿里巴巴、騰訊。事實上，這七巨人變成

五十年前的國家，體制大致上都相當封閉，人才和資源聚焦在創新突破，但成果留在自家，絕大多數都不對外公開。

想當然，保密不可能做到滴水不漏，有些團隊成員離職創辦了 AI 公司，有些公司像微軟研究院、臉書 AI 研究院、DeepMind，也會針對重大成果發表論文。但整體而言，這些公司若任何一家獲得獨特的創新突破，能夠獨家創造出龐大的獲利，絕對會設法保密，在風聲洩漏出去之前，從中獲得最大價值。

這些封閉體系的任何一者獲得突破性的發現，都會對全球開放的 AI 生態系統構成最大威脅，也會對中國成為世界主要 AI 創新中心構成阻礙。就目前的情況來看，中國在創業、資料庫和政府支持都具有優勢，在專業知識和技能快速追上美國，如果未來幾年維持不變，有一大批的中國新創公司將會開始進攻各種不同的產業，用深度學習和其他機器學習的技術破壞大量產業，再收割經濟轉型的利益。

不過，如果像深度學習那種等級的新突破很快就出現，而且是出現在封閉的企業環境裡，那麼未來的情勢就很難預料了。這間獲致新突破的公司，可能比七巨人的其他公司都占有優勢、無法被超越，這讓我們回到發明的年代，少數頂尖專家就能夠推動天平，讓它倒向美國那邊。

我相信，在未來幾年，這種可能性並不大。過去五十年，深度學習是 AI 領域的最大突破，幾十年才會出現一次

這種進步；如果真的再出現這種進步，最可能也是來自開放的學術界。現在，非常多科技龍頭都投入前所未有的資源，想要善用深度學習的所有價值，這代表深度學習演算法會有非常多的微調，只有一小部分的研究是真正開放的，旨在追求下一個造成典範轉移的突破。

　　學術界也發現無法和產業界的深度學習實務應用競爭，因為沒有那麼大的資料量，電腦的運算能力也比不上。所以，很多學術界的研究人員，便遵循辛頓的規勸，聚焦發明「下一個深度學習」，努力尋找能夠翻轉賽局、解決問題的 AI 新方法。開放的研究最有可能發現下一個新突破，並且公開給全世界學習。

谷歌領先群雄

　　話說回來，如果「下一個深度學習」出現在企業界，那麼最有可能的地方會在谷歌。AI 七巨人當中，谷歌——更精確地說，是它的母公司 Alphabet，旗下擁有 DeepMind 和自動駕駛汽車子公司 Waymo——遠遠勝過其他公司。谷歌是最早看出深度學習潛力的公司之一，投入在這個領域的資源，也比其他所有公司都多。

　　在資金方面，美國政府也比不上谷歌，美國聯邦政府挹注在數學和電腦科學的研究經費，還不到谷歌本身研發預算的一半。[5] 2013 年，谷歌收購 DeepMind，花了超過 5 億美

元。自 2009 年谷歌無人駕駛專案開始啟動，到 2015 年年底，谷歌在 Waymo 軟硬體開發上花了 11 億美元。這些看似瘋狂的投資，讓人們得以在 2017 年頻頻目睹歷史性的一幕：5 月，AlphaGo 完美戰勝人類冠軍；11 月，Waymo 宣布在美國測試沒有安全驅動程式的「機器人計程車」（Robo-Taxi），這是自動駕駛再一次的重大突破。在亞利桑那州鳳凰城的自動駕駛計程車行駛過程中，Waymo 員工不再坐在駕駛座上準備踩剎車，而是坐在一側，準備在出現問題時，按下標有「Pull Over」（靠邊停）的按鈕。

瘋狂燒錢讓 Alphabet 順利延攬到世界一流的 AI 人才，全球排名前一百的 AI 研究人員和工程師，約有一半現在為谷歌工作。另外一半則是分布在其他六巨人、學術界，還有一些規模比較小的新創公司；其中，微軟和臉書請到了不少人才，臉書有像勒丘恩這樣的超級巨星研究員。至於三家中國巨人公司，百度最早投入深度學習的研究，2013 年還試圖收購辛頓的新創公司，但後來競價輸給了谷歌。不過，2014 年又扳回一城，成功延攬到吳恩達來領導百度矽谷人工智慧實驗室（Silicon Valley AI Lab），一年內就有重大成果。

2015 年，百度矽谷人工智慧實驗室開發了語音識別系統「深度語音 2」（Deep Speech 2），在漢語語音識別領域超越了人類。這證明端對端深度學習方法，可被用來辨識差別

很大的語言，採用高性能運算技術導致了 7 倍的加速。然而，這項重大的成就，美國人鮮少注意到；事實上，一年後，微軟在英文語音辨識領域達到相同里程碑時，還自稱為一項「歷史性的成就」。[6]吳恩達在 2017 年離開百度，[7]成立一支 AI 創投基金，但他在百度的期間，不但展現百度在 AI 的雄心壯志，也加強百度在 AI 研究的聲望。

　　阿里巴巴和騰訊在 AI 的人才戰中行動比較慢，但兩家公司都有大量的資金和資料，可以吸引到頂尖的人才。騰訊有微信這個全方位的超級 app，稱霸全球最大的互聯網市場，可能是七巨人中擁有最豐富資料生態系統的一個。這項優勢幫助騰訊成功吸引到一流的 AI 研究人員，讓他們得以發揮專長。2017 年，騰訊在西雅圖成立人工智慧實驗室，立刻開始挖角微軟的研究人員。

　　阿里巴巴也不落人後，計畫建立全球性的研究實驗室網絡，在矽谷和西雅圖都有辦公室。截至我寫這本書的時間，騰訊和阿里巴巴都尚未公開在這個領域的研究成果，而是推出更為產品導向的應用。阿里巴巴率先推出「城市大腦」，這是大規模的 AI 網絡，運用城市裡的攝影機、大眾運輸系統，還有社群媒體和行動定位 app 蒐集到的資料，優化包括交通在內的各種城市服務。阿里巴巴和杭州市政府合作，採用先進的物體辨識和運量預測演算法，持續調整紅綠燈的控制模式，並且通知救護車前往事故地點。這項嘗試已經讓一

些地區的平均駕駛時間縮短 10%，[8] 阿里巴巴也著手將服務推廣到其他城市。

雖然谷歌在 AI 頂尖人才戰中遙遙領先，但這並不保證勝利。前面說過，根本性的創新突破很少發生，造成典範轉移的發現，往往出現在意想不到的地方。深度學習就是一小群獨特的研究人員，執著於主流研究人員鄙視的機器學習方法而發展出來的。如果現在真有「下一個深度學習」，可能藏身在某個大學校園或企業實驗室裡，誰也猜不到將在何時、何處露面。在全球等著中這種科學發現的大樂透時，我們目前仍處於 AI 實務應用的年代。

電網&電池

這些巨人當然不只競爭研發「下一個深度學習」，也直接和較小型的 AI 新創公司競爭，這些新創公司都想用機器學習來革新特定產業。這是一場兩種不同方法之間的競賽──七巨人的「電網」模式，以及新創公司的「電池」模式，比的是將 AI 這項「新電力」配送到全經濟體系。這場競賽的演變結果，將左右 AI 的商用格局：是壟斷？寡占？或數百家公司自由競爭？

「電網」模式將 AI 商品化，把機器學習的力量，變成一種標準化的服務。任何公司都可以購買這種「新電力」，也可以免費給學術界或個人使用，透過雲端運算平台就可以。

在這種模式下，雲端運算平台就是「新電網」，執行複雜的機器學習，優化用戶想要解決的資料問題。這些平台背後的公司——谷歌、阿里巴巴、亞馬遜等，則是扮演「電力公司」的角色，管理「新電網」、收取費用。

和這些「新電網」連結、擁有大型資料集的傳統公司，很容易就能夠取得 AI 的「新電力」，不需要對整間企業進行再造。谷歌的 TensorFlow（www.tensorflow.org）是一個開放源碼的生態系統，可以用來建立深度學習的模型，就是這種模式的一個早期版本，但用戶需要一些 AI 專業才會操作。2015 年，谷歌的 AI 專家建立了 TensorFlow，借助 TensorFlow，公司工程師可以更容易提高搜尋和語音識別服務的精確性。在將 TensorFlow 開放給內部工程師數個月後，谷歌隨即宣布免費向全球開放。近三年過去後，這個機器學習平台成了 AI 工程師使用機器學習開發新應用的首選工具。這個平台的客戶之一——保險巨頭安盛（AXA），就利用 TensorFlow 開發出可預測高昂保費的交通事故系統。

2017 年，雲端服務基礎設施的市場規模大約是 400 億美元，亞馬遜和微軟占據了大半江山，谷歌位居第三。借助 TensorFlow，谷歌希望自家雲端服務的市占率，在五年內躍升第一。屆時，大力投資 AI 的傳統公司，為了自身搭建、運作 AI 的成本更低，就會向雲端服務供應商砸重金購買「新電網」服務。「新電網」模式的目標，基本上就是要降低

AI 的專業門檻，提升這些雲端 AI 平台的功能性。想要利用機器學習，可不像插上插頭那麼簡單，未來或許也不會達到這種地步，但這些 AI 巨人希望朝著「簡單化」的目標發展，再收割推廣「新電力」的利益。

比較小型一點的 AI 新創公司，採用的是相反的方法，不是鋪設「新電網」，而是針對特定用途，打造像「電池」一樣、高度專業的 AI 產品。可以說，如果 AI 七巨人的模式是求「廣」，那麼新創公司的模式則是求「深」，不是提供通用型的機器學習能力，而是針對特定用途，打造新的 AI 產品和訓練演算法，包括醫療診斷、核貸、無人機等。這些新創公司賭的是，傳統企業將無法輕易將日常營運細節連結到通用型的「新電網」，所以不是幫助他們取得 AI 的力量，而是破壞他們使用 AI 的方法，致力於從頭打造 AI 優先的公司，創造出 AI 時代的一批新產業冠軍。

「電網」和「電池」的模式誰能勝出，現在來說都太早了。在谷歌等巨人持續在全球延伸觸角的同時，中美等地的新創公司則是競相開創藍海，鞏固自己的堡壘，抵擋七巨人的入侵。這場領土爭奪戰的發展，將形塑未來新經濟的景觀，驚人獲利可能集中在七巨人的手裡，也可能分散到各地成千上萬家新公司的手裡，就有待日後見分曉。

AI 晶片大戰

在這場 AI 巨人、新創公司，以及中美兩國的競賽中，有一塊比較少被討論到，那就是電腦晶片，也就是半導體。在每一次的運算革命中，高性能晶片往往是不受矚目、未被歌頌的幕後英雄。它們是桌機、筆電、智慧型手機和平板電腦的「核心」，正因為如此，所以終端使用者看不到。從經濟和安全性的角度來看，晶片製造就非常重要了，晶片市場傾向為獲利豐厚的壟斷型市場，工作直接涉及硬體的廠商或專家，最能夠發現晶片的安全性弱點。

每一代電腦運算需要不同的晶片，在桌機當道的年代，晶片製造商追求的是處理速度快，圖像要在高解析度螢幕上跑得又美又流暢，比較不關心耗電量的問題，畢竟桌機一直都插著電。英特爾（Intel）擅長這種晶片設計，所以賺了不少錢。在智慧型手機普及之後，晶片的性能需求轉向要更節能一點，高通（Qualcomm）成了晶片之王，它的晶片架構都是英國公司 ARM 設計的。

現在，傳統的電腦運算程式逐漸被 AI 演算法取代，晶片需求再次改變。機器學習需要快速執行一系列複雜的數學公式，英特爾或高通的晶片，都不是為了這種需求設計的，此時輝達（Nvidia）出線了。輝達的創辦人黃仁勳出生在台灣，在 1993 年創辦了輝達，專門設計、銷售圖形處理器

（graphics processing unit, GPU），公司最有名的產品線是專為遊戲玩家設計的。圖形處理背後的數學，非常吻合 AI 的需求，輝達自然成為這塊前景看好市場的新星。當英特爾猶豫不決時，光百度一家公司從輝達買進的深度學習晶片數量，就是向英特爾採購的四倍。輝達的股價從 2016 年到 2018 年，也足足漲了十倍。

從人臉識別到自動駕駛車輛，這些繪圖晶片都扮演了重要的角色，引發下一代 AI 晶片大戰開打。這次，就連谷歌、微軟和臉書這些過去從來不曾研發晶片的公司也一擁而上。2016 年 5 月，谷歌宣布，專門為 TensorFlow 設計的晶片 TPU，已經祕密使用了一年多。2016 年 9 月，微軟發布可以執行 BING（微軟自行開發的搜尋引擎）機器學習演算法的可編程晶片，來增強英特爾處理器的運算性能，以提高網頁搜尋的速度。面對這種情況，晶片業內的英特爾、高通和一些資金雄厚的矽谷新創公司，更是不敢怠慢。於是，處處可見互聯網科技公司和晶片公司一起聯手，進軍專門為 AI 設計的晶片領域。

中國政府長期以來都想扶植國內的半導體產業，但研發、製造高性能晶片是非常複雜、高專業的流程，縱使政府大力支持了多項計畫，建樹仍然有限。過去三十年，靠研發晶片賺大錢的，很多都是矽谷的公司。面對需求的改變，中國領導人和大批的晶片新創公司，都希望這次不一樣。中國

科技部投入了大量資金，指明打造性能與節能效率比輝達目前的好上二十倍的晶片。中國的晶片新創公司，例如地平線機器人（Horizon Robotics）、比特大陸（Bitmain）、寒武紀科技（Cambricon Technologies）等，都獲得了高額的投資，致力研發專門為自駕車或其他 AI 應用設計的晶片。中國在資料和數據上的優勢，也將投入晶片的開發中，為硬體開發商提供無數能夠檢驗產品的實例。

　　台灣方面，台積電是整個晶片行業一家非常偉大的公司，現在無論是做 PC、智慧型手機或 AI 的晶片，都必須跟台積電合作，因為它是世界最大的龍頭，全球市占率超過一半。台積電是一家跨行業的公司，所以 AI 的發展會帶來更多利好。總的來看，在 AI 晶片的開發上，矽谷仍然明顯領先，但中國政府和創投界正在努力追上，因為 AI 造成的破壞，不只是商業問題，也會是重大的政治問題。

兩份類似的計畫，截然不同的反應

　　2016 年 10 月 12 日，歐巴馬任內白宮公布了一項醞釀已久的計畫，[9] 表達美國如何利用 AI 的力量。這份文件詳述 AI 如何造成經濟轉變，並且列出步驟，說明如何掌握這波機會，包括增加研究經費、加強民間部門與軍方的合作，並且進行投資以減輕社會衝擊。這份文件也概述了即將到來的變化，提供一些常識性的適應方法。

然而，這份由美國最高政治權力機構發布的報告，影響力就跟學術智庫發表的嚴肅政策報告差不多。在文件發布那週，剛好遇上了川普（Donald Trump）在《前進好萊塢》（Access Hollywood）節目中歧視女性言論的片段曝光，結果這份白宮報告快速消失在美國新聞圈，不獲重視。它沒有激起全民的 AI 熱潮，也沒有引發新一波的創投，或是政府引導投資 AI 新創公司，全美各地也沒有紛紛推出有利於 AI 發展的政策。事實上，三個月後，川普上台就提議刪減美國國家科學基金會（National Science Foundation）10％的 AI 研究經費。[10]

美國民眾對歐巴馬白宮發布的這份報告反應冷淡，跟中國國務院發布的 AI 發展計畫引發的全民熱潮，形成了強烈的對比。就像過去的官方文件一樣，中國國務院在 2017 年 7 月發布的《新一代人工智能發展規劃》，文句平鋪直敘，但影響力十分龐大。這份規劃和歐巴馬白宮提出的報告，其實有許多預測和建議是一樣的，列出了多項 AI 的產業應用，明訂中國在 2020 年、2025 年和 2030 年的戰略目標，並且預期到了 2030 年，中國將成為世界主要人工智慧創新中心。

如果 AlphaGo 的人機大戰引發了中國的「史普尼克時刻」，那麼中國國務院這份《新一代人工智能發展規劃》，就像甘迺迪（John F. Kennedy）總統那場呼籲美國把人送上月

球的歷史性演說一樣。雖然文藻可能沒有那麼激勵人心，但同樣成功號召了全國動員，啟動了全國創新。

中國豪賭 AI

中國對 AI 發展的規劃，來自中央政府的最高層級，但由各地方政府執行，各地有抱負的官員負責推動相關政策。中國國務院在發布了這項規劃之後，各地方積極爭取升遷的官員，無不迅速採取行動，努力將家鄉建設成 AI 示範城市。他們慷慨提供研究補助，成立政府引導基金帶動創投挹注 AI 領域，並且採購本地 AI 新創公司的產品和服務，成立大量的園區和孵化基地。

來看看南京市的雙創發展情形，就知道中國的政策支持有多麼周到。南京市是江蘇省的省會，是中國東部沿海地區的重要中心城市。不同於北京、深圳、杭州，南京不是中國新創公司的首選城市。為了把南京變成一個 AI 發展中樞，南京市政府卯足了全力，投入大量的資金和政策資源，努力吸引 AI 公司和優秀的人才。

南京經濟技術開發區計畫在 2017 年到 2020 年，至少投資 30 億人民幣研發 AI。這些錢將投入琳瑯滿目的補助與優惠，包括對本地公司投資 1,500 萬人民幣，每家補助 100 萬人民幣招攬人才，研究經費最高補助 500 萬人民幣，政府協助成立 AI 培訓機構，對人臉識別和自動化機器人技術提供

採購合約，並且簡化公司的註冊流程，對退伍軍人創業提供種子資金和辦公空間，還有免費的公司接駁車，同時保障公司主管的子女就讀本地學校的名額，以及為 AI 新創公司的員工提供宿舍。

這還只是單一城市提供的補助與優惠，南京市的人口大約是 830 萬人，在全國排名要到二、三十名後了，而中國人口突破百萬的城市有超過百座。南京市開發區成立了「智谷」（AI Valley），多個園區主要方向是做 AI，建築面積一共是 200 萬平方公尺。除了南京，其他很多城市也啟動了類似規模的 AI 發展計畫，例如：重慶、廣州、上海、寧波、合肥等。規模龐大的政策誘因，陸續在中國大型城市推出，大家紛紛投入大量資金，以吸引人才、扶植 AI 公司。這種由政府出力加速發展的過程，在過去十年我總共看過兩次：2007年到 2017 年，中國從沒有高鐵，迅速發展成高鐵營運總里程世界第一長；2015 年，「雙創」活動在全國熱烈展開，創造了 6,600 個孵化基地，改變了中國的創新創業文化，也改變了傳統對創業的看法。

現在來談中國的 AI 行動成果，絕對言之過早。但如果中國歷史可以借鑑，「雙創」活動可能效率不足，但會極有成效。考慮到資金這麼龐大、執行速度這麼快，可以肯定一定會有無效的地方。政府不可能這麼快投資了幾十億美元，大舉進行補貼、優惠，卻沒有一丁點的浪費。一定會有某些

給 AI 公司員工使用的空間遭到閒置，對新創公司的投資永遠獲得不了回報，還會有一些傳統科技公司包裝成「AI 公司」，只是想要獲得政府的補助，有些政府採購的 AI 設備，也只會擺在辦公室裡面長灰塵。

但是，中國政府官員願意冒這種風險。為了追求更大的目標，他們願意吸收這些損失，而這項更大的目標，就是用蠻力推動城市經濟和技術的升級。成功轉型的潛在利益夠大，所以他們敢對人工智慧豪賭。最後縱使押錯了寶，這些官員也不會因為積極執行中央政府的政令，一直遭到政治對手的攻擊。這點跟美國很不一樣，2008 年世界金融危機之後，歐巴馬的經濟振興方案，也包括為前景看好的再生能源計畫提供貸款擔保資金。這項方案雖然旨在提振委靡的經濟，但也有意推動更廣泛的經濟與環境朝向綠色能源轉型。

其中，有一家公司是加州生產太陽能板的索林卓（Solyndra），原本前景看好，但在 2011 年宣告破產。歐巴馬的批評者，很快就把這項政策失利，變成 2012 年美國總統大選最有力的一項政治武器。他們砸了數百萬美元推出攻擊廣告，抨擊美國總統亂花錢，這種「浪費」支出就是「裙帶資本主義」（crony capitalism）和「風險社會主義」（venture socialism）的表現。[11] 儘管政府貸款擔保方案的原意是為聯邦政府賺錢，但一個受到關注的失敗案例，便足以玷汙美國政府對技術升級的整番志業。

　　歐巴馬後來熬過了猛烈的政治攻擊，贏得連任。但是，這起事件給美國政治人物的教訓十分清楚：運用政府資金投資經濟和技術升級是很冒險的事，成功了往往遭受忽略，一旦失敗可能就會被攻擊，最好還是別去蹚這灘經濟升級的渾水。

自動駕駛的兩難

　　中美政治文化的不同，也反映在對 AI 發展的政策支持上。過去三十年，中國領導人奉行技術實利主義（techno-utilitarianism），也就是利用技術升級，最大化更廣泛的社會福利，並且接受這麼做可能會讓一些人或產業受到不利衝擊。跟所有政治體制一樣，任何制度都可能出問題，政府由上而下命令擴大投資和生產，也可能將公部門的投資送錯方向。近年，這已經導致中國一些產業出現嚴重的供過於求和負債，包括太陽能板產業、鋼鐵業等。但如果國家領導人發號施令正確，將重心導向能夠帶動重要經濟轉型的新科技，那麼這種技術實利主義就能夠產生巨大的益處。

　　在這個問題的討論上，自動駕駛汽車就是一個很好的例子。2016 年，美國因為交通事故喪生的人數達 4 萬人，等於 911 恐怖攻擊事件從 1 月到 11 月每個月發生一次，12 月發生兩次。世界衛生組織估計，中國每年的車禍致死人數大約是 26 萬人，全球大約是 125 萬人。[12]

　　自動駕駛汽車雖然還在研發當中，但最後將遠比人類駕駛安全得多。這項技術的普及，將會大量減少車禍的致死人數，顯著提升交通和運輸網絡的效能，整個經濟都會獲益。然而，在拯救更多生命、提高生產力的同時，也會導致許多人丟了飯碗，甚至失去生命。首先，在自駕車普及的世界，將有大批計程車、卡車、巴士和運送司機沒了生計，一定也會發生自駕車運作不當而導致車禍的情況，還會出現讓自駕車難以判斷的兩難，比方說，向右切導致兩人死亡的可能性是 55％，向左切導致一人死亡的可能性是 100％，應該向右或向左？

　　這些不利的風險，都是棘手的道德問題。面對數百萬司機的生計，以及自駕車節省下來的數十億美元和數百萬小時的時間，我們該如何權衡？如果一定會撞車，自駕車該如何做出「最佳選擇」？演算法如何權衡車主性命？應該為了救另外三個人而犧牲你嗎？

　　這些問題讓道德學家晚上睡不著覺，也是自駕車立法進展遲緩的原因，甚至是 AI 公司官司纏身多年的原因。這些問題可能讓美國政治人物顧及利益團體和廣告攻擊，對目前才剛開始落地的自駕車發展急踩煞車。類似跡象已經發生了，2017 年卡車司機工會成功遊說美國國會把卡車排除在法案之外，這項法案旨在加快自駕車的應用。

　　我相信，中國政府會謹慎考慮這些棘手的問題，但不至

於成為延遲應用的主因,因為在不大遙遠的未來,這項科技會拯救數以萬計的生命。無論如何,中國的政治文化和美國的不一樣,不會對這些問題達成道德上的共識才來執行。為了讓社會福利最大化——長期而言可以避免的車禍致死事故,這項理由已經足以支持自駕車開始落地,由自駕車導致的少數車禍,以及相關的法規細節等,都可以再做商討。當然,我不是要呼籲美國、歐洲等地效法中國的技術實利主義,每個國家都應該根據自身的文化價值決定最適合的方法,但我們必須了解中國的方法,知道它推動 AI 應用的考量與影響。

在中央的指示下,中國各地方政府可以參考中央政府眾多發展方向,從中挑選來發展 AI。除了透過大量的補助和優惠,彼此競爭吸引 AI 公司前來發展,各地方也搶先落實備受矚目的 AI 專案,例如在公立醫院有 AI 協助醫生看病、規劃自駕車的專用車道,以及優化交通運輸網絡的「城市大腦」等。這些官員為了自己的政治生涯,也為了更廣大的社會福利,有雙重誘因來發展、推廣這些 AI 專案,比較不會糾結於可能嚇跑美國政治人物的潛在風險。

當然,這絕對不是在對兩國的體制做出道德判斷,奉行實利主義的政府體制和最長歷史的雙黨民主體制,當然各有優劣。長久以來,美國的移民文化和平等、捍衛人權,吸引到諸如費米、愛因斯坦,還有今天在 AI 領域的許多拔尖人

才。中國由上而下推動經濟升級的方法，基層官員熱中執行中央的每一條新政令，如果產業沒有選擇好，可能會有浪費和負債的風險。但是，在運用 AI 潛能建立一個更好的社會與推動經濟發展這件事上，中國的技術實利主義存有優勢：願意接受風險，讓中國政府勇於對可能翻轉賽局的新科技下重注，政策支持也讓這些新科技快速獲得採用。

　　了解中美兩個強權和七巨人發展 AI 的背景之後，我們在下一章來看看 AI 的四波發展，掌握哪些產品和系統改變了我們的世界。我會根據長年的經驗和觀察，推估中美現在和五年後在四波 AI 的發展對比。

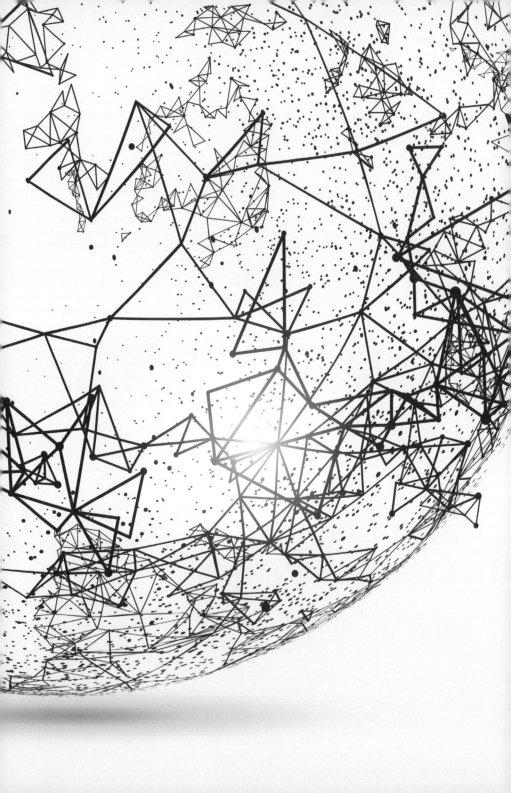

第 5 章

人工智慧四波浪潮

2017 年 11 月，我第一次聽到川普說出流利的中文。這位美國總統當時正在進行 12 天的亞洲行，初次對中國進行國事訪問。期間，他現身在一場重要科技研討會的大螢幕上，一開始先是用英文歡迎所有的與會者，然後突然說起了中文。

「第一次來到中國，人工智能正在改變世界，」他的中文很流利，當然是一貫的川普語氣：「科大訊飛真的很棒。」

當然，川普不會說中文，但 AI 真的在改變世界，科大訊飛（iFlyTek）之類的中國公司則在先發部隊。科大訊飛用大量的川普演講資料來訓練演算法，幫他的聲音做出接近完美的模型，不管是聲調、抑揚頓挫、說話的語氣都唯妙唯肖，讓他說出一口流利的中文，讓全世界聽聽如果他在北京長大，說中文會是什麼模樣。他的嘴脣動作雖然和語音不一致，但不仔細看的人，可能已經分辨不出來是不是他本人說的。科大訊飛也用同樣的方法讓歐巴馬總統說中文，把他在白宮一場記者招待會的發言，在途中改成了說中文。

川普、歐巴馬比賽說中文

「在迅飛超腦的幫助下，我學會了中文，」他一邊微笑一邊說：「我覺得我的中文說得比川普好，大家覺得呢？」

科大訊飛或許也可以對競爭者做類似的宣示，這間中國公司在許多著名的 AI 國際競賽中，在語音識別、語音合

成、圖像識別、機器翻譯等領域,獲得了世界頂尖的成績。
就算在他們的「第二語言」英文的表現上,科大訊飛也在自
然語言處理(natural language processing, NLP)擊敗了谷歌、
DeepMind、臉書、IBM 華生等參賽隊伍;在自然語言處
理,AI 要有能力解讀整體文句和話外之意,不是單就字面
解讀意思就好。

　　科大訊飛的成功當然不是一蹴可幾,1999 年我剛創立
微軟亞洲研究院,看上了一位首選人才,是個才華過人的年
輕博士生,名叫劉慶峰。我那年到合肥的中科大演講後,在
深夜校園的路上看到了很多學生,在宿舍熄燈後走出來在昏
黃的街燈下讀書,劉慶峰就是其中一員。在做研究上,他既
勤奮、又有創意,是中國最頂尖的年輕研究人員之一。當
時,我們要給他獎學金,請他先做微軟的實習生,再成為正
式員工,他拒絕了,他想自己創辦一家 AI 語音公司。

　　我告訴他,他是一流的年輕研究人員,但在語音識別
上,中國落後像美國紐安斯通訊公司(Nuance Communica-
tions)這樣的龍頭太多了,而且中國需要這項技術的客戶也
比較少。只能說,劉慶峰真是太有先見之明了,沒有聽我的
建議,就這樣投入打造科大訊飛。二十年後,科大訊飛在
AI 國際競賽中,獲得了非常多的獎項,不管在能力或市值
上,都已經遠遠超越了紐安斯,成為現在全球最有價值的
AI 語音公司。

結合科大訊飛在語音識別、翻譯與合成的頂尖能力，出現的是革命性的 AI 產品，包括同步翻譯耳機，可以即時把你的語音轉成其他語言。這種產品很快就會改革國際旅遊、商務和文化，催生出大量節省時間、提升效率和創意的商品。

AI 來襲

當然，所有改變不會一次發生，AI 革命需要一點時間。目前，大致上可以分成四波浪潮：1.）互聯網 AI（Internet AI）；2.）商用 AI（Business AI）；3.）感知 AI（Perception AI）；4.）自主 AI（Autonomous AI）。每一波浪潮運用 AI 的不同能力、顛覆了不同產業，但是都讓 AI 更深入我們的日常生活中。

| AI四波浪潮

AI 四波浪潮

　　前兩波浪潮——互聯網 AI 和商用 AI，已經發生在我們的四周，用我們幾乎沒有注意到的方式，改變了數位世界和金融世界。它們讓互聯網公司更能夠有效掌控我們的注意力，演算法也取代了律師助理，開始交易股票、診斷疾病。

　　第三波感知 AI 則是正在數位化實體世界，學習識別人臉、物體、語音等，了解我們的需求，「聽」和「看」我們周圍的世界。這一波 AI 將會革新我們和世界互動的方式，改變我們的體驗，模糊數位世界和實體世界的分界。第四波自主 AI 雖然來得比較遲，但對日常生活的影響最深刻，隨著自駕車上路、無人機飛上天、智慧型機器人大舉進入工廠，將會改變有機農耕、道路駕駛、速食等各種領域。

　　這四波 AI 需要、並且會生成不同種類的資料，中美等國若想領先，都必須把握這些最強風口。在接下來的段落，我們會看到在互聯網 AI 和感知 AI，中國有優勢取得領先或共同領先的地位，在自主 AI 的發展，中國可能很快就會趕上美國，在商用 AI 的發展，美國仍然明顯領先。

　　當然，這不會只是中美雙方的競賽而已。中美引領的 AI 服務，將會推廣到全世界，會有數十億的用戶，很多都在開發中國家。Uber、滴滴、阿里巴巴、亞馬遜等公司，已經在彼此競爭開發中國家的市場，但採用非常不同的策略。矽谷龍頭試著直接用產品和服務征服這些新市場，中國的互聯網公司則是投資當地的新創公司，一起對抗美國龍頭的控

制。這場競賽才剛開始,將對 21 世紀的全球經濟造成深遠的影響。

在了解這場 AI 競賽如何衝擊全球之前,我們先來好好認識一下這四波正在影響經濟的 AI 浪潮。

第一波浪潮:互聯網 AI

互聯網 AI 可能已經牢牢掌控了你的眼球,甚至你的錢包。你是否發現自己 YouTube 影片一支接著一支看,好像停不下來?這些串流影音網站就是有本事,能夠一直推薦你很想看的影片,讓你捨不得回去工作。奇怪?亞馬遜等網站就是知道你會想買什麼東西?

如果你感同身受,你就是互聯網 AI 的受益者——或是受害者,要看你如何看待時間、隱私和金錢。第一波 AI 大概在十五年前開始,但在 2012 年左右成為主流。互聯網 AI 大致上就是用 AI 演算法做為推薦引擎,系統學會掌握個人的喜好,為我們精心挑選內容。

這些 AI 引擎的動力,來自它們可取得的資料,而目前擁有最多這些資料的,就是幾家互聯網龍頭。不過,這些資料必須被「標注」,才會變得對演算法真正有用。「標注」的意思,並不是對內容評分或打上關鍵字,而是將一筆資料和某一特定結果連結,例如:「買了」vs.「沒買」;「點了」vs.「沒點」;「看完影片」vs.「跳來跳去」。我們在網頁上進行

的購買、按過的「讚」、觀看次數、停留時間等所做的標注，都被用來訓練演算法推薦更多我們可能會喜歡的內容。

　　一般民眾的感受可能是：網路變得「更好用」了，一直提供我們想要的東西，我們也變得愈來愈上癮。但這也證明了 AI 透過資料，學習掌握個人喜好的能力，將我們期待的結果最佳化，而這種最佳化已經讓靠著點擊賺錢的互聯網公司，例如谷歌、百度、阿里巴巴、YouTube 等獲利大增。運用互聯網 AI，阿里巴巴向你推薦你更可能會買的商品，谷歌出現你更可能會點擊的廣告，YouTube 自動跑出你更可能會觀看的影片。

　　我在上一本書《人工智慧來了》中，曾經提及英國劍橋分析（Cambridge Analytica）公司也是用類似的方法，利用臉書用戶個資掌握美國選民傾向，操弄了 2016 年美國總統大選。劍橋分析公司的投資人是川普的「金主」，因此該公司在大選中就主要為川普服務。據報導，正是劍橋分析的創辦人羅伯特・默瑟（Robert Mercer）創造了這句名言：「資料永遠也不嫌多。」（There's no data like more data.）[1]

演算法和編輯

　　互聯網 AI 也創造出一批全新的 AI 互聯網公司，中國在這個領域的領導者是「今日頭條」。今日頭條在 2012 年創立，有時被稱為「中國的 Buzzfeed」，因為兩個網站都是即

時病毒式文章的中心，但也只有這點相像，Buzzfeed 是一群擅長生成原創內容的年輕編輯打造的，而今日頭條的「編輯」是演算法。

今日頭條的 AI 引擎會在網際網路搜尋內容，使用自然語言處理和電腦視覺，消化一大群合作夥伴和特約撰稿人的文章和影音，再根據用戶過去的行為，包括點擊、閱讀、觀看、評論等，針對用戶的興趣，策展出高度個人化的內容。為了最佳化點擊次數，演算法甚至會改寫頭條；用戶點擊愈多，今日頭條就愈能夠精準推薦他們想看的內容。這是一種正向的反饋迴圈，創造出網路上最令人上癮的內容平台，1.2 億的用戶每天平均花 74 分鐘使用今日頭條的 app。[2]

機器人報導和假新聞

不過，不是只有簡單策展而已，今日頭條也用機器學習創造並監督內容。2016 年巴西里約奧運期間，今日頭條和北京大學合作，創造出一個 AI「記者」，在賽事結束幾分鐘內撰寫摘要。當然，這位 AI 記者的文筆不是特好，但速度驚人，有些賽事結束兩秒鐘內就寫完摘要，而且每天負責超過三十項賽事的報導。

今日頭條也用演算法來偵測「假新聞」，通常都是一些假醫療內容。起初，是用戶發現並舉報這類假新聞的，也因此標注了這些資料。後來，今日頭條用這些被標注的資料，

來訓練演算法辨識假新聞，甚至還訓練了另一套算法來撰寫假新聞，讓兩套算法互相較量，看誰能夠騙倒誰，過程中也讓兩條算法愈來愈好。

這種用 AI 來創造、處理內容的模式非常成功，到了 2017 年底，今日頭條的估值已達 200 億美元，並且在新一輪的融資當中，預計估值將提高到 300 億美元，遠遠大於 Buzzfeed 大約 17 億美元的估值。今日頭條預估 2018 年的營收，大約落在 45 億美元到 76 億美元之間。這間中國公司也正在迅速擴展海外版圖，2016 年試圖收購 Reddit 沒有成功（Reddit 是美國相當知名的電子布告欄系統），2017 年快速買下法國一個新聞聚合平台 News Republic，以及由華人團隊開發、廣受美國青少年喜愛的對嘴音樂影音製作應用程式 Musical.ly。

今日頭條還只是一家公司，它的成功還只是展現中國互聯網 AI 實力的一個例子。中國有超過七億個互聯網用戶，全部使用同一種語言來消化內容，中國互聯網龍頭使用 AI 來優化線上服務，目前正在收割龐大的利益。這也是騰訊市值快速飆高的原因，騰訊的市值在 2017 年 11 月已經超越臉書，成為第一家市值超過 5,000 億美元的中國公司；此外，這也讓阿里巴巴和亞馬遜彼此追趕。百度在 AI 研究具有優勢，但行動服務仍然遠遠落後谷歌一大截；不過，今日頭條等新秀的耀眼表現，已經逐漸彌平了這些落差。中國公司善

用互聯網 AI 來建立事業基礎，創造出龐大的身價；當它們變得甚至更擅長抓住我們的注意力更久，成功讓我們的點擊次數變得更多，也在生成更龐大的獲利。

整體來說，中美兩國的公司在互聯網 AI 的地位差不多，根據目前的技術，取得領先的機會大約是一半一半。我預測，中國的科技公司在主導全球互聯網 AI、收割最大獲利上，再五年會更有競爭優勢，大約是 60：40。別忘了！中國的互聯網用戶，比美國和歐盟的加起來還多，而且絕大多數都用行動支付，很容易付款給內容創作者、O2O 平台和其他用戶。這些條件加起來，一直催生很多很有創意的互聯網 AI 應用，提供各種變現的機會，而且這種情況全球絕無僅有。再加上中國新一代堅毅不撓、資金充沛的創業家，中國具備的強大優勢，可能勝過矽谷，但這不是定論。

不過，第一波互聯網 AI 雖然創造出龐大的經濟價值，大致上仍然局限在高科技產業和數位世界。想要把 AI 的優化力量帶到更多傳統公司，就需要第二波浪潮——商用 AI 的應用。

第二波浪潮：商用 AI

第一波互聯網 AI，善用用戶在瀏覽網頁時會自動進行標注，商用 AI 則是善用傳統公司數十年來，也會自動標注龐大的資料。舉例來說，保險公司會記錄事故、抓保險詐

欺，銀行會核貸、記錄還款率，醫院會保存大量的病歷資料、掌握存活率等。這些商業活動產生大量自動標注的資料點，記錄某一組特徵連結到什麼特定意義的結果；但是，直到這幾年以前，大多數傳統公司在運用這些資料、達到更好的成果上，都有困難。

　　商用 AI 探勘資料庫，找出隱藏的關連性，其中很多都是人眼和人腦忽略的。它會取得組織內部所有的歷史決策與結果，運用被標注的資料來訓練演算法，演算法的表現甚至比最有經驗的人類從業者都出色。這是因為人類通常會根據「強特徵」（strong features）來做預測，這些資料點和某一特定結果高度相關，通常具有明顯的因果關係。比方說，在預測罹患糖尿病的可能性時，一個人的體重和體重身高指數（BMI）是強特徵，AI 演算法當然也會把這些強特徵納入考量，但還會檢視許多其他的「弱特徵」（weak features）。這些周邊資料點，看起來可能跟特定結果沒有關連性，但結合了數千萬個例子之後，具有預測效果。人類通常無法解釋這些非常細微的關連性的因果，舉例來說，為什麼在星期三取得貸款的人，還款的速度更快？但是，能夠結合數以千計強弱特徵的演算法（通常運用人腦難懂的複雜數學關係），在許多商業分析工作的表現，都優於最頂尖的人類。

　　很多產業有大量結構化資料，連結到特定意義的商業結果，非常適合用商用 AI 來做優化工作。所謂「結構化資料」

（structured data），指的是已經被分類、標注、可以搜尋的資料，包括歷史股價、用卡情形、抵押貸款違約情形等，都是很好的例子。

商用 AI 的商機

早在 2004 年，帕蘭泰爾（Palantir）和 IBM 華生等公司，就已經為企業和政府提供大數據的分析服務。但深度學習在 2013 年被廣為應用，增強了這些服務能力，也誕生了一票新的競爭者，例如加拿大的 Element AI 和中國的第四範式（4 Paradigm）。

這些新創公司銷售服務給傳統公司或組織，讓演算法在現存資料庫進行優化工作，協助改善詐欺偵測、做出更好的交易，並且發現供應鏈上缺乏效率的環節。商用 AI 早期比較多運用在金融業，因為它善於數據分析，金融業的運作有高度結構化資料，也有想要優化的明確指標，所以非常適合。

這也是美國在商用 AI 早期領先很多的原因，比較大型的美國企業，已經蒐集了大量的資料，用高度結構化的格式儲存下來，經常使用企業軟體來管理會計、存貨和顧客關係。一旦資料儲存成這些格式以後，帕蘭泰爾等資料分析公司就可以進來，運用商用 AI 來創造有意義的成果，尋求節省成本、讓獲利最大化。

　　但中國不是這樣，中國企業從未真正大量落實企業軟體，或是採用標準化的資料儲存，而是根據自家體制來保存資料。這些系統通常無法規模化，也很難跟現有的企業軟體整合，造成資料的整理與結構化非常困難。資料的品質不好，會讓商用 AI 的優化成果不理想。在企業文化方面，中國公司對於聘請第三方顧問服務的支出，也遠遠少於美國公司。很多比較老式的中國公司，經營管理模式仍然偏向個人控制，不像現代化的組織，並不認為值得花錢雇用外部專業。

AI 小額信貸崛起

　　中國傳統公司的企業資料和文化，讓應用第二波商用 AI 變成了一項挑戰。但是，在一些比較新興的產業，商用 AI 直接跳過傳統體制，中國的應用有非常巨大的進步。中國原本在金融服務等領域相對落後，反而成為直接採用頂尖 AI 應用的跳板。其中，前景最看好的領域之一，就是 AI 小額貸款。

　　中國跳過信用卡大量普及，直接進入全民使用行動支付的時代，也跳過了一項關鍵評估，那就是用戶的信用。微信和支付寶讓用戶直接從銀行帳戶扣款，但無法讓用戶在等待下一次薪水入帳之前，稍微超支。

　　在這一塊，出現了智融集團（Smart Finance）這樣的金融科技公司。智融集團只用 AI 來核發數百萬筆的小額貸

款，不會要求借款人填寫所得級距，只要求存取用戶手機的一些資料。這些資料就好像數位指印一樣，具備驚人的能力，可以準確預測用戶會不會準時還那一萬人民幣。

智融集團的深度學習演算法，不是只看明顯的指標，例如用戶的微信錢包裡有多少錢，也會從人類核貸專員認為無關緊要的資料點來進行預測，例如，你輸入出生日期的速度有多快、手機電力剩下多少，還有數以千計的其他參數。

用戶手機電力剩下多少，和還款能力有什麼關係？這種問題不能用簡單的因果關係回答，但這並不是凸顯出 AI 的限制，而是凸顯人類辨識龐大資料量關連性的限制。智融集團用數百萬筆貸款來訓練演算法，其中很多全部償還、有些沒有。演算法發現了數以千計的弱特徵，和良好的信用具有關連性，儘管無法以人類能夠理解的方式，簡單解釋這些關連性。這些獨特的弱特徵，構成智融集團創辦人暨執行長焦可所謂的「新審美標準」，[3] 取代了個人所得、郵遞區號，甚至信用評分之類的嚴格標準。

隨著資料不斷成長，演算法變得愈來愈好，智融集團的業務持續擴張，貸款給那些經常受到傳統銀行忽略的族群，例如年輕人和民工。2017 年底，智融集團每個月核發兩百萬筆以上的小額貸款，違約率是低個位數的百分比；如此亮麗的績效數字，讓傳統實體銀行羨慕不已。

「請進，演算法現在可以看你了」

　　但商用 AI 不是只能處理金錢相關的業務而已，也可以應用在資訊型的公共商品上。這能讓很多人之前無法取得的高品質服務大量普及，其中一項最有前景的應用，就是醫療診斷。美國頂尖的研究人員像吳恩達和塞巴斯蒂安・特龍，已經展示一流演算法根據圖像識別，在某些疾病的診斷上可以媲美醫生，例如根據胸部 X 光片來診斷肺炎、根據照片來診斷皮膚癌等。更廣泛的醫療商用 AI，可以全程診斷出更多種疾病。

　　目前，醫學知識和正確診療的能力，還是集中在一小群非常有才幹的專家身上。但人類的記憶力和時間始終有限，不可能完全跟上醫學領域的最新進步。網際網路上確實有非常大量、豐富的醫學資訊，但不是絕大多數的人所能掌握的，能不能獲得一流的醫學診療服務，仍然高度受限於地區，而且坦白說，還有財力問題。

　　這件事在中國尤其如此。訓練精良的醫師，全部集中在最富裕的城市；一離開北京和上海，你可能會感覺到醫療品質大幅下降。因此，全國各地比較嚴重的病患，總是設法擠進大醫院看病，光是排隊可能就要好幾天，導致這些有限的資源緊繃到了極限。

　　第二波商用 AI 有望改變這一切。看病除了一些社交互動的行為之外，疾病診斷的重點在於蒐集資料，包括病症、

病史和環境因素等，然後預測相關現象，診療疾病。這種尋找各種關連性、進行預測的活動，正是深度學習最會的事。只要餵入夠多的訓練資料，也就是精確的醫療紀錄，AI 診斷工具就能把一般醫療專業人員變成超級醫生——一個看過千百萬份病例的醫生，有驚人能力找出隱藏的關連性，而且記憶力無懈可擊。

這就是大數醫達（RXThinking）科技公司想要做的事，創辦人鄧侃是中國 AI 研究人員，在矽谷和百度有深厚的經驗。大數醫達這間新創公司正在訓練演算法，讓它們成為超級診斷師，再普及到中國各地去。大數醫達不是想用演算法來取代醫師，而是想讓演算法來協助醫師，讓他們的醫療能力變得更強大。這就好像診斷流程的「導航程式」，AI 取得所有可用的知識，推薦一條最佳途徑，但醫生仍是主要的操控者。

演算法對病例取得更多資訊之後，就可以大幅縮小可能疾病的範圍，在進一步要求更多資訊、釐清問題之後，就完成診斷的流程。一旦資訊充足、演算法達到高度的確定性，就會開始預測病因，以及其他可能的診斷結果，並且分析實際病因的機率。

這種演算法不會凌駕在醫生之上，因為他們總是可以選擇不採納演算法的建議；不過，它可以取得超過四億筆現有的醫療紀錄，而且一直在掃描最新的醫學文獻，並且據此提

出建議。這種演算法也幫助世界一流的醫學知識，能夠比較平均分布到高度不均的社會，讓所有的醫生、護士專注在機器做不到的事，包括關懷病患、更人性化地和病患分享診斷結果。

法官大人的新助理

　　相同原理也應用在中國的法律體系上，這同樣是一套各地區專業水準不均的龐大體系。科大訊飛領先把 AI 應用在這個領域，打造工具，並且在上海實行先導試驗，使用以往的案例資料，在作證和判決上對法官提供相關建議。科大訊飛運用語音識別和自然語言處理比較所有的證據，包括證詞、文件和背景資料等，找出矛盾的事實型態，提醒法官這些爭議之處，讓法院職員可以進一步調查釐清。

　　在量刑時，法官也可以向另一套 AI 工具尋求協助。這個 AI 助理會綜合考量所有的事實，包括被告的犯罪紀錄、年齡、造成的傷害等，演算法會掃描龐大的法院紀錄，尋找類似的案例，然後運用這些知識對法官提供刑期和罰金的建議。法官也可以查看 XY 軸圖上分布的相似案例資料點，點選之後就能夠看到案例細節和判決結果。這套方法讓體制內超過十萬名法官建立了一致性，可以遏制那些判刑遠離主流太遠的情況發生。中國江蘇省甚至用 AI 來考核、排名所有檢察官的表現，[4] 美國一些法庭也用類似的演算法，對申請

假釋的犯人提出風險評估建議，但這些 AI 工具的角色和缺乏透明性，已經在上級法院受到質疑。

　　跟大數醫達的「診斷導航程式」一樣，科大訊飛的所有司法 AI 工具，也都是用來輔助法官做出更好的決策。這些系統讓法官取得資料導向的建議，幫助扶正失衡的司法天平，矯正一些連訓練最精良的法官都無法避免的偏見。美國法學專家已經舉證說明，告訴人與被告的種族，影響法院判刑的現象非常明顯。比起種族歧視，司法偏見往往不是那麼蓄意；幾個學者對以色列法官所做的一項研究結果顯示，他們在用餐之前所做的決定比較嚴厲，在飽餐一頓之後，判准假釋的可能性比較高。[5]

誰能領先？

　　那麼，在更廣泛的商用 AI，哪個國家將取得領先地位？今天，美國在這波 AI 享有絕對主導的領先地位，中美目前的發展對比大約是 90：10。但是，我相信中國在五年內會追上差距，來到 70：30，而且中國政府在運用商用 AI 方面做得比較好。美國目前在最直接有利可圖的商用 AI，具有明顯的應用優勢，可以優化銀行業、保險業，或任何擁有大量結構化資料可以探勘的產業，幫助公司做出更好的決策。美國公司不但有原料，也有意願應用商用 AI 來提升績效。

　　在這件事上，中國企業界肯定是落後的，但這也可能讓

公共服務部門和產業，直接跳過老舊、過時的制度，採用最新的方法。中國不成熟的金融制度和分配不均的醫保體系，讓它有強烈誘因重新思考消費者信用和醫療資源分配的方式。商用 AI 能夠將這些劣勢轉成優勢，因為它徹底重建這些產業。

　　第二波 AI 的應用，對實體世界有直接影響，但演算法基本上還是純粹以數位資訊的方式運作，由人類負責管理。第三波感知 AI 改變了這點，賦予 AI 兩項人類最寶貴的資訊蒐集工具：眼睛和耳朵。

第三波浪潮：感知 AI

　　在 AI 出現以前，所有的機器又聾又盲。沒錯，你可以拍攝數位照片或錄音，但這些只是在複製我們的環境，讓人類解讀，機器並不理解。對一台普通的電腦而言，一張照片只不過是一堆必須儲存的無意義像素；對一支 iPhone 手機而言，一首歌只不過是一堆必須播放給人類聽的 0-1 組合。

　　感知 AI 改變了這一切，演算法可以將照片或影片的畫素，分類成有意義的項目，用像人類大腦的方式來辨識物體──那是黃金獵犬、交通號誌、你哥哥等。聲音資料也是一樣的，音檔不再只是一堆儲存起來的數位位元；演算法現在能夠挑出字詞，拆解句構，理解整個句子的含義。

　　第三波商用 AI，將這些能力延伸到日常生活環境，透

過目前大量增生的各種感測器和智慧裝置，數位化我們周遭的世界。這些裝置將實體世界，轉化成可被深度學習演算法分析、優化的數位資料，比方說，Amazon Echo 將居家環境聲音數位化，阿里巴巴的「城市大腦」透過攝影機和物體識別 AI 將城市交通流量數位化，蘋果的 iPhone X 和曠視科技的相機將人臉數位化，再用這些感知資料保護你的手機或數位錢包。

線上線下分界模糊的 OMO 世界

這一切的結果就是，感知 AI 透過我們和網路互動的節點，開始模糊線上線下的分界。在感知 AI 問世之前，我們和線上世界的互動，必須經由兩個窄點：電腦鍵盤，或智慧型手機的觸控螢幕。這些裝置帶我們通往全球資訊網（World Wide Web）的龐大知識，但其實輸入和存取都不方便，尤其是你人在外面購物或正在開車時。

當感知 AI 變得更會識別人臉、理解我們說話、看我們周遭的世界，就會在無數地方增加線上、線下世界的無縫接觸點，這些節點普及、便利到你不會認為自己「正在上線」。舉例來說，當你坐在沙發上，說一句話就完成點餐，你是在線上，還是線下？當你家裡的冰箱告訴超市的手推車，你家已經沒有牛奶了，這又是在線上，還是線下？

我把這種混合的新環境稱為「OMO」：線上與線下融合

（online-merge-offline）。從純粹的電商服務發展到 O2O，OMO 是下一步。前面的發展都是在線上世界和實體世界建立新橋梁，OMO 則是完全整合這兩個世界，把線上世界的便利性帶到線下，把線下感測到的大量、豐富現實資料連結到線上。未來幾年，感知 AI 會把購物中心、超商、城市街道和住家轉化成 OMO 環境，讓一般大眾感受到科幻成真的 AI 應用。

　　其中，有些已經落實了。中國的肯德基餐廳和支付寶合作，在一些門市推出「刷臉支付」，顧客在終端機點餐之後，系統會快速掃描臉孔，連結到支付寶帳戶，不用現金、刷卡或手機掃描。感知 AI 甚至讓機器執行「活體算法」（liveness algorithm），確保人臉不會遭到盜刷。

　　「刷臉支付」聽起來好像很有趣，但只不過是 OMO 冰山的一角。想了解 OMO 在未來的發展，我們來一趟時光旅行，看看未來幾年超市如果充分運用感知 AI，會是什麼模樣。

每部購物車都知道你是誰

　　「你好，開復！歡迎再度光臨永輝超市！」

　　購物車像老朋友一樣歡迎你，這種感覺總是很好。我從架上拉出一輛購物車，手把上的視覺感測器已經掃完了我的臉，找出我在 AI 系統裡的資料，知道我的各種習慣，無論是身為一個美食愛好者、購物者或丈夫，家裡有位很會做中

菜的太太。當我還在想這星期要買哪些東西時，手把上的螢幕亮了起來。

購物車發出通知：「螢幕上顯示的是您每週通常會採買的清單」，我們家的雜貨清單包括：新鮮茄子、花椒、希臘式優格、脫脂牛奶等。我家的冰箱和廚櫃，已經偵測出我們目前缺了哪些東西，自動下單遞送比較不會壞的食品雜貨，例如米、醬油、烹飪油等。意思是，像永輝超市這樣的商店，能夠針對個人需求，為你挑選、介紹品項，包括新鮮農產品、特選紅酒、生猛海鮮等。這能讓超市大幅縮小門市面積，開設比較小型的店鋪，讓很多家庭走幾步路就能到超市。

手推車提醒我：「如果您需要增加或減少項目，請讓我知道。根據手推車和您府上冰箱的東西來看，本週的飲食可能缺乏纖維，我是否應該加上一包杏仁果或豌豆湯的食材？」

「不要豌豆湯，但送一大袋杏仁果到我家，謝謝。」我不確定是否需要感謝演算法，但這是出於習慣。我看了一下購物清單，調整了一些項目，我女兒不在家，可以少買一些東西。家裡的冰箱還有牛肉，我決定照我母親的食譜，為我太太煮牛肉麵。

「去掉希臘式優格，從現在起，改成全脂牛奶。還有，把我家現在沒有的牛肉麵食材加上去。」

「沒問題，」手推車一邊回答，一邊調整品項。手推車說的是中文，但是是我最喜歡的女星珍妮佛‧勞倫斯（Jennifer Lawrence）的合成語音。這很貼心，讓跑腿採買感覺比較不像雜事。

購物車自動在店內行進，在我挑選熟到剛好的茄子和最香的花椒（牛肉麵要麻辣，這是關鍵），停在我身前幾步。然後，它帶我來到店鋪後方，那裡有個精密機器人正在製作新鮮麵條。當我把商品放入推車時，邊上的深度感測攝影鏡頭會進行辨識，底部的感測器會稱重。

我只要放進一項東西，手把上的螢幕清單就會勾選這一項，並且計算總金額。超市的商品陳列和擺放位置，都是根據店裡面感測到的資料和顧客的購買清單來進行優化：顧客直接走過了哪些商品？在哪裡停下來拿東西起來看？最後買了哪些商品？這些視覺化的資訊和商業資料，讓 AI 超市得以像網路零售商那樣，對消費者行為有豐富的了解。

轉個彎，來到酒品陳列區，有個穿著制服的親切年輕人走了過來。

「李先生，您好，」他說：「剛進來一批納帕（Napa）紅酒，您太太的生日快到了，2014 年 Opus One 酒莊的酒您第一次購買，我們給您打個九折。您太太通常會買 Overture，這支是同個酒莊的酒，但比 Overture 更高級，味道香醇，帶點咖啡、黑巧克力的氣味。您想品嚐一下嗎？」

他知道我抗拒不了加州葡萄酒，我接受試喝，味道真的很棒。

「我喜歡，」我說，把杯子還給他：「來兩瓶吧。」

「品味真好。請您先繼續購物，我等一下就拿兩瓶過去。如果您想固定訂購的話，或是需要其他任何推薦，可以使用永輝超市的 app，或是在這裡找到我。」

這些服務人員的資訊充足，待客友善，訓練有素，很會向上推銷。跟傳統超市的工作比起來，社交互動的程度遠遠較高。員工可以跟顧客討論哪道菜怎麼煮，還有產銷履歷，並且說明這項商品和顧客過去用的有什麼不同。

整項購物流程就這麼進行著，手推車帶我採購平常需要的東西，服務人員偶爾出現，向我推銷演算法預測我會喜歡的商品。最後，服務人員幫我打包裝袋，我的手機響起，微信錢包顯示收據。採購結束之後，手推車會自動導航歸位，我走幾步路就回到家了。

感知 AI 讓購物行程變得很不一樣，整個採買過程讓人感覺既尋常，卻又全然不同。我們的日常活動大致上維持一樣，但實體世界的數位化將消除常見的摩擦，為每個人提供量身打造的服務，把線上世界的豐富便利性帶到線下。使用感知 AI 的商店，能夠掌握並預測每個顧客的習慣，供應鏈將會獲得大幅改善，可以減少食物的浪費、提高獲利。

像這樣的 AI 超市，已經離我們不遠了。核心技術已經

存在，現在大致上只剩下細部的軟體開發、供應鏈後端的整合與實際展店。創新工場旗下的創新奇智，正在和永輝策劃一個數年的藍圖，希望能盡快把這樣的願景帶到更多人的身邊。

OMO 教育

　　這種浸淫式的 OMO 情境，當然不只用在購物而已。相同的技術──視覺識別、語音識別，以及根據顧客過去的行為所產生的詳細資料，也可以用來創造非常個人化的教育體驗。

　　現在的教育制度，大致上還是像 19 世紀工廠模式的教育：所有學生被迫用同一進度、同一方法，在同一地點、同一時間學習。學校運作就像流水線一樣，孩子一個年級升過一個年級，大致上不管他們是否真的吸收了老師教的東西。在教學資源有限的情況下──教師能夠投入教學、指導、評量學生的時間和精力，這種模式有道理。但感知 AI 可以消除一些限制，透過感測、識別和推薦的能力，針對每個學生打造個人化的學習體驗，讓老師有更多時間可以一對一指導。

　　這種 AI 輔助的教育體驗，大致上可以分成四個部分：1.）課堂教學；2.）家庭作業與練習；3.）考試評分；4.）家教。學生在這四部分的學習表現和行為，都會反饋給 AI 系

統，構成 AI 輔助教育的基石：學生的個人學習資料。學生的檔案會詳細記錄影響學習的各種細節，包括已經完全掌握了哪些概念、哪些地方學習有困難、對不同教法的反應如何、上課有多專心、回答問題的速度有多快，以及哪些誘因能夠鼓勵學習等。接下來，我們就來看看在這四個部分，系統如何蒐集學習資料，改善教育流程。

在課堂教學的部分，學校採用「雙教師」的模式：一位優秀教師使用遠距教學，教室裡有另一位老師進行現場輔導。在課堂的前半部，這位優秀的遠距教學老師，透過教室前面的大螢幕，同步對大約二十間教室的學生上課，並且對學生提出問題。學生再用手持裝置點選回答，讓老師知道他們是否理解。

在上課的過程中，教室前方的視訊會議攝影機，使用人臉識別和姿勢分析記錄出席人數、掌握學生的專注程度，並且根據一些肢體動作，包括點頭、搖頭、臉部露出困惑表情等，來評估學生的理解程度。過程中蒐集到的全部資料，包括他們點選的回答、專注程度和理解程度等，都會跑到學習檔案中，即時記錄他們學會哪些，哪些地方還需要額外加強。

但課堂學習只是一部分，等學生回到家，系統會結合學生檔案和出題演算法，根據學生的能力量身打造家庭作業。程度比較好的學生，就寫一些可以挑戰他們的高難度問題；

還沒有完全掌握教材的學生，就寫一些比較基本的問題，也許還要加上一些額外練習。

　　學生對不同問題所花的時間和答題表現，同樣會記錄到學習檔案裡，系統再調整後續出現的題目，加強學生的理解。如果是英語課，AI 的語音識別可以把一流的英語教學帶到最偏遠的地區。高性能的語音識別演算法，可被訓練評估學生的英語發音，並且在沒有英語母語人士的情況下，幫助學生改善發音和腔調。

　　對老師來說，這些工具可以減輕像批改作業這類例行性工作的負擔，讓他們有更多時間照顧、指導學生。中國公司已經用感知 AI 的視覺識別能力，做出能夠正確批改選擇題和填空題的掃描器，甚至能夠批改作文中一些像拼錯字或文法的常見錯誤，並且自動扣分。這減少了老師批改一些基本項目的時間，把時間用來跟學生溝通，指導較高層次的寫作概念。

　　最後，學習落後的學生，系統會通知家長孩子的學習情況，仔細說明他們哪裡學習有困難。家長可以根據這些資訊，透過像 VIPKid 這樣的學習平台聘請遠距教師，VIPKid 讓美國教師在線上教中國學生英語。遠距教學其實已經存在了一段很久的時間，但現在感知 AI 讓這些平台能夠透過持續蒐集學生的表情和細部反應，掌握他們的學習狀況。這些資料持續餵入學生的檔案裡，協助平台找到能夠幫助學生提

升表現的老師。

　　幾乎前述所有的工具都已經存在，很多也都在中國不同的課堂上實行。結合起來，構成 AI 輔助的新教育典範，融合線上與線下世界，創造專為學生量身打造的學習體驗。在教育 AI 這塊，中國顯然準備好超越美國，這有一大部分是因為中國父母的強烈需求。家裡只有一胎的父母，很捨得花錢投資孩子的教育，這是因為中國傳統的價值觀、進大學競爭激烈，還有公立教育體系品質參差不齊的關係。這些望子成龍、望女成鳳的父母，已經讓 VIPKid 這類的服務商，在短短幾年的時間內，估值超過 30 億美元。

公共場所和個人資料

　　想要創造、利用這些 OMO 體驗，需要從實體世界蒐集海量資料。舉例來說，想用阿里巴巴的「城市大腦」來優化交通流量，就必須餵入城裡各處的攝影畫面；想為每個顧客量身打造 OMO 零售體驗，就需要透過人臉識別系統來辨認他們；想用聲控取用網路的力量，就需要能夠聆聽、辨認我們所說的每個字的科技。

　　這種資料蒐集，可能會讓很多美國人不安。他們不想讓「老大哥」或美國企業界，獲得太多的個人隱私。中國人對這點就比較沒有顧忌，比較能夠接受自己的臉孔、聲音和消費選擇被記錄、數位化。這是另一個中國人更願意用隱私來

交換便利性的好例子，這種監視從個人用戶擴大到整個城市環境，中國大型都會區使用密布的攝影機和感測器網絡來強化交通執法，這個監視網絡的影像直接餵入演算法，優化交通管理、維持治安和緊急服務。

　　個人隱私和公共資料之間要如何取得平衡，要看每個國家的決定。歐盟通過《一般資料保護規範》（General Data Protection Regulation, GDPR），[6] 在 2018 年 5 月 25 日強制執行，採取嚴格的方式保護資料，對歐盟境內蒐集、使用資料，設定了各種不同的限制。美國還在設法提升用戶隱私的保護，自從劍橋分析使用臉書用戶個資的醜聞發生，以及後續的國會聽證會之後，隱私問題變成了大眾關注的焦點。中國在 2017 年 6 月開始施行《網絡安全法》，[7] 對於非法蒐集、銷售用戶資料，明訂一些懲處條例。

　　為了更大的便利性和安全性，社會監視要到什麼程度，機場或地鐵站的匿名要到什麼程度，這類問題並沒有正確的答案。但是，就目前來看，中國對公共場所蒐集資料的態度相對開放，在落實感知 AI 上具有很大的起步優勢，正在加速城市環境的數位化，開啟 OMO 在零售、保全和交通等領域的新應用。

　　不過，要把感知 AI 應用在這些領域，需要的不只是攝影機和數位資料。感知 AI 和互聯網 AI 及商用 AI 不同，非常需要硬體的支持。想讓醫院、車子和廚房變成 OMO 環境，

需要各式各樣的感測裝置，同步連結實體世界和數位世界。

深圳製造

　　矽谷或許是軟體創新的世界冠軍，但深圳才是現在的硬體製造之王。過去五年，這座位於中國南方沿海的製造業大都會，已經變成世界上最蓬勃發展的智慧裝置製造生態系統。想要開發一款創新的 app，幾乎不需要其他的實體工具，只要一台電腦和一位有聰明點子的程式設計師就好。但要製造感知 AI 需要的硬體，例如具備視覺的購物車，或是具備聽覺的音箱等，就需要一個強大、靈活的製造業生態系統，要有感測器供應商、射出成型工程師，以及小批次生產的電子工廠。

　　大多數的人一想到中國工廠，腦裡浮現的可能是數以千計的低薪勞工，成群擠在環境不佳的血汗工廠裡，縫製便宜的鞋子和泰迪熊。這些工廠還是存在，但中國製造業的生態系統，已經經歷重大的技術升級。今天，中國製造的最大優勢不是廉價勞力，因為像印尼、越南這些國家提供的工資更低。中國製造現在的最大優勢，是無可匹敵的供應鏈彈性，有很多技術充足的工業工程師，能夠快速打造產品原型，然後進行量產。

　　這就是深圳強大的祕方，它已經從一座便宜、骯髒的工廠小城，變成所有想要製造最新無人機、機器人、可穿戴裝

置、智能機器的創業者首要參觀的城市。在深圳，他們可以直接找上當地為數眾多的工廠，和各種專業的工程師溝通，用更低的成本更快速迭代產品。

在深圳令人眼花撩亂的電子產品市場裡，他們可以在數千種電路板、感測器、麥克風、迷你攝影機中進行挑選。等到原型組裝好了以後，他們可以直接帶到數百家工廠，找到一家最合適的，不管是小批次生產，還是量產都可以。零組件供應商和產品製造商聚於一地，加速創新的流程；硬體從業者說，在深圳工作一週，比得過在美國工作一個月。

隨著感知 AI 逐漸改變我們的生活環境，能夠快速實驗、生產智慧裝置，帶給中國新創公司一些優勢。深圳對全球的硬體新創公司都非常開放，但本土公司享有絕對的主場優勢。在外國營運一定會有許多摩擦，包括語言障礙、簽證問題、稅務問題、遠離公司總部等，這讓美國的新創公司速度變慢，產品成本也可能提高。像蘋果這樣的跨國大公司，有資源把中國製造用到極限，但對其他的外國新創公司來說，這些小摩擦加起來可能會致命。然而，對深圳本土的硬體新創公司來說，整座城市就像一間巨大的糖果店，可以盡情瀏覽、體驗，用更低的成本更快做出產品。

小米科技

中國硬體新創公司小米的產品，展現出感知 AI 一系列

緊密交錯的網絡模樣。小米在 2011 年以低價智慧型手機起家，席捲了全中國，現在正致力於打造 AI 家電，把廚房和客廳變成 OMO 環境。

這套系統的核心是小米 AI 音箱（Mi AI speaker），和 Amazon Echo 很像，都是聲控 AI 裝置，但由於主場優勢，價格只有一半。這項優勢也被用來打造一系列的智慧家電，包括空氣清淨機、電鍋、冰箱、攝影機、洗衣機、掃地機器人等。小米不是自己製造這些家電設施的，它投資了 220 家公司、孵化出 29 家新創公司，很多都在深圳。這些智慧家電全部連結到小米的生態系統，創造出一個讓很多人都能負擔得起的智慧居家環境。產品可以連到 WiFi，互相設定一下，然後透過聲控或手機，就可以控制整套系統。

結合價格、多元與性能，小米創造出全球最大的智慧家電網絡；截至 2017 年底，總共賣出、連結了 8,500 萬部裝置，[8] 遠遠超越任何美國同業。這個生態系統也是建立在「深圳製造」的優勢，低價和中國的龐大市場，加快了小米蒐集資料的速度，形成了一個良性循環，可以訓練出更強大的演算法，然後產品變得更聰明，用戶體驗變得更好，銷售更多，更多資料，如此循環下去。這個生態系統已經創造出四家獨角獸公司，也讓小米 2018 年 7 月 9 日在港交所上市，以當日收盤價計算，公司市值為 479 億美元。小米在上市次日股價大漲了近 13.1%，顯示這家公司的強大生機。

感知 AI 的應用，會開發出更多不同的硬體。居家環境將會數位化更多實體世界的資料，並且藉由 OMO 來運作。你家的冰箱如果看到牛奶快沒了，會自己訂購；只要說一下，咖啡機就會幫你煮一杯卡布奇諾；年長的父母如果跌倒了，AI 也會立刻通知你。

像這樣的第三波感知 AI，即將改變我們的日常生活環境，模糊數位世界與實體世界的分界，直到消失不見。在這個改變過程中，中國人對資料隱私比較沒有顧忌，再加上深圳的硬體製造實力，會讓中國在執行上具有明顯優勢。今天，中美在感知 AI 的發展對比大約是 60：40，我預測這個差距在五年會擴大到 80：20，中國在感知 AI 的運用會領先美國和全球。第三波感知 AI 的創新，將會創造出龐大的經濟機會，並且為第四波自主 AI 打下基礎。

第四波浪潮：自主 AI

當機器能夠「看到」、「聽到」周圍的世界，就能夠安全行駛，運作起來也更有效率。自主 AI 結合了前三波 AI，並且發揮到極致，即時結合機器優化複雜資料的能力，以及感測新資訊的能力。結合這些超人力量的機器，不只能夠理解周圍的世界，還能夠改變這個世界。

大家都聽過自駕車，在討論自駕車之前，我要帶各位稍微擴展一下視野，了解第四波自主 AI 對世界的影響有多深

遠。自主 AI 裝置將徹底改變日常生活非常多的層面，包括購物中心、餐廳、城市、工廠、消防局等。和前三波 AI 一樣，改變都不會一次發生。早期的自主機器人，只能在高度結構化的環境工作，創造立即的經濟價值，比方說，在工廠、倉庫和農場裡。

你可能會想，這些地方不是已經高度自動化了嗎？重型機械不是已經做了很多藍領工作？沒錯，已開發國家大致上已經用高效能機器取代人力，但這些機器只是「自動化」（automated），還不是自主（autonomous），雖然能夠重複進行某些動作，但還無法做決策，或是根據外在變化立刻進行調整。它們完全看不到，必須由人類來操控，或是只能執行單調的動作。它們可以執行非常重複性的工作，但無法應付任何異常狀況或偏差。然而，只要賦予機器視覺、觸覺，以及運用資料進行優化的能力，就能大量增加它們能夠處理的任務。

草莓園與甲蟲機器人

這些應用有些已經存在了，採草莓聽起來好像是很簡單的工作，但在自主 AI 之前，在果園中尋找、判斷、從莖上採草莓的能力，根本不可能自動化，只能靠成千上萬名低資勞工，成天彎腰駝背在草莓園裡來回走動，用眼睛和靈巧的雙手來執行這項工作。這種工作非常辛苦又乏味，很多加

州農場主人因為找不到工人，只好眼睜睜看著草莓在園裡頭腐爛。

　　但加州的新創公司 Traptic，已經研發出一種機器人能夠做這份工作。機器是架在一台小型牽引機上頭（未來可以架在自駕車上面），使用先進的視覺演算法，在一片綠葉中尋找草莓，再看顏色來判斷成熟度，然後機器手臂輕巧地從莖上採下草莓，不會把草莓碰傷。

　　亞馬遜的倉儲中心，則是更早讓我們看到這種科技改變的力量。才不過五年前，亞馬遜的倉儲中心看起來跟傳統倉庫沒什麼兩樣，有一條又一條的長型貨架走道，員工走來走去或駕駛機動車輛，沿著走道拿取貨物。現在，員工停在定點，貨架會自動跑來他們面前。地板上有很多像甲蟲一樣的橘色四方型機器人跑來跑去，背著貨架快速移動，彼此閃避、不會相撞。這些橘色機器人把顧客訂的商品，一架架送到撿貨員的面前，員工只需要從架上拿取商品，掃描裝箱就好。整個倉儲中心的運作，就像人類站在一個定點，機器人在四周聯合演出一場優雅的芭蕾舞。

BBC News 中文介紹亞馬遜倉儲運作

　　這些自主機器人全都有一個共通點：為業主創造直接的經濟價值。自主 AI 會先應用在商業領域，因為這些機器人能夠創造出明顯的投資報酬，做那些工資愈來愈貴或愈來愈

難找到人手的工作。在美國，家事工作者——清潔人員、廚師、看護人員，大致上符合這些工作。但我們可能不會很快看到自主 AI 應用在家裡，跟科幻片演的不一樣，居家類人機器人的應用還要非常久遠。打掃房間、照顧小孩這些貌似簡單的工作，其實遠遠超越 AI 目前的能力，而且我們雜亂的生活環境，對不靈巧的機器人來說，就像一個障礙訓練場。

群體智慧

但是，隨著自主 AI 變得更靈巧、更有智慧，我們將會看到這項科技運用在一些令人覺得神奇，甚至能夠拯救生命的場景，尤其是無人機的應用。成群結隊的無人機會一起合作，只要幾個小時的時間，就能夠粉刷好你家房子的外部；耐熱無人機會合力撲滅森林火災，效率是傳統消防隊的好幾百倍。無人機也能夠執行颶風、地震災後的搜救行動，把食物和水送給受困的人，並且和附近的無人機一起合作，把受困者空運出來。

在自主無人機的領域，中國幾乎可以確定領先地位。大疆創新（DJI）的總部就在深圳，它是全球最大的無人機製造商，知名科技新聞工作者克里斯・安德森（Chris Anderson）就稱讚這間公司是：「我看過最好的公司。」[9] 據估，大疆創新已經占有北美 50％的無人機市場，在高階無

人機的市占率更高。公司投入了龐大資源做研發，已經在一些工業用途和個人用途應用無人機。群體智慧技術目前雖然還在嬰兒階段，但運用深圳無可匹敵的硬體生態系統，結果將會令人十分驚嘆。

在無人機改變天空的同時，自駕車也將改變我們的道路。而且，自動駕駛的革命，不只是影響交通運輸而已，也會完全改變城市環境、勞動市場，以及我們的日常生活。谷歌等公司已經證明，自駕車將遠比人類駕駛更安全、更有效率。現在，有數十家新創公司、科技龍頭、傳統車廠和電動車製造商，全都搶著要第一個將這項技術真正商業化。谷歌、百度、Uber、滴滴、特斯拉，還有很多其他公司，全都組成自駕車團隊，測試技術、蒐集道路資料，爭先把人類駕駛趕出駕駛座。

這項競賽有兩個主要的領先者：谷歌（旗下的自駕車子公司是 Waymo），以及特斯拉。這兩家公司採用兩種不同的發展模式，巧的是，剛好呼應了中美兩個強權的不同政策。

谷歌模式＆特斯拉模式

谷歌是第一家研發自動駕駛技術的公司，但在大規模的應用上一直比較緩慢，這是因為谷歌的哲學就是要打造完美的產品，在自駕系統遠比人類更安全之後，才直接投入全自主化。這是一種完美主義的模式，對任何可能傷害人類性命

或企業聲譽的風險容忍度很低，也顯示出谷歌多年來研發這項技術已經占有的優勢。至於特斯拉，走的是漸進主義的模式，一旦研發出來，就把這些有限的自主功能加到車上，包括高速公路的自駕（auto-pilot）模式、避免車禍的自動轉向（auto-steer），以及自主停車等能力。這種漸進主義會加快自駕車的應用，同時接受一定程度的風險。

兩種模式雖然不同，但背後的動力都一樣，而且跟 AI 需要的動力一樣，那就是資料。必須用數百萬、甚至數十億英里的駕駛資料來訓練自駕車，讓它們學會辨識物體，預測車輛和行人的動作。這些資料來自路上成千上萬部正在行駛中的車輛，統一餵給一個中央「大腦」──一套可以做決策的核心演算系統，當任何一部自駕車遇到新狀況時，所有連結到系統的車輛都能夠學習。

谷歌讓一小批搭載昂貴感測設備的車隊上路，緩慢、穩定地蒐集資料。特斯拉則是在銷售車款上安裝比較便宜的裝備，讓車主在使用某些自主功能時，協助蒐集資料。這兩種不同的方法，讓兩家公司蒐集到的資料差距非常大。到 2016 年，谷歌花了六年時間，才蒐集到 150 萬英里的實體世界駕駛資料；而特斯拉短短六個月，就蒐集到 4,700 萬英里的資料。[10]

但這兩家公司的模式互相趨近中，谷歌也許感受到特斯拉和其他競爭對手的壓力，加快了全自駕車的落地，在鳳凰

城都會區進行全自駕計程車的測試。特斯拉在 2016 年 5 月
發生了一起自駕死亡車禍之後，對全自駕車的快速部署踩了
煞車。但根本的差異還是存在的，這兩家公司重視的東西不
大一樣。谷歌希望安全性無懈可擊，因此延遲應用原本可能
已經開始拯救人命的系統；特斯拉的模式比較偏向技術實利
主義，只要車輛的表現比人類好就推上市，希望用更快的速
度蒐集資料，把演算法訓練得更好，拯救更多生命。

中國的特斯拉模式

　　中國有 13.8 億人口，每年大約有 26 萬人死於車禍，在
管理這麼一個國家時，中國的心態是：不能讓追求完美阻礙
人民的福利。也就是說，與其等待完美的自駕車出現，中國
領導人可能尋求在特定的控制環境中，讓更多性能有限的自
駕車落地。這同時讓資料的蒐集呈指數型成長，背後的演算
法急速進步。

　　這種漸進主義式的應用，關鍵在於專門為自駕車打造全
新的基礎建設。美國的做法是打造自駕車來適應現有道路，
因為假設道路並不會變；在中國，什麼都「可以」改變，現
有道路的設計也是一樣。事實上，有些地方已經在調整現有
道路了，重整貨運模式，建設專為自駕車設計的全新城市。

　　浙江省交通運輸廳就宣布，要興建全中國第一條智慧型
「超級高速公路」，這條路打從一開始就專為自駕車和電動車

設計。這項計畫會整合道路、車輛和駕駛之間的感測器和無線通訊，讓車流速度增加 20％到 30％，並且顯著減少死亡車禍。路面上會鋪設太陽能板，讓充電站有電力讓電動車充電，長期目標是要讓電動車在行進間就能持續充電。這項計畫要是成功，將會讓自駕車和電動車大量落地，在自主 AI 能夠應付高難度的市區駕駛之前，先應付高速公路，同時蒐集到更多的資料。

但地方政府做的不只是這樣而已，不只是建設公路，也打造了全新的城市。雄安新區位在北京西南方一百公里處，原本只是幾個縣的所在地，中央下令建設成示範科技進步與永續發展的城市，預計將投入大約 5,830 億美元的基礎建設經費，[11] 讓當地人口達到 250 萬，差不多和芝加哥一樣。從頭打造一個新的芝加哥，這種想法在美國簡直不可思議；但是在中國，這只是政府都市計畫的其中一項而已。

雄安新區已經準備好成為世界上第一個專為自駕車建設的城市，百度已經和當地政府簽約，即將打造一個智能城市，聚焦在交通管理、自駕車和環保。其中的改變可能包括：在水泥裡安裝感測器、讓交通號誌具備電腦視覺、讓十字路口能夠辨認行人年紀，並且大幅減少停車空間。要是每個人都叫自駕計程車的話，何不乾脆把停車場改建成公園？

像雄安新區這樣全新打造的城市，甚至可以把市中心的交通地下化，把地面留給行人和單車騎士。交通地下化這件

事，人類駕駛很難做到，因為人類很容易犯錯，會讓整個隧道堵塞。有效結合新式道路、照明系統、自駕車的話，整個地底交通的運作可達高速公路的車速，而地面上的生活步調則維持人類一般的節奏。

當然，這些宏大的 AI 計畫，無法保證都能夠順利推動；中國有些技術主題的發展已經失敗收場，有些全新打造的城市很難吸引到新居民。但中央將此新區定位為「千年大計，國家大事」，如果成功的話，像這樣的新城市將和自主 AI 一起成長，不但受益於 AI 創造的效率，也會回饋更多資料給演算法。照美國現在的城市建設來看，自主 AI 必須學會適應、駕馭整個城市環境；而中國政府的做法則是，讓兩者共同進化。

自主 AI 的發展對比

這些聽起來，雖然讓人對中國自主 AI 的應用前景感到興奮，但再多的政府支持，也無法保證中國將會取得領先地位。在自駕車的核心技術上，美國公司仍然領先中國兩、三年的時間，在技術的發展，這是光年的距離。這一部分反映了第四波自主 AI 精英專家的重要性，由於安全問題和自駕技術的複雜性，都是比較艱巨的工程難題，需要世界一流的工程師團隊，不是水準很好的工程師就好，也讓優勢倒向美國一邊，因為全球最頂尖的工程師，仍然群聚在谷歌等

公司。

　　矽谷在研發方面也明顯領先，因為矽谷的公司喜歡投入一些射月計畫。早在 2009 年，谷歌就開始測試自駕車了，後來很多工程師離職，創辦早期的自駕車新創公司。中國則是要到 2016 年左右，才開始出現自駕車新創公司的熱潮，但中國的科技龍頭像百度，或是一些自駕車新創公司，像北京初速度科技（Momenta）、景馳科技、小馬智行（Pony.ai）等，在技術和資料兩方面都快速趕上。百度的「阿波羅計畫」（Apollo）採取開放源碼的平台模式，和五十個自駕車領域的夥伴合作、共享資料，包括輝達之類的晶片公司，以及福特和戴姆勒（Daimler）之類的車商，和 Waymo 封閉的模式完全不同。雖然中國公司快速追趕，但無庸置疑，在我寫這段文章之時，全球最有經驗的自駕車專家仍在美國。

　　要預測誰會在自主 AI 取得領先地位，得先問一個問題：自駕車全面落地的主要瓶頸，是在技術層面，還是在政策層面？如果最難的只是技術問題，那麼谷歌的 Waymo 最可能比其他對手早幾年解決問題。但如果電腦視覺等領域的最新進步在業界快速傳播，大家的水平都提升，那麼矽谷在核心技術的領先，可能就變得完全不重要。很多公司都能夠做出安全的自駕車，屆時自駕車的落地就主要變成政策問題，如果是這樣，那麼中國的特斯拉模式就會有優勢。

　　現在，還不知道主要的瓶頸會是什麼，所以第四波自主

AI四波浪潮中美趨勢預測

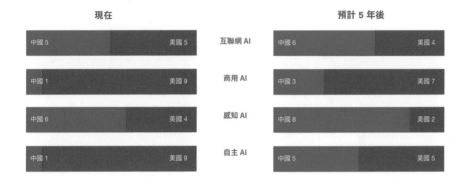

現在　　　　　　　　　　　　　　　　預計 5 年後

	現在				預計 5 年後	
互聯網 AI	中國 5	美國 5			中國 6	美國 4
商用 AI	中國 1	美國 9			中國 3	美國 7
感知 AI	中國 6	美國 4			中國 8	美國 2
自主 AI	中國 1	美國 9			中國 5	美國 5

AI 的比賽，人人都有希望。今天，美國遙遙領先，大約是
90：10。我個人預測，中美五年的發展對比，在自駕車這塊
會是 50：50，但中國在無人機之類的硬體具有優勢。最後，
我做了一張圖列在上面，總結中美在四波 AI 目前及五年的
發展對比。

中美公司進軍全球市場的策略

　　試著把這些翻轉賽局的 AI 產品推到全球市場，會發生
什麼事？到目前為止，AI 絕大部分的研發應用都在中美市
場，相關公司基本上避免在其他國家直接競爭。雖然這兩國
是世界上最大的經濟體，但絕大多數 AI 的未來使用者，仍
然生活在其他國家，而且很多都在開發中國家。所以，任何
公司如果想要成為 AI 時代的臉書或谷歌，都要有良好的策

略來接觸那些用戶、贏得市場。

關於這點，中美兩國的公司採取的方法非常不同；美國稱霸全球的龍頭，通常會直接進軍這些市場，中國公司則是聯合當地的新創公司。谷歌、臉書、Uber 等矽谷龍頭，想要直接在這些市場推出產品，但針對在地化做的調整很有限，基本上還是遵循全球一致的發展模式：打造全球性的產品，推廣給世界各地數十億的用戶。這種方法風險很高，成功的話潛在利益龐大，但空手而回的機率也很高。

中國公司避開直接競爭，投資矽谷龍頭想要殲滅的當地新創公司。舉例來說，阿里巴巴和騰訊在印度和東南亞，投了很多錢和資源給當地的新創公司，對抗像亞馬遜這樣的全球龍頭。這種方法重視本土的經驗，像馬雲這樣的中國創業家完全明白，在對抗外來競爭時，小能擊大，大衛也能戰勝歌利亞。所以，中國公司不是先消滅那些新創公司，然後和矽谷龍頭對抗，而是和它們結成生命共同體。

叫車平台大戰

中國公司的這種策略，在某些領域已經領先了。滴滴成功把 Uber 趕出中國市場之後，開始在其他國家投資當地的新創公司，和它們聯手對抗 Uber，包括美國的 Lyft、印度的 Ola、新加坡的 Grab、愛沙尼亞的 Taxify、中東的 Careem。滴滴 2017 年投資巴西的 99 Taxi，2018 年初就收

購該公司。這些分散在各地的新創公司，形成了一種對抗
Uber 的全球同盟，仰賴中國的資金，受益於中國的訣竅。
在接受滴滴的投資之後，有些新創公司改造了 app，有些則
計畫利用滴滴在 AI 的長處，來優化配對、協助解決載客糾
紛，終極就是自駕車的應用。

我們無法得知這些技術交流有多深，但這是 AI 全球化
的一種模式：結合全球化的 AI 技術與當地的資料，讓各地
的新創公司也能夠參與這場 AI 競賽。這種模式以合作取代
掠奪，也許更適合 AI 的全球化，因為需要結合一流的工程
師和大量資料。自主 AI 比前幾波 AI 更需要在地化，印度
的自駕車必須學習班加羅爾（Bangalore）行人穿越街道的
方式，在巴西做微型貸款必須了解里約熱內盧千禧世代的花
錢習慣。有些演算法的訓練，可以轉移到不同的用戶群；但
在現實世界的資料，每個地方都是無可取代的。

矽谷的科技龍頭對這些國家的社會習慣，當然也有一些
研究與掌握。但開發商用 AI、感知 AI 和自主 AI 的產品，
必須深入每個市場，安裝硬體，針對北非的購物中心或印尼
的醫院，提供在地化的 AI 服務。直接從矽谷導入 AI，恐怕
不是長遠之道。

當然，沒人看得到這場 AI 競賽的結局，美國公司也可
能突然大舉加速在地化，善用現有的產品，稱霸中國以外的
所有市場。開發中國家也可能出現一批新的創業家，運用中

國支援，打造出矽谷龍頭打不過的本土王國。如果是後面這樣，中國的科技龍頭不會稱霸全球，但在世界各地都會參與，並且運用許多市場的訓練資料來改進演算法，從豐厚獲利中分得一杯羹。

展望未來

仔細觀察最新趨勢，就會發現很多科技即將衝擊全球經濟，凸顯中國的優勢。傳統的美國公司，已經運用深度學習，創造出更大的獲利。像谷歌這樣的 AI 導向公司，還是掌握了世界上最頂尖的專家知識。但是，在打造新的互聯網王國，改變疾病診斷的方式，重新想像我們如何購物、行動及飲食，中國已經準備好取得全球領先的地位。中美兩國的互聯網公司，進軍海外市場的方式不同，隨著 AI 的應用愈來愈普及，可能會在印度、印尼，還有中東和非洲的某些地區直接競爭。

這讓我們稍微看到逐漸浮現的 AI 新世界秩序，但也凸顯出一個盲點：我們很容易像討論賽馬一樣，討論誰會領先 AI ？勝率有多高？誰將勝出？這些固然重要，但如果更深入了解背後的影響，還有很多更重要的問題等著我們認真討論。當 AI 大量普及全世界時，真正的對立不是出現在國家之間（例如中美兩國），最危險的斷層會出現在國家內部，而且具有撕裂國家的力量。

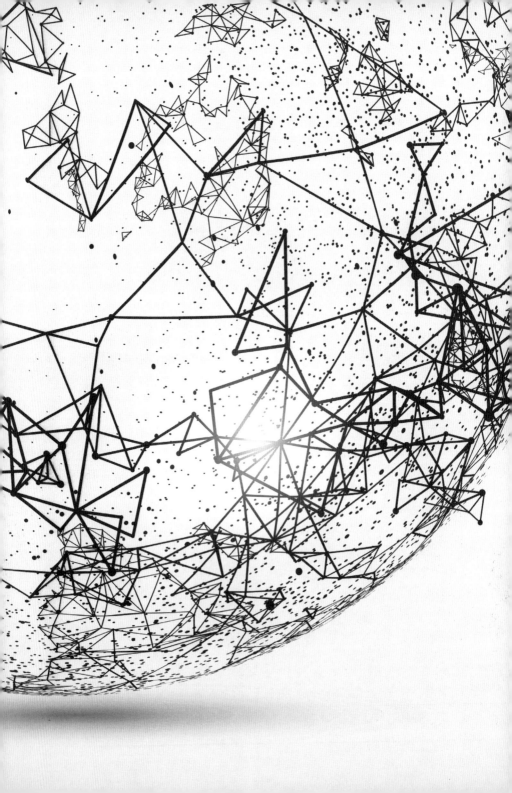

第 6 章

烏托邦、反烏托邦
AI 真正的危機

照目前的技術發展來看，上一章介紹過的 AI 產品或服務，全部都可以實現。想讓它們上市，並不需要 AI 研究的重大新突破，只要把日常執行的細節做好，包括蒐集資料、修改演算法、不斷實驗、進行迭代、打造產品原型，並且試驗新商模。

AI 實務應用的年代，不僅讓這些產品有可能問世，也激發了大眾對 AI 的各種想像。不少人相信，我們即將拿到某些人認為的「AI 研究聖杯」——通用人工智慧（Artificial General Intelligence, AGI）／強人工智慧，也就是會思考、解決問題、做決策的機器，有能力執行人類能做的任何智識工作，以及更多超越人類能力的事。

有人預測，在通用人工智慧出現以後，能夠自我改進的機器，將引發電腦智能的巨大進步，然後到達「奇點」（singularity）——超人工智慧到來。屆時，電腦理解、操控世界的能力，將遠遠超越人類最高水準的智慧，電腦智能和人類智能的差距，就好像人類智能和昆蟲智能的差距。這麼令人震撼的預測，已經導致知識界分裂成兩派：烏托邦派；反烏托邦派。

烏托邦派認為，通用人工智慧和後來的奇點，是人類繁榮的終極境界，我們可以擴展意識、戰勝死亡。著名的未來學家雷・庫茲威爾（Ray Kurzweil），是個奇特的發明家，也是谷歌的工程總監，他想的是一個比較激進的未來，人類

和機器會完全融合。他說，我們會把大腦上傳到雲端，讓智慧奈米機器人流到我們的血液裡，不斷地更新身體。庫茲威爾預測，只要再過十年，通用人工智慧就可能出現，而我們會在 2045 年達到奇點。[1]

其他烏托邦派的思想家則是認為，通用人工智慧將讓我們快速破解物質世界之謎。DeepMind 創辦人德米斯・哈薩比斯（Demis Hassabis）預測，超人工智慧將幫助人類文明解決一些不可能的問題，為全球暖化和不治之症提供人類難以想像的聰明解方。超人工智慧的電腦能以人類無法想像的方式理解宇宙，這些機器不只是減輕人類負擔的工具，簡直就像上帝，全知全能。

當然，不是所有人都那麼樂觀。伊隆・馬斯克就說，超人工智慧是「人類文明的最大風險」，[2] 把它比喻為「召喚惡魔」。[3] 已故的宇宙學家史蒂芬・霍金（Stephen Hawking）等許多學術名人，也和馬斯克一樣，加入反烏托邦的陣營。其中，很多人受到牛津大學哲學家尼克・伯斯特隆姆（Nick Bostrom）的書所啟示，他在 2014 年出版了《超智慧》（*Superintelligence*）一書，描繪了許多未來學家的想像。

反烏托邦派最主要擔心的，不是 AI 會像《魔鬼終結者》（*The Terminator*）系列電影一樣，類人機器人變成魔鬼，追殺人們，想要征服全人類。超人工智慧是人類創造出來的產物，不是自然進化的結果，所以不會有像人類或其他動物那

種生存、繁殖或支配的本能，大概只會用最有效率的方法達成被賦予的目標。

他們擔心的是，如果人類才是達成這些目標（例如扭轉全球暖化）的主要障礙，超人工智慧可能一不小心就把我們給消滅掉。對於智識能力深不可測的電腦程式而言，不一定需要啟動持槍機器人，以它對化學、物理、奈米科技的強大了解，可以用遠遠更為精巧的方法，立刻達成目標。研究人員把這稱為「控制問題」（control problem）或「價值對齊問題」（value alignment problem），這類問題也讓樂觀派擔心。

這些 AI 能力何時出現，各方的看法都不一致。伯斯特隆姆在書中列出 AI 研究人員的調查結果，給了一個預測中位數：通用人工智慧將在 2040 年問世，超人工智慧可能在之後的三十年內問世。⁴ 但是，在那之前，我們需要先來了解一下現實。

現實世界的發展

對超人工智慧的未來想像，讓人們既敬畏又害怕。這些極端情緒模糊了現實與未來，讓很多人看不清楚真實情況和未來的發展。簡單來說，照現在的技術來看，前述描繪的那些情境，包括永恆不朽的數位大腦或無所不能的超人工智慧，全都不可能發生。目前，還不知道通用人工智慧的演算法，也看不到明確的工程途徑。奇點不會自動發生，深度學

習自駕車不會有朝一日就突然「醒來」，發現自己可以結合成一個超人工智慧的網絡。

　　要發展到通用人工智慧，還需要一系列根本性的 AI 科學突破，要一連串像深度學習、甚至規模更大的重要突破。這些突破必須移除我們現在使用的「限制領域人工智慧」（Narrow AI）的主要限制，讓 AI 獲得更廣泛的新能力，包括：多領域學習、跨領域學習、自然語言理解、常識推理、規劃能力，以及從少量例子學習的能力。如果想要發展具備 EQ 的機器人，還需要自覺、幽默、愛、同理心、美學鑑賞等的能力。這些正好是目前 AI 欠缺的能力，演算法只能從大量資料中辨識關連性，然後做出預測，和通用人工智慧的能力完全不同。這些新能力的其中任何一項，可能就需要多項重大的突破，但通用人工智慧必須具備所有的能力；想想看，這會需要多少重大的突破？

　　很多關於通用人工智慧的預測，就是錯在以為過去十年科技急速進展，未來也是這樣，甚至更快發展下去。深度學習是機器學習的一大進步，發展到一個全新高原，在現實世界可以有很多的應用，於是我們進入 AI 實務應用的年代。但沒有證據顯示，目前這種改變就是指數型成長的開始，科技會一直加速發展到通用人工智慧，然後用更快的速度發展到超人工智慧。

　　科學本身十分困難，根本性的科學突破更是難上加難。

像深度學習這樣大幅提升機器智能的科學發現非常少見,幾十年才會出現一次,如果不是耗上更久時間的話。針對這項突破的應用或改良很多,例如 DeepMind 等地方的研究人員,已經示範了像強化學習這樣的優異新方法。但是,在辛頓和同事發表那篇深度學習論文後的十二年間,⁵ 我還沒有看到機器智能出現任何類似的重大改變。伯斯特隆姆提出的中位數是 2040 年,但我認為,科學家在預測學術成果變成現實產品這件事上,往往是過度樂觀。拿我自己來說,1988 年我是 AI 語音識別領域全球領先的研究人員,我加入蘋果,是因為我相信這項技術會在五年內成為主流,結果原來我和現實距離了二十年。

不過,我當然不是說,科學家絕不可能創造出重大突破,引領通用人工智慧和超人工智慧出現。事實上,我認為,我們可以期待,現有科技會持續進步。但是,我相信,要發展到那樣的程度,還需要幾十年、甚至長達幾世紀的時間。當然,也有可能是,我們永遠都不會發展到通用人工智慧的地步。通用人工智慧將是人機關係的重大轉捩點,很多人預測,這將是人類史上最重大的事件。我相信,在我們解決所有的控制問題和安全問題之前,這不會是可以跨越的里程碑。但由於根本性的科學突破進展緩慢,我和其他的 AI 專家像吳恩達、羅德尼‧布魯克斯(Rodney Brooks)等人都相信,通用人工智慧距離想像的要更遠許多。

　　這並不是說，我認為未來會有穩定的物質發展，人類在 AI 時代會一直繁榮下去。完全不是。我相信，人類文明很快就會面臨 AI 帶來的另一種危機。當然，這跟好萊塢大片演的又不一樣，並不是世界末日的那種場景，但會顛覆我們的政經體系，甚至讓我們思考，在 21 世紀身為人類的意義。簡單來說，危機來自失業和不均。現在的 AI 能力，雖然不到超人工智慧那樣，可以摧毀人類文明，但我擔心，人類可能會自毀文明。

北京折疊

　　每到清晨六點，這座城市就會開始摺疊收起。密集的水泥叢林開始曲折閉攏，陽台和雨篷向內收起，整棟大樓摺疊成平整的立方體。在裡頭生活的是第三空間的居民，他們是經濟最底層的勞動階級，晚上工作、白天睡覺，生活時間從每天晚上10 點到次日清晨 6 點的 8 小時。

【文曰小強】6 分鐘看完《北京折疊》原著

　　然後，整個大地會進行 180 度的翻轉，另一面露出的，是完全不同的城市。當曙光從地平面升起，新城市也開始甦醒。三線道馬路、寬敞公園和漂亮民房，開始伸展開來。第一空間的居民醒了，開始伸展肢體，向外眺望這個完全屬於他們的世界。

　　這是中國科幻作家郝景芳想像出來的場景，她也是一個經濟學者。《北京折疊》[6]這篇中篇小說，在 2016 年 8 月贏得雨果獎（Hugo Award），描繪世界依據經濟階級，時空被分成三層空間。在這個想像中的未來北京，三個經濟階級占據地表不同的時間。500 萬的精英階級生活在第一空間，生存時間從每天早上 6 點到翌日早上 6 點，完整的 24 小時，居住在乾淨、整齊的現代化城市。

　　在第一空間摺疊起來之後，大地會進行 180 度的翻轉。人口 2,500 萬的第二空間出現，生存時間從每天早上 6 點到晚上 10 點，共 16 個小時，經歷整個白晝，但城市景觀不如第一空間光鮮亮麗。第三空間擠著 5,000 萬的人口，生存時間從每天晚上 10 點到清晨 6 點，幾乎永遠見不到陽光。第三空間的人口是清潔工人、小吃攤販和其他類型的勞工，《北京折疊》的故事主角晚上摸黑在大廈裡頭清理垃圾。

　　清理垃圾是第三空間的支柱，這些工作完全可以自動化，但為了讓這些底層不幸的人口有工作維生，就繼續維持人工作業。這三個空間彼此禁止逾越，所以第一空間的精英階級，不必擔心底層居民會來汙染他們的科技烏托邦。

AI 的真正危機

　　這個反烏托邦的故事，雖然是科幻作品，但起源於害怕經濟階層化，以及未來因為自動化造成的失業問題。郝景芳

擁有北京清華大學經濟學博士學位，任職於中國中央政府的智庫——中國發展研究基金會，從事經濟研究工作，包括調查 AI 對中國就業市場的衝擊。

這是許多經濟學家、技術專家和未來學家非常擔憂的主題，我也是。我相信，隨著四波人工智慧浪潮席捲全球經濟，將會導致貧富差距更加擴大，以及廣泛的技術性失業。就像郝景芳的故事寫的，貧富和階級差距演變成更嚴重的問題：經濟鴻溝撕裂了社會結構，挑戰我們身為人類的尊嚴與目的。

自動化會大幅提升生產力、創造更大的獲利，但也會取代大量勞工的飯碗。失業問題和領子顏色無關，教育程度高的白領和很多勞工一樣受到衝擊。大學學歷不再保障就業，就算是高度專業化的科系也是一樣，因為和能夠辨認型態、做決策的機器相比，人腦完全比不上。

除了失業問題，AI 也會使全球不均的問題變得更加嚴重。讓機器人具備視覺和自主移動的能力，AI 的應用就會改革整個製造業，讓第三世界擠滿低薪勞工的血汗工廠經營不下去。這會使得經濟發展難以流動，剝奪貧窮國家透過低成本出口啟動經濟成長的機會，過去這種方法成功讓南韓、中國、新加坡等國脫貧。大量的年輕勞工，曾經是這些貧窮國家的最大優勢，現在卻變成了淨負債，而且可能很不穩定。如果不能啟動開發流程，當 AI 強權正式興起時，貧窮

國家的發展將會停滯。

然而,就算是科技先進的富有國家,AI 也會導致貧富差距更加擴大。前文提過,資料量愈多會形成正向的反饋迴圈,AI 導向的產業很自然就會趨於壟斷型產業,讓價格變得愈低,也讓公司之間的競爭消失。在這樣的壓力下,小公司最後會被迫關門,而 AI 時代產業巨人獲得的利益,將是難以想像的龐大。經濟力量集中在少數手裡,無疑是在社會不均的傷口撒鹽巴。

在大多數的已開發國家,經濟不均和階級仇恨,是最危險、最容易引爆的問題。過去幾年,我們已經看到長期的貧富不均導致的政治動亂。我相信,如果不加關注的話,AI 會在社經問題火上澆油。除了可能造成社經混亂之外,還有更深層的個人心理掙扎,雖然這不一定會成為新聞頭條,但影響性十分龐大。當愈來愈多人的工作被機器取代,我們將被迫思考一個更深入的問題:在智能機器的時代,當機器和演算法的表現都比人類卓越,人生的意義是什麼?

技術樂觀主義者與盧德謬論

就像通用人工智慧有正反兩派的預測,失業和不均問題的預測,當然也引發了不少爭議。很多經濟學家和技術樂觀主義者認為,擔心技術引發失業,是沒有事實根據的。

這派陣營駁斥了技術引發失業的可怕預測,他們說這種

預測是「盧德謬論」（Luddite fallacy）。這個名詞源自「盧
德分子」（the Luddites），他們是 19 世紀英國的一群紡織工
人，砸毀了當時新興的工業紡織機，指責這些機器毀了他們
的生計。儘管盧德分子用盡一切方法擾亂、抗議，工業化的
腳步仍然全速前進。在接下來兩個世紀的大部分時期，英國
的就業和生活水平穩定提升。盧德分子保護技藝免於自動化
的行動雖然失敗，很多受到自動化直接衝擊的人，也的確有
一段時期承受了工資停滯成長的痛苦，但他們的後代卻大大
受益於自動化所造成的改變。[7]

　　技術樂觀主義者主張，這才是科技變化與經濟發展的真
實故事：科技會改善人類的生產力，降低產品或服務的價
格；價格降低，表示消費者的購買力會提升，就可以購買更
多商品，或是把省下來的錢花在別處。這兩種結果都會使產
品需求增加，進而帶動勞動力需求成長，讓就業機會增加。
沒錯，技術轉型可能會導致一些短期失業，但就像無數的農
民變成工廠工人一樣，被裁員的工人也可以變成瑜伽老師或
程式設計師；長期而言，技術進步從未真正導致就業減少或
失業增加。

　　像這樣的解釋，既簡單又優雅，描繪出工業化世界物質
財富不斷地增加，就業市場相當穩定。每次擔心技術性失業
所引發的熱議，這種理論都會提出辯駁，認為不過又是一次
大喊「狼來了！」的虛假警告。18 世紀工業革命之後，從

紡織機、曳引機到 ATM，人們總是擔心機器會造成龐大的失業，但是每次生產力的提升，都和市場的神奇力量完美結合、解決問題，讓一切發展順利進行下去。

以史為鏡的經濟學家，也看到科技龍頭因為 AI 大量獲利，所以就運用這些例子來反駁未來會因為 AI 導致大量失業的問題。他們舉出無數的發明，包括軋棉機、燈泡、汽車、攝影機、手機等，說明沒有一項發明導致廣泛失業。他們認為，人工智慧當然也不會不同，一樣會大幅提高生產力，創造健康的就業成長，並且增進人類福祉，有什麼好擔心的？

終結盲目樂觀

如果把所有發明都當成資料點，每一項平等看待，技術樂觀主義者的論述就很有說服力，但不是每一項發明都一樣。有些發明改變了我們執行單一工作的方式（例如打字機），有些發明消除了對某種人力的需求（例如計算機），有些發明則是徹底顛覆了一整個產業（例如軋棉機）。

除了前述這些，還有規模完全不同的技術變化。這些重大突破可以延伸至數十種產業，從根本改變整個經濟流程，甚至社會組織。這就是經濟學家所謂的「通用技術」（General Purpose Technologies, GPTs），麻省理工學院兩位教授艾瑞克・布林優夫森（Erik Brynjolfsson）和安德魯・麥克費

（Andrew McAfee）在合著的《第二次機器時代》（*The Second Machine Age*）中，把 GPTs 描述為：「會干擾、加快經濟的常態步伐，真正造成重大影響的技術。」[8]

如果只看 GPTs，可以評估技術變化和就業損失的資料點就大幅減少了。經濟史學家對哪些創新有資格稱為 GPTs 有很多爭議（鐵路？內燃機？），但文獻調查顯示，有三項技術獲得普遍認同，那就是蒸汽引擎、電力和資訊通訊科技（information and communications technology, ICTs），例如電腦、網際網路。這些都是改變遊戲規則的技術，影響了整個經濟體系，改變了我們生活和工作的方式。

這三項 GPTs 對世界的影響，足以拿出來單獨討論，不必和其他數百萬種更狹隘的創新，例如原子筆或自動變速箱等，混為一談。從近代史來看，技術變化確實帶來更多就業、更大的繁榮，但如果只看 GPTs，就不是這樣。接下來，我們來簡單回顧一下歷史，看看這三項突破性的創新，如何影響就業和薪資。

蒸汽引擎和電氣化，分別引發第一次工業革命（1760 年代～ 1830 年代）和第二次工業革命（1870 年～ 1914 年），促進現代工廠制度的誕生，把強大的動力和充足的照明帶入建築物內，顛覆了傳統的生產模式。大致上而言，這種生產模式的改變是「去技能化」（deskilling），把原先需要高技能工作者的工作（例如手工紡織），拆解成低技能工作者能做

的更簡單工作（例如操作動力織布機）。在過程中，提高了
產品的產量，讓價格變低。

在就業方面，這些 GPTs 早期促成了製程創新，例如出
現工廠流水線，讓成千上萬、後來無法計數的農夫，在新的
工業經濟中獲得生產者的角色。沒錯，這些 GPTs 取代了一
小群技術人士的工作（有些成為盧德分子），但它們讓遠遠
更多的低技能勞工，可以做一些重複性操作機器的工作，提
高他們的生產力。結果，整個經濟大餅和生活水準都提高。

那麼，最近期的 GPT——資訊通訊科技（ICT）呢？到
目前為止，ICT 對勞動市場和財富不均的影響，還不能說是
完全明確。但就像布林優夫森和麥克費在《第二次機器時代》
中說的，過去三十年，美國的勞動生產力穩定提高，但就業
和所得中位數則是停滯成長，兩人將此現象稱為「大脫鉤」
（the great decoupling）。[9] 曾經，有長達數十年的時間，生產
力、薪資和就業一直穩定上升，但這種現象已經開始出現分
歧：生產力持續提升，但薪資和就業卻持平或下降。

這已經在美國等已開發國家，造成愈來愈明顯的經濟階
層化，ICT 的經濟利得大量集中在所得最高的 1％人口。從
1980 年到 2016 年，美國這個精英族群的所得，占國民所得
的比重提高了大約一倍；[10] 到了 2017 年，所得最高前 1％美
國人擁有的財富，幾乎是底層 90％總財富的兩倍。[11] 雖然
ICT 在整個經濟體系中大量普及，但美國的實質薪資中位數

就業數量隨即下降

直到1980年代末期，美國勞動生產力、人均實際GDP、就業率、中產家庭收入四個指數一直連動上升。之後，生產力繼續高升，但中產收入開始下降，就業成長放緩。

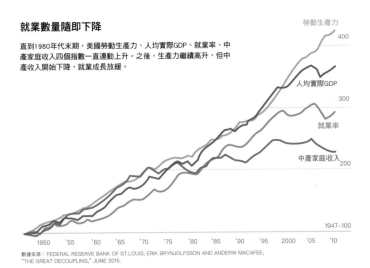

數據來源：FEDERAL RESERVE BANK OF ST.LOUIS; ERIK BRYNJOLFSSON AND ANDERW MACAFEE, "THE GREAT DECOUPLING," JUNE 2015.

大脱鉤：生產力持續提升，但薪資和就業卻持平或下降

2014年，50%的人口只占了全美13%的總收入

數據來源：Piketty, Saez & Zucman (2018)

美國貧富不均日益嚴重

已經停滯了三十年，最貧窮美國人的實質薪資不升反降。[12]

ICT 的影響和蒸汽引擎、電氣化不同，主要是因為它「偏重技能」（skill-bias）。前兩項 GPTs 透過「去技能化」來提高生產力，ICT 通常（但不一定總是）偏向高技能工作者。數位通訊工具讓績效卓越的人，能夠有效管理更大的組織，觸及到遠遠更多的群眾。它消除了傳播資訊的障礙，讓全球最頂尖的知識工作者擁有更強大的能力，但削弱了許多平庸者的經濟角色。

但美國就業和薪資的停滯成長，ICT 的影響到底有多大？這個問題非常複雜，一直有不少爭論。畢竟，全球化、工會衰落、外包等，也都是影響因素，讓經濟學家有無盡的論辯材料。不過，有一點愈來愈明確：提高生產力的 GPTs，並不保證就能帶來更多就業或更高薪資。

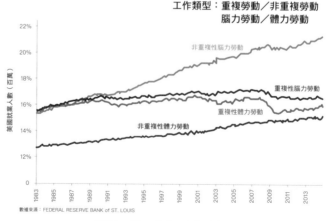

美國不同工作類型的就業成長概況

技術樂觀主義者可以繼續把這些憂慮斥為「盧德謬論」，但他們和現今一些最傑出的經濟學家的觀點相背。勞倫斯・桑默斯（Lawrence Summers）曾任世界銀行首席經濟學家，也是柯林頓總統任內的財政部長、歐巴馬總統任內國家經濟委員會的主席。近年，他開始提出警告，不能對技術改變和就業問題盲目樂觀。2014 年，他接受《紐約時報》採訪時說：「當然不是要停止技術變化，但是也不能認為市場的神奇力量會讓一切 OK。」[13] 布林優夫森也提出類似警告，呼籲正視財富創造和就業愈來愈脫鉤的問題。他說，這會是「我們社會在未來十年內面臨的最大挑戰。」[14]

AI：把 G 放到 GPT

前面討論的這些，跟 AI 又有什麼關係呢？我相信，AI 會變成另一項對世界影響重大的 GPT，在經濟生產和社會組織掀起一場革命。AI 革命的規模會像工業革命一樣，但可能會更大，速度絕對會更快。普華永道估計，到了 2030 年，AI 將為全球經濟增加 15.7 兆美元的產值。如果這項預測正確，這個產值將比中國現在的 GDP 還高，大約等於美國 2017 年 GDP 的 80%，而這 15.7 兆美元中有 70%預計將集中在中美兩國。

AI 革命帶來的破壞和衝擊，將比之前的經濟革命更廣大。蒸汽引擎基本上改變了體力勞動的本質，ICT 基本上改

變了認知勞動的本質，而 AI 會同時改變兩者，因為它可以執行多種不同的體能工作和智識工作，而且速度和效能遠遠勝過人類，大幅提升交通、製造到醫療等許多產業的效率。

和兩次工業革命的 GPTs 不同，AI 不會將經濟生產活動去技能化，把難度較高的工作分成好幾項不同的任務，由一群人數更多的低技能工作者來做。它會直接做完符合下列兩項條件的工作：1.）可以用資料和演算法優化的工作；2.）不需要社交互動的工作。在後面幾頁，我會詳細說明 AI 能和不能取代哪些工作。

沒錯，在過程中將會創造一些新工作，例如維修機器人、AI 資料科學家等，但 AI 還是會因為智能機器大量取代人力，對全球就業造成巨大衝擊。理論上，被搶了工作的人可以轉到其他比較難自動化的產業，但這件事本身就是一項高度破壞性的流程，需要很長一段時間。

硬體——更好、更快、更強大

然而，AI 革命不會給我們足夠的時間。和前幾次 GPTs 推動的經濟轉型相比，AI 帶動的經濟轉型會發生得遠遠更快，讓所有工作者和組織都忙於適應。工業革命橫跨了好幾個世代，AI 革命只要一代的時間就能對全世界造成巨大衝擊，這是因為有三項催化劑會加快 AI 的應用，而這些催化劑在蒸汽引擎和電力出現的年代並不存在。

　　首先，很多能夠提高生產力的 AI 產品，都只是數位演算法，可以被無限複製，立刻傳送到全球各地。這和蒸汽引擎、電力，甚至大部分 ICT 的硬體密集型革命完全不同。前面的技術轉型想要獲得動力，必須先發明一些實體產品，打造原型、生產、銷售、出貨給用戶。每次要改良硬體，就得再跑一次這樣的流程，不但會增加成本，還會有一些社會摩擦，延緩新改良品的採用。所有的摩擦都會拖慢新技術的發展，延長整個發展的時間，直到產品具有成本效益，才被業界廣泛採用。

　　但是，AI 革命大致上沒有這些限制。數位演算法的傳送，幾乎可以說是零成本，改善更新也是零成本。這些數位演算法（不是先進機器人），能夠快速推廣，接手大量的白領工作。現在，很多白領工作者主要負責吸收、處理資訊，再根據這些資訊做決策或建議，而這種流程正是 AI 演算法最擅長做的事。如果像這樣的產業，而且社交互動的成分很低，那麼機器取代人類的轉型就會發生得很快，而且是全面取代，因為這些工作不需要應付生產、出貨、安裝、現場維修等的麻煩事。當然，AI 機器人或自駕車的硬體，也會有傳統的成本和流程，但軟體沒有。所以，長期而言，這些機器的銷售會愈來愈好。如果再把推廣和改善的障礙降低，AI 的採用就會急速加快。

　　AI 普及的第二項催化劑，是很多科技業人士忽略的項

目，那就是創投業的誕生。在 1970 年代以前，創投——對高風險、高潛力的公司進行早期投資——基本上不存在。兩次工業革命的發明家和創新者，融資管道非常有限，要自己努力湊錢打造、推出產品，通常是透過個人財富、家人、富有贊助人或銀行貸款。但是，這些融資管道沒有誘因架構，好好獎勵對革命性創新的資助。創新融資的貧乏，代表了很多好點子可能從來都沒有獲得真正的機會，所以前幾次 GPTs 的成功應用非常緩慢。

今天，創投已經運作得非常好，專門投資新技術的開發和商業化。2017 年，全球創投達到歷史新高：1,480 億美元，[15] 受到軟銀（Softbank）1,000 億美元的私人募股「願景基金」（Vision Fund）影響，這筆錢將會分幾年投入。同年，全球創投投資 AI 新創公司的金額，躍升到了 152 億美元，[16] 跟 2016 年相比，成長了 141％。這些資金尋求投資像 AI 這樣的 GPT，看中 AI 帶來的生產力提升所創造的大量報酬，尤其喜歡一些能夠大量破壞、重新改造整個產業的射月計畫。未來十年，這些如狼似虎的創投資金，會加快新科技的應用和商業模式的迭代，盡情探索 AI 能做的每一件事。

第三項催化劑同樣明顯，但也經常遭到忽視，那就是中國的影響力。AI 會是中國首次能與西方國家並肩發展的現代 GPT，包括技術的研發與應用。在工業化、電氣化和電腦化的時代，中國遠遠落後，中國人民能貢獻的不是太多

（如果真有貢獻的話）。一直要到過去五年，中國互聯網技術才算追到能夠回饋資料和人才給全球的生態系統，而這項趨勢已經大幅度加速移動互聯網的創新。

在 AI 方面，中國的進步讓全球將近五分之一人口的研究才能和創造力，能對 AI 的推廣、應用有所貢獻。再加上新一代鬥士型的世界級創業家、獨特的互聯網生態系統，以及政府的大力推動，中國發展 AI 會成為一劑強力的催化劑，這是之前的 GPTs 都沒有的。

綜觀這些發展，我認為，下列這幾件事相當肯定。第一，在工業時代，新技術帶來長期就業機會和薪資的成長。第二，雖然新技術傾向改善經濟，但 GPTs 相對罕見而重大，應該單獨評估每一個對就業的影響。第三，在現代廣泛認可的三項 GPT 當中，蒸汽動力和電氣化大幅提升生產力和就業，ICT 提升了生產力，但未必提升就業，甚至導致已開發國家許多工作者的薪資下滑、貧富不均擴大。最後，AI 也會是一項 GPT，它的技能取向和被採用的速度（受到數位傳送、創投和中國的影響），將對就業和所得分配帶來不利的影響。

如果這些論點都相當肯定，那麼接下來的問題就很明確了：哪些工作會受到衝擊？情況有多嚴重？

AI 的「能」與「不能」：就業風險評估圖

在評估 AI 會取代哪些工作時，並不適合用傳統「低技能」vs.「高技能」的單面向角度來分析，要看實際的工作內容而定，AI 會創造出一批不同的贏家和輸家。在一些能夠用資料優化的狹窄任務，AI 的表現遠遠優於人類，但它仍然無法自然地與人類互動，肢體動作也不像人類那麼靈巧，做不到需要創意的跨領域思考，或是需要複雜策略的工作，因為這些工作的投入要素和結果，並無法輕易量化。右頁我用兩張圖來解釋一下，第一張分析認知勞動的工作，第二張分析體力勞動的工作。

在下面那張體力勞動分析圖上，X 軸的左邊是「低技能、結構化環境」，右邊是「高技能、非結構化環境」；Y 軸的下端是「弱社交」，上端是「強社交」。在認知勞動的分析圖上，Y 軸的上下一樣，從「弱社交」到最上頭的「強社交」，但 X 軸不同，從最左邊的「可用資料優化型」，到最右邊的「創意或策略型」。認知勞動的核心任務，如果涉及可用資料最優化的變數，例如決定最適合的保險費率，或是將退稅金額最大化等，就可以歸類為「可用資料優化型」的職業。

X、Y 軸把兩張圖分成四個象限：左下是「危險區」，右上是「安全區」，左上是「結合區」，右下是「慢變區」。落在「危險區」的工作，例如洗碗工、初級翻譯人員等，在

就業風險評估圖：認知勞動

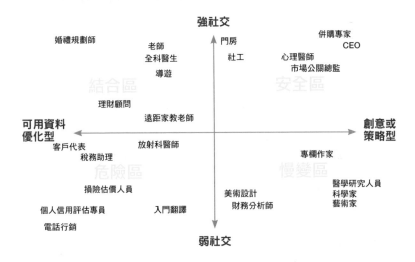

就業風險評估圖：體力勞動

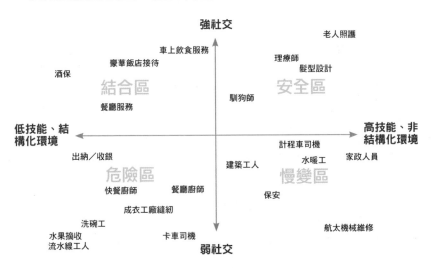

未來幾年被取代的風險很高；落在「安全區」的工作，例如心理醫師、居家看護等，在可預期的未來比較不可能被自動化。落在「結合區」和「慢變區」的工作，被取代的風險則是不一定，雖然目前不會被完全取代，但工作內容重整、技術穩定進步，都可能導致工作機會大量減少。後文會再討論，一份工作除了核心任務之外，通常還有很多不同的活動，這讓很多職業的自動化變得相當複雜。但就現在來說，我們可以使用這些劃分來思考、討論，哪些職業可能會被機器取代。

在左上角的「結合區」，很多偏向計算性質或體力性質的工作，已經可以由機器執行，但關鍵性的社交互動成分，使它們難以全面自動化。「結合區」這個名稱，反映出這個象限的工作如果自動化最可能的形式：幕後的優化工作由機器執行，人類變成跟顧客互動的社交媒介，人類和機器形成協作關係。「結合區」的工作，可能包括酒保、學校教師，甚至醫療照護者。這些工作被機器取代的速度有多快、有多少比例會消失，取決於公司改造職務內容的彈性，以及顧客和電腦互動的程度有多開放。

在「慢變區」的工作，例如管線工、建築工、初階美術設計等，並不仰賴人類的社交技巧，但需要人類的靈巧度、創造力，或適應非結構化環境的能力。這些能力對目前的 AI 來說還是顯著障礙，未來技術會慢慢克服這些障礙。這

個象限的工作被取代的速度，主要取決於 AI 能力的實際擴展，不是公司內部的流程創新。「慢變區」最右下角，是創意專業人士（例如科學家、航太工程師等），運用 AI 來加速自身進步的大好機會。

　　這兩張圖大致上讓我們了解，哪些種類的工作有被 AI 取代的風險，但經濟體系的就業情形又是如何呢？我們先來看看經濟學家的觀點。

學者研究怎麼說？

　　預測 AI 導致的工作流失規模有多大，已經變成全球經濟學家和顧問公司的基本功課。要看使用的是什麼模型，得出的預測結果從令人嚇得寢食難安，到完全都不用擔心都有。我在這裡簡單帶過幾份報告，介紹一些引發熱議的研究結果。針對中國市場做的好研究很少，所以我介紹的主要是針對美國市場做的研究和估計，再用那些結果來推測中國市場的可能情形。

　　2013 年，牛津大學兩位研究人員，發表了一份研究報告，做出可怕的預測：在未來十到二十年內，美國有 47％的工作可能被自動化。[17] 這篇報告的作者卡爾・弗瑞（Carl Benedikt Frey）和麥克・奧斯朋（Michael A. Osborne），請機器學習專家評估 70 種職業在未來被自動化的可能性，再把這些評估資料和一張機器學習主要的「工程瓶頸」清單（特

徵類似「安全區」的工作）結合起來，然後用機率模型預測
另外 632 種職業被自動化的可能性。

他們得出的結果是，在未來十到二十年內，美國有近半
數的工作非常危險。這樣的結果一出，當然引發了不小的騷
動。兩人特別審慎提醒，不要過度引申他們的結論；最重要
的是，這是在評估哪些工作「在技術上可以」由機器執行，
不是實際的工作流失，或是導致的失業規模。但是，後續的
媒體報導，基本上沒有說明這些重要細節，而是警告閱聽群
眾：有半數的工作者，很快就會失去工作。

其他經濟學家做出反擊。2016 年，經濟合作暨發展組
織（OECD）有三名研究人員，使用了另外一種模型，得出
似乎完全相反的預測：美國只有 9％的工作，可能被自動化
取代。[18]

為什麼差別會這麼大？這三位 OECD 的研究人員認為，
弗瑞和奧斯朋使用的「職業分析法」大有問題。兩位牛津大
學的研究人員，請機器學習專家評估一項職業被自動化的可
能性；OECD 的研究團隊則指出，不是整個職業、而是這些
職業的某些特定項目，會被自動化。OECD 的研究團隊認
為，只看職業，會忽略員工能夠做到、但演算法不能的多種
不同任務，例如團隊合作、面對面客服等。

有鑑於此，OECD 的研究團隊採用的是「工作任務分析
法」，把每一項工作拆解成許多不同的活動，再看有多少活

動可以被自動化。在這個模型中，報稅員不是只歸類成一種職業，而是一系列可被自動化的工作項目，包括檢查所得文件、計算最高可扣除額、檢查表格錯誤等，以及一系列無法被自動化的工作項目，包括和新客戶見面、向客戶解說等。然後，OECD 的研究團隊使用機率模型，計算有多少比例的職務是「高風險」──如果至少 70％的職務可被自動化，就屬於高風險。就這樣，他們發現，美國只有 9％的工作者，落入「高風險」的族群。然後，他們把相同模型用於其他 20 個 OECD 會員國，發現各國高風險工作的比例不同，從南韓的 6％到奧地利的 12％都有。這項研究結果似乎在告訴大家：別擔心！有些預測失業的研究報告，真是太誇張了。

毫不令人意外，這並未讓爭議落幕。OECD 研究團隊的方法，獲得不少研究人員採用，但得出的結果不盡然同樣樂觀。2017 年初，普華永道的研究人員使用這種方法做出預測，發現到了 2030 年代初期，美國 38％的工作有被自動化的高風險。[19] 這個數字和 OECD 的 9％相差太大了，但普華永道用來計算的演算法只是稍微不同而已。就像先前的研究報告一樣，普華永道的作者也指出，這只是在預估哪些工作「可能」被機器執行，實際的就業流失會因為適應問題、法規和社會動力減少。

在這些差異性頗大的預測分析之後，麥肯錫全球研究院（McKinsey Global Institute）的研究人員，得出比較居中的

估計結果。我協助他們研究中國的部分，並且合著了一份研究報告，預測中國的數位前景。麥肯錫團隊採用的也是「工作任務分析法」，估計全球有大約 50％的職務，已經可以被自動化；[20] 中國的數字稍高，是 51.2％，美國的稍低，是 45.8％。在估計工作「真正」被取代的情形時，麥肯錫的研究人員比較沒有那麼悲觀，如果全球快速採用自動化技術（前述預測設想的就是這種情景），到了 2030 年，全球將有 30％的工作活動可被自動化，但只有 14％的工作者必須轉職。

所以，這些研究的結論到底是？專家分析的差異性那麼大，美國的工作可被自動化的數字，從 9％到 47％都有。即使用的是一樣的方法（工作任務分析法），也有 9％到 38％的明顯差距，這種差距可能代表繁榮發展和嚴重就業危機的差別。但是，面對差異性如此大的預測，我們不是雙手一攤、繼續迷惑就好，應該認真思考這些研究告訴我們什麼、可能忽略掉什麼。

這些研究忽略了什麼？

我尊重所有經濟學者的專業，但我不能認同 OECD 研究團隊的預測，主要有兩點看法不同：1.）他們輸入公式的資料；2.）我對 AI 破壞勞動市場的看法不同。我比較傾向普華永道預測的數字，因為我對 AI 破壞勞動市場的看法不

同，所以我自己預測的數字甚至更高一點。

　　我不認同他們輸入公式的資料，是因為他們評估的是多年以前的機器技術能力。牛津大學研究人員 2013 年的那份報告，請機器學習專家評估 70 種職業在未來二十年內被自動化的可能性，再使用這些評估預測更廣泛職業被自動化的可能性。OECD 和普華永道的分析方法雖然不一樣，不是看整個職業、看工作任務，但他們還是用 2013 年的機器性能來評估未來。

　　當然，那些評估可能已經是那些專家當時所能夠做的最好推測，但機器學習過去五年來在正確度和效能上有了長足的進步，這當然會影響到結果。那些專家當時或許能夠預測到一些技術進步，但沒有幾個（如果真的有人的話），能夠預測到深度學習會進步得這麼好、這麼快。這些令人意想不到的巨大進步，擴展了 AI 在真實世界應用的可能，也增加了對就業的破壞力。

　　舉例來說，在 ImageNet 視覺識別大賽中，我們就可以看到最明顯的進步之一。在這項年度國際競賽中，不同隊伍的演算法，需要從數以百萬計的圖像，嘗試辨識數千種的物體──那是鳥、棒球、螺絲起子、蚊子等。ImageNet 很快就變成 AI 視覺識別的「世界盃」，也是電腦視覺進步的一項明顯標竿。

　　牛津大學研究人員邀請的機器學習專家，在 2013 年初

對機器學習能力做出評估時，深度學習在剛結束的 2012 年 ImageNet 競賽，也才首度驚豔登場。辛頓團隊使用深度學習，達到造紀錄的 16％錯誤率，已經是一項非常重大的進步，因為之前從來沒有團隊達到低於 25％的錯誤率過。

這足以喚醒整個 AI 界，注意這個名叫「深度學習」的東西，但這還只是初試啼聲而已。到了 2017 年，幾乎所有參賽隊伍都使用深度學習，把錯誤率降到 5％以下，接近人類執行同樣工作的正確率。也就是說，2017 年參賽的所有演算法，平均犯的錯誤只有 2012 年頂尖演算法的三分之一。自從專家在 2013 年做出預測之後，電腦視覺現在已經超越人類的能力，也在現實世界中大量擴展應用。

AI 進步神速的地方，當然不只是電腦視覺這個領域，在語音識別、機器閱讀、機器翻譯等領域，都不斷地刷新紀錄。雖然這些進步的能力，並不構成 AI 的根本性突破，但成功開啟了創業家的眼界和想像力。考量到這些技術進步和不斷出現的新應用，綜合起來，我比較同意普華永道的預測：到了 2030 年代初期，美國 38％的工作有被自動化的高風險。

兩種工作流失：一對一取代；徹底破壞

除了不認同評估的方法，我認為，只看職務內容，會忽略掉另一種完全不同的潛在工作流失，那就是由於 AI 新商

模所導致的整個產業遭到破壞。為了和前面兩種方法加以區別，我稱為「產業分析法」。

我的看法不同，也是由於專業背景不同。前面討論過的很多研究報告，都是經濟學家做的。我是科技業人士，也是早期投資人。在預測哪些工作可能有被自動化的風險時，經濟學家看的是人類會完成哪一項任務，然後比較機器是否能夠完成一模一樣的任務；換言之，工作任務分析法只會考慮機器一對一取代人類的可能性。

但我的專業背景，訓練我用不同方式來看這些問題。生涯早期，我擔任研究人員，負責把尖端 AI 技術做成實用產品。現在，我是創投業者，投資、幫助建立新創公司。這些工作經驗訓練我用兩種層面，來看 AI 對就業造成的威脅：1.）一對一取代；2.）徹底破壞。

我投資的很多 AI 公司，都在追求打造一種能夠取代特定種類工作者的 AI 產品，例如能夠取代倉庫員工搬運貨物的機器人，或是能夠取代計程車司機的自動駕駛演算系統。如果成功的話，這些公司會把產品賣給其他企業，很多企業可能會因此裁掉冗員。這種一對一的工作取代，就是使用工作任務分析法的經濟學家所評估的項目；在這個領域，我認為普華永道 38％是合理的估計。

但是，還有另一種完全不同的 AI 新創公司，會重新想像一個產業，做的產品不是一對一取代人類的工作；基本

上，是尋求完全不同的新方法，滿足整個產業用人的基本需求。比方說，像第 5 章介紹的智融集團，他們用 AI 來核貸，不雇用人類審核員；或是像無人便利商店 F5 未來商店（F5 Future Store），創造出來的購物體驗很像 Amazon Go，不用人類收銀員；另外，還有像今日頭條這樣的公司，打從一開始就用演算法來撰寫新聞，不雇用編輯。在這些公司，演算法並未取代人類的工作，因為它們打從一開始就沒有雇用人類。因為成本降低、服務優質，這些公司的市占率很快就會提升，對雇用大量員工的競爭對手形成壓力，讓它們最

F5 未來商店，銷售現做鮮食、飲品和百貨

終被迫轉型，運用 AI 來改造整個工作流程、減少雇員，否則營運可能節節敗退，最終導致關門。不管是哪一個，最後的結果都相同——人類工作者減少。

　　像這種工作流失，基本上不被經濟學家採用的工作任務分析法考慮在內。如果用工作任務分析法評估新聞 app 編輯的工作可被自動化的程度，就會發現有好幾十種任務是機器無法執行的，包括機器無法閱讀、理解新聞和特稿，也無法評估內容的合適性，或是和記者與其他編輯溝通等。但是，今日頭條的創辦人在做這款 app 時，想的並不是如何完成這些任務的演算法，而是重新想像新聞 app 如何執行核心功能，可能是策展用戶想要看的一系列新聞報導，然後用 AI 演算法來執行這些核心功能。

　　我估計，這種徹底破壞將會影響大約 10％的美國勞動力，最受衝擊的產業會是工作內容可被大量優化、加上外部行銷或客服的產業，包括速食業、金融服務業、保全業，甚至放射線醫學。據報導，花旗集團總裁傑米‧福雷斯（Jamie Forese）表示，在未來五年內，花旗集團投資銀行業務技術和營運員工，最多將裁員一萬人，占現有員工總數的一半。[21]

　　這些改變會影響到「結合區」的就業，公司可能會整合跟顧客互動的工作，交給少數員工去做，讓演算法執行絕大部分單調、乏味的幕後工作。結果就是，這些領域的工作會

大量減少，但不至於所有人類工作被完全取代。

我的估計

把這兩種可能被自動化的工作加總起來——38％的一對一取代 +10％的徹底破壞——我們面臨了巨大的挑戰。我估計，在未來十到二十年內，從技術上來說，美國有 40％～50％的工作可以被自動化。至於沒有被完全取代的員工，職務將有愈來愈多的部分被自動化，導致他們對公司的價值持續下降，和公司議價薪資的能力也減少，長期而言甚至可能被裁員。我們會看到更多失業者搶奪愈來愈少的工作，這會讓薪資降低，迫使很多人做缺乏福利的兼職或「零工經濟」（gig economy）的工作。

但是，這不是說美國將會面臨 40％～ 50％的失業率，我在第 1 章也表達過這點。社會摩擦、法規限制和固有慣性，都會大量延遲實際的工作流失率；再者，也會有新的就業機會被創造出來，抵消一部分因為 AI 導致的工作流失，我在後文也會再討論到這點。所以，這些因素都可以把 AI 導致的實際失業率，減半到 20％～ 25％，或者甚至更低，只剩下 10％～ 20％。

這些估計和貝恩策略顧問公司（Bain & Company）2018 年 2 月發布的實際工作流失估計一致，這是截至本文寫作為止，最新的一份研究報告。貝恩採用的方法是總體分析法，

不是分析工作任務或職業，嘗試了解三大作用力對全球經濟的影響：人口結構、自動化和貧富不均。貝恩的分析得出驚人的結論：到了 2030 年，雇主需要的員工人數將會減少20％～ 25％；意思是說，美國大約有 3,000 萬～ 4,000 萬的人需要轉業。[22]

貝恩表示，有些人會轉入現在幾乎不存在的新行業（例如機器人維修），但這些再吸收也彌補不了大量持續被取代的工作流失。而且，自動化帶給人們的衝擊，將遠遠大於這20％～ 25％減少的員工人數；這份研究報告估算，如果綜合考慮到被取代的工作、薪資縮減等因素，有整整 80％的工作者將會受到影響。

這對所有在職家庭來說，都會造成嚴重的衝擊。更糟的是，這不是暫時性的衝擊，不像 2008 年全球金融危機之後，美國的失業率短暫升高到 10％。如果不去關注這個問題，它會變成新常態──一個智能機器充分就業，一般工作者持久蕭條的年代。

中美的工作流失比較：莫拉維克的復仇

那麼，中國的情況呢？在這全新的經濟中，中國的工作者又會變得如何？到目前為止，找不到幾篇關於自動化對中國就業市場影響的好報告，但普遍認為，中國人受到的衝擊將會更大，因為智能機器人將會終結這座「世界工廠」的黃

金年代。這種預測是根據中國的勞動力結構，以及哪些工作將會被自動化的直覺觀點。

中國有超過四分之一的工作者仍是農工，另外四分之一則是從事工業生產；相較之下，美國務農工作者不到 2％，從事工業生產的人大約占了 18％。一些趨勢分析專家，例如《被科技威脅的未來》（*Rise of the Robots*）作者馬丁・福特（Martin Ford）認為，這麼大量的重複性體力勞工，可能讓中國「成為因為機器人崛起，經濟和社會裂解的『原爆點』（ground zero）。」[23] 一些比較具有影響力的科技評論家，例如維韋克・瓦德華（Vivek Wadhwa）也提出類似預測，認為智能機器人將會侵蝕中國的勞動力優勢，使得製造業全面回流美國，但不會多創造人類的就業機會。瓦德華寫道：「美國機器人和中國機器人一樣勤奮，而且都不會抱怨，也不會加入工會。」[24]

稍微看一下自動化的近代史，就可以理解這些預測。回顧過去一百年的經濟發展，藍領階級和農工因為勞動自動化遭受到最嚴重的工作流失；工業和農機用具（例如堆高機、拖拉機等），大幅提高每個勞動者的生產力，讓這些領域的勞工需求減少。在預測 AI 時代的類似轉型，一般都會認為中國農工和工廠工人，肯定受到智能自動化的最大影響；美國服務業導向和白領階級為主的經濟，在潛在的工作流失方面，比較會有緩衝空間，這是因為受到大學學歷和六位數所

得的保護。

　　我認為，這樣的看法稍嫌落後了。中國的確會因為自動化而面臨痛苦的勞動市場轉型，但這個轉型完成的速度，會比衝擊美國經濟的工作流失，來得更晚或更慢。工廠裡頭最簡單、重複性最高的工作（例如，品管和流水線裝配等），未來幾年可能被自動化，但其餘的勞動工作則是比較難被機器人取代，這是因為 21 世紀的智能自動化，和 20 世紀的勞動自動化不同。簡單來說，做演算法比做智能機器人要容易得多。

　　關於這個論點，有一個很著名的學說，叫做「莫拉維克悖論」（Moravec's Paradox）。提出這項悖論的人是漢斯・莫拉維克（Hans Moravec），他是卡內基美隆大學的教授，也是我的老師。他在 AI 和機器人學的研究，使他得出這項基本真理：和一般人想的不一樣，讓 AI 模仿成年人高階智慧或運算能力比較容易，但要讓機器人具備幼童的感知能力和感覺動作技巧，遠遠困難得多。如果是用資料來做預測，演算法可以完勝人類，這沒有問題。但現在的機器人，還不能做房務員的工作；也就是說，AI 在智識的表現比較好，但機器人移動手指的能力，基本上還是十分笨拙。

　　「莫拉維克悖論」在 1980 年代提出，在這三十幾年間，情況有了一些改變。深度學習的出現，讓機器在聲音或視覺方面，具備超人的感知能力。機器學習的突破，也加強了機

器的智能,也就是從大量資料辨識型態的能力,以及做決策的能力。然而,機器人的細部動作技巧,例如抓取、操作物體的能力,仍然遠遠落後人類。AI 現在雖然能夠擊敗最頂尖的人類圍棋手,也能夠高度正確診斷癌症,但還是聽不懂人類的笑話。

演算法普及,機器人崛起

演算法和機器人的實際發展,對 AI 導致的工作流失有重要的影響。上個世紀的勞動自動化,主要衝擊的是藍領階級;未來數十年的智能自動化,首先則會衝擊白領階級。事實是,這些工作者應該先擔心現在的演算法,而不是擔心未來還需要一直改善、進步的機器人。

簡單來說,現在的 AI 演算法對很多白領階級來說,就好比上個世紀拖拉機對手耕農民造成的威脅,能夠大量增加每個工作者的生產力,導致產業需要的總員工人數減少。不過,和拖拉機不同的是,演算法能夠在不增加什麼成本的情況下,立刻傳送到世界各地。而且,軟體在送到大量用戶端之後,包括報稅公司、氣候變遷實驗室、律師事務所等,可以持續改善、更新,不需要製造新的實體產品。

但是,要做機器人就遠遠困難得多了,需要精密結合機械工程、感知 AI 和精細動作的操作。雖然這些都是可以解決的問題,但研發速度遠遠不像軟體那麼快,已經可以處理

白領階級的認知勞務。此外，機器人生產出來以後，還要經過測試、銷售、運送、安裝、維修等流程，雖然調整機器人的軟體，有時遠距離處理就好，但機械故障需要動手修理，這些摩擦都會延緩機器人自動化的速度。

當然，這絕對不是說，中國的體力勞動工作安全無虞。可以想見，噴灑農藥的無人機、卸貨的倉庫機器人、具有視覺能夠執行工廠品管的機器人，都會導致相關領域的工作大幅減少。而且，中國公司已經大筆投資研發、製造這些智能機器，中國現在也已經是全球最大的機器人市場，購買的數量幾乎等於歐洲和美洲的總和。中國的公司執行長和政治領導人，聯手推動許多工廠和農場持續自動化。

不過，比起演算法對白領的強烈衝擊，中國藍領的工作流失會比較緩步發生。對的演算法對認知勞動的衝擊就像飛彈一樣，而機器人對體能勞動的衝擊，則是像壕溝戰一樣。長期來說，我認為，中美兩國因為自動化有風險的工作數量相近。美國教育比較偏重創意和人際技巧，時間夠長的話，在就業上比較具有優勢；但如果是適應這些改變，速度最重要，而中國特殊的經濟結構，能夠爭取到多一點的時間。

AI 強國與全球發展

不管中美兩國的差距如何，如果跟這兩個 AI 強國和世界其他地方的差異相比，簡直就是小巫見大巫。矽谷的創業

家們，喜歡把他們的產品描述為「大眾化」、「連結人們」、「讓這個世界變得更好」。這種期望用科技來解決全球不均的願景，向來都是一種美好的憧憬；但在 AI 時代，這種憧憬可能變得遠遠更加危險。如果不去關注、處理，AI 會大幅加劇國際和國內的貧富不均，甚至導致 AI 強權和全球其他國家不和，以及社會各階層的分化，就像郝景芳反烏托邦科幻小說描繪的情景。

不管從技術或產業的角度來看，AI 都自然傾向形成壟斷。前文提過，它需要大量的資料來做出改善，這會形成一個自我永續的良性循環：更好的產品吸引到更多的用戶，更多用戶產生更多資料，更多資料產生更好的產品，然後又會產生更多的用戶和資料。一旦公司取得早期領先，這種持續性的重複循環，可能會讓原本的領先，擴大成一個其他公司完全無法進入的巨大障礙。

中美兩國的公司，已經啟動這種發展，遙遙領先世界其他國家。加拿大、英國、法國和其他一些國家，雖然也有一流的人才和實驗室，但通常缺乏成為 AI 超級強權需要的其他要素：龐大的用戶群、蓬勃發展的創業和創投生態系統。除了倫敦的 DeepMind，目前還沒有看到比較開創性的 AI 公司崛起在這些國家。AI 七巨人 —— 谷歌、臉書、亞馬遜、微軟、百度、阿里巴巴、騰訊，以及一群壓倒性比例的頂尖 AI 工程師，全都集中在美國和中國。他們建立了巨量

的資料庫，不斷餵資料給各種產品，包括自駕車、語言翻譯軟體、無人機、人臉識別系統、自然語言處理等。這些公司累積的資料量愈多，其他國家的公司就愈難競爭。

隨著 AI 更深入經濟生活的每個層面，大量的利益也會流向這些資料和 AI 人才的堡壘。普華永道估計，到了 2030 年，AI 將為全球經濟增加 15.7 兆美元的產值，中美將囊括其中的 70％，光是中國就占了 7 兆美元。[25] 至於其他國家，只能分食一些殘羹剩飯。中美兩個 AI 強國本土的生產力，將會大幅提升，收割全球市場的獲利。美國公司可能占據許多已開發國家的市場，中國的 AI 巨人比較有機會贏得東南亞、非洲和中東市場。

我擔心，這種發展會讓 AI 強弱國的差距明顯拉大，讓財富和利益大量集中在 AI 強國，至於沒有跨越技術和經濟門檻的國家，則會發現自己被遠遠甩在後頭，愈來愈落後。未來，會有愈來愈多的製造和服務業，由 AI 強國的智能機器執行，開發中國家則是喪失早年啟動經濟發展的一項競爭優勢：低薪的工廠勞力。

這些國家最大的優勢，曾經是大量的年輕人口。但在 AI 時代，這些人很多可能會被機器取代，無法找到具有經濟生產力的工作。這種巨大的變化，會讓他們從原本的成長引擎，變成納稅人的負擔。如果政府無法滿足他們追求更好生活的需求，他們很可能會變成社會不定時的炸彈。

如果沒有脫貧的機會，貧窮國家將陷入停滯蕭條，AI強國則會繼續繁榮發展下去。我擔心，這種不斷擴大的經濟差距，將會迫使貧窮國家淪落到幾乎完全依賴、屈從的狀態，政府可能會試著和供應技術的 AI 強國協商，拿本土市場和資料交換經濟支援，或如菲律賓、印尼成為家庭保姆輸出國家。最後不管達成什麼協議，都不會是以平等為基礎。

AI 不均機器

不過，這種兩極化的情形，除了在全球經濟發生，也會在 AI 強國本土發生。AI 自然傾向壟斷的發展，會讓數十種產業產生贏家通吃的情況；AI 偏重特定技能，會形成二分化的就業市場，排擠掉中產階級。生產力和薪資的「大脫鉤」，已經將社會撕裂出 1％和 99％的大鴻溝，如果任其自然發展，我擔心只會再加大這道鴻溝。

在線上世界，已經看到這種壟斷化的趨勢。網際網路原本是自由競爭的世界，是個公平賽場，但在短短幾年內，很多核心網路功能已經被壟斷。在大部分已開發國家中，谷歌主宰了搜尋引擎，臉書稱霸社群網絡，亞馬遜傲視電商群雄。中國互聯網公司比較願意嘗試多元化發展，所以這些巨人之間彼此會有更多的競爭，但中國絕大多數的線上活動，還是透過少數幾家互聯網龍頭。

AI 會把這種壟斷的傾向，帶到數十種產業，破壞市場

的競爭機制。我們可能會看到一個新的企業寡頭快速崛起，一些運用 AI 的產業冠軍，透過資料的良性循環不斷壯大，直到完全無可匹敵。在這種情況下，美國的反托拉斯法往往難以有效執行，因為美國法律要求起訴人舉證，證明壟斷確實傷害消費者，但 AI 反而可以用愈來愈便宜的價格，把愈來愈好的服務提供給消費者，這是因為這項技術的驚人生產力和效率所致。

但是，這些 AI 壟斷商雖然會讓價格降低，卻會擴大貧富不均。企業獲利肯定劇增，高階主管的財富也會暴漲，至於有遠見幸運參與的工程師，身價當然水漲船高。只要想像一下就知道了，Uber 如果用自駕車取代人類司機，會有多麼賺錢？如果不再需要人類勞工製造 iPhone，蘋果公司的盈餘能夠提高多少？或是，如果沃爾瑪（Walmart）不再需要收銀員、倉庫員工或貨車司機，公司的獲利能夠增加多少？

就業市場的二分化，導致個人所得不均的情況更加明顯。在 AI 時代，繼續存留的人類工作，不是頂尖人才的高薪工作，就是比較辛苦的低薪工作。從前面兩張就業風險評估圖可以看出，最難被自動化的工作，也就是右上角的「安全區」，包含所得光譜兩端的工作：執行長 vs. 居家照護人員，創投家 vs. 按摩師。但中產階級有許多職業，包括貨車司機、會計師、企業經理人等，都會被架空。當然，這些工作者可以試著轉入一些強社交、需要高度靈巧的「安全區」

職業。技術樂觀主義者就指出，居家看護是美國成長最快速的職業，但這也是薪資最低的職業之一，年薪大約 2.2 萬美元。要是一大堆失業者搶著做這份工作，只會讓薪資降低的可能性變得更大。

在把更多人逼向這些職業的同時，富人們會持續利用 AI 來獲取巨大財富。這不只會創造出一個非常不均的社會，我擔心，這樣的社會無法永續發展，而且會非常不穩定。

前景並不樂觀

展望未來的經濟發展，AI 會創造出人類史上前所未見的財富，這點應當值得慶賀；但如果任其自然發展，AI 也會造成全球財富分配更嚴重不均。AI 弱國沒有機會攀爬經濟發展的階梯，甚至可能淪落到永遠屈從的地位；AI 強國會累積巨大的財富，但也會目睹經濟壟斷的情況變得愈來愈嚴重，而且二分化的就業市場，會讓社會的經濟階級變得非常明顯。

不過，這不是資本主義另一波新的創造性破壞，會像以前一樣引領出一波新的均衡，創造更多就業、更高薪資，讓所有人的生活品質變得更好。自由市場理應會自我修正，但這些自我修正的機制，在 AI 驅動的經濟將會失靈。低成本勞力相較機器不再具有優勢，這些資料導向的壟斷型企業，將會不斷地自我強化下去。

　　這些條件結合起來，創造出史上未見的獨特現象，撼動了勞動市場、經濟和整個社會。就算預測的工作流失沒有完全實現，貧富不均對整個社會的衝擊也很嚴重。我們或許永遠也不可能打造出郝景芳科幻小說中的那種折疊城市，但 AI 可能創造出 21 世紀的社會階級制度，把人口區分成 AI 精英階級，以及歷史學家哈拉瑞（Yuval Noah Harari）所謂的「無用階級」——永遠也無法創造出足夠的經濟價值、能夠自我維生的人。[26] 更糟的是，近代史告訴我們，在嚴重不均的情況之下，我們的政治體制和社會結構有多麼脆弱。我擔心，近期的動亂相較於 AI 時代的破壞力量，也不過是場小演習而已。

AI 時代，人生的意義是什麼？

　　AI 為人類社會帶來的混亂，將發生在政治、經濟和社會層面，也會在個人層面造成巨大的影響。在工業革命後的幾世紀間，工作逐漸變成不只是一項生計，也是個人自尊、身分、生活意義的源頭。在社交場合中，要自我介紹或介紹他人時，我們常常會先提到職業。工作占據了我們的生活，提供一種規律感，讓我們和其他人連結、互動。固定收入不只是一種勞務報酬，也象徵了個人對社會的價值，對共同計畫有所貢獻。

　　破壞了這些社會連結，或是迫使人們向下流動，傷害的

遠遠不只是財務生活，也會直接打擊到我們的身分認同和人生目的感。法蘭克・華許（Frank Walsh）是個被裁員的電工，2014 年接受《紐約時報》採訪時，如此描述失業帶給他的心理打擊：「我喪失自我價值感。你懂我的意思嗎？以前，人家問我：『你是做什麼的？』我回答：『電工。』現在，我無法這樣回答，因為我不做電工了。」[27]

失去人生意義和目的感，後果可能非常嚴重。研究發現，失業長達六個月的人，罹患憂鬱症的可能性提高為三倍；[28] 待業者自殺的可能性，是有收入受雇者的兩倍。失業率上升，酒精和藥物濫用的情形也上升。一些學者把教育程度低的美國白人死亡率上升，歸因於經濟成就差，稱這種現象為「絕望死」（deaths of despair）。[29]

AI 導致失業所造成的心理傷害將會更深，因為很多人可能不是暫時性失業，而是長久被排除在整個經濟運作之外。「演算法和機器人那麼簡單就能做得比我又快又好，但這些技能可是花了我一輩子的時間」，這是什麼樣的感覺？可能令人覺得自己非常沒用，感覺自己完全被時代淘汰。

AI 經濟的贏家，將會大力讚嘆這些機器的驚人力量。但是，其他人必須思考一個更深層的問題：當機器能夠取代我們，做得比我們更快、更好，人生的意義是什麼？

我在陷入個人最大的危機時，也曾不斷反覆思考過這個問題。那場危機把我帶入一個幽黑之地，考驗我身體的極

限，挑戰我對人生最重要的事情的認知。但那段過程（和痛苦），也開啟了我的眼界，讓我看到人類和 AI 故事的另一種結局。

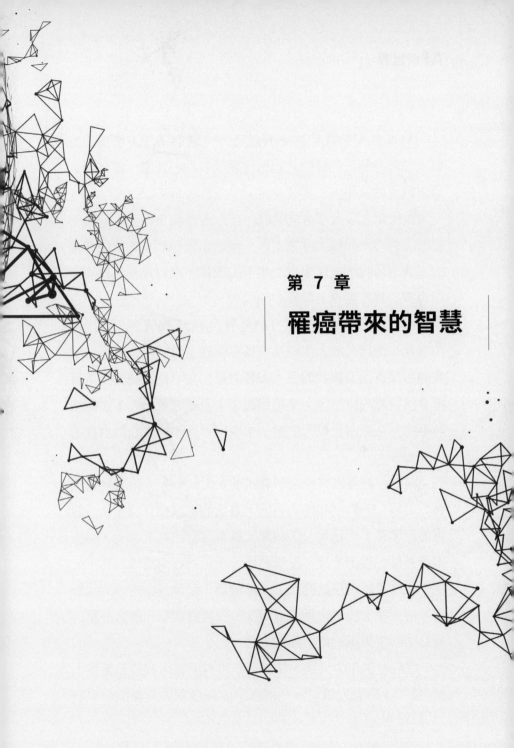

第 7 章

罹癌帶來的智慧

AI 時代帶給我們的重要思考——關於工作、價值、身為人類的意義等的疑問，也曾經觸及我內心深處，讓我深刻反省自己的人生。

我成年之後大部分的時間，可以說是個工作狂。我幾乎把所有的時間和精力拿來工作，留給家人和親友的時間非常少。我的自我價值感來自工作上的成就，來自我創造經濟價值、擴展我在世界上影響力的能力。

我的研究生涯主要在打造更強大的 AI 演算法，在過程中，我也把自己的人生視為一種有明確目標的優化演算法。我的目標就是要讓我的個人影響力最大化，把不能對這個目標有所貢獻的東西，全部縮到最小。我試著量化人生中的所有事物，在所有「投入要素」中取得平衡，一直在微調我的演算法。

當然，我並沒有完全忽略我的太太和女兒，但我總是只花「足夠」的時間和她們相處，讓她們不致抱怨我。一旦我覺得已經花了「足夠」的時間，就會立刻回到工作上，回回電子郵件、推出產品、投資其他公司、進行演講等。為了工作，我的身體也自動變成了一部機器，就算是在熟睡的狀態中，每天晚上我會自動醒來兩次——凌晨兩點和清晨五點，只為了回覆美國的電子郵件。

這種對工作的沉迷，當然不是沒有回報。我成為世界上頂尖的 AI 研究人員之一，創辦了亞洲最頂尖的電腦科學研

究機構，也成立谷歌中國，後來又創辦了創新工場，寫了幾本中文暢銷書，在中國最大的社群媒體之一，有一個人數超過 5,100 萬的粉絲群。從任何「客觀」指標來看，我的「個人演算法」，都稱得上非常成功。

然後，突然有一天，這一切戛然而止。

2013 年 9 月，我被診斷罹患淋巴癌第四期，我的心智演算法和個人成就，突然間完全當機。這些東西現在都救不了我，它們不能安慰我，給我任何意義。就像很多突然被迫面對死亡的人一樣，我不僅擔心自己未來所剩的時間，也對過去的人生感到非常懊悔。

年復一年，我忽略了和身邊最親近的人相處、相愛的機會。我的家人無私給了我許多溫暖和關愛，我卻用冷冰冰的算計來回應他們。事實上，我一心追求創造出像人類那樣思考的機器，我自己卻變成了一部機器。

我的癌症病情後來獲得控制，但這段與死神拔河的過程，讓我產生了不少頓悟，讓我學會重新安排優先要務，完全改變了我的生活方式。現在，我花遠遠更多的時間和太太與女兒相處，也搬得離年邁的母親更近一點，並且大量減少我在社群媒體上的時間，把這些時間用來和年輕人見面，試著幫助找上我的人。我請求曾經被我錯待的人的原諒，嘗試當一個更友善、更有同理心的同事。最重要的是，我不再把人生當成一種最大化影響力的演算法，我把心力投注在一件

事，我發現這件事對人生真正有意義，那就是和周圍的人分享愛。

這個瀕死經驗，也讓我對人類如何與 AI 共存有了新的觀點。沒錯，這項技術將會創造巨大的經濟價值，也會摧毀大量的工作機會，如果我們一直陷在把我們的經濟價值和我們身為人的價值劃上等號，轉型到 AI 時代將會摧毀我們的社會，嚴重傷害我們的個人心理。

還有另一條路，那是一個讓我們利用 AI，加倍下注於使人真正為人的東西。當然，這條路並不容易，但我相信那是我們在 AI 時代，不只能夠繼續生存下去，而且能夠繁榮發展的最佳希望。這是一段我個人走過的歷程，讓我把焦點重新從機器轉回到人類身上，從智能轉回到關愛上面。

1991 年 12 月 16 日

我身旁是產房的忙亂場景，醫生和護士進進出出，查看數據，更換點滴。我的太太先鈴，正躺在病床上，準備經歷人類身心的最大挑戰──把另一個人帶到這個世界上。這天是 1991 年 12 月 16 日，我即將初為人父。

主治醫師告訴我，這個生產過程會比較複雜一點，因為我們的寶寶頭上腳下、胎位不正，意思就是，先鈴可能需要剖腹產。我在房間裡面焦急踱步，比大多數的新手爸爸多了幾分煩惱，我很擔心先鈴和寶寶的安危，但我的心思並不完

全都在這裡。

這天也是我要對約翰・史考利（John Sculley）進行重要簡報的日子，他是我在蘋果的執行長，也是全球科技界最有影響力的人之一。一年前，我加入蘋果擔任語音識別首席科學家，這場簡報要爭取史考利的支持，讓蘋果把語音合成做在每一部 Mac 電腦裡，讓所有的新款 Mac 電腦都有語音識別系統。

可是，先鈴的生產過程，卻一直沒有明顯的進展。我不停地瞄向時鐘，真心希望我們的寶寶能夠及時出生，讓我既能夠在現場迎接寶寶，也趕得及回總部簡報。我在房裡焦急踱步之際，同事打了一通電話給我，問我是不是要取消會議，或是請同事代理，幫我向史考利做簡報。

「不要取消，」我告訴他們：「我想，我趕得上。」

但是，產程卻一直拖著，眼看著好像就要趕不上了。我真的非常左右為難——到底是要留在先鈴的身邊，還是趕赴重要的會議？像這樣的「問題」，會自動啟動我那訓練有素的工程心智。我會權衡所有的條件，最大化我對所有可量化結果的影響力。

親自迎接第一個寶寶，這當然是一件很棒的事，但不論我在不在現場，我的女兒都會出生。但是，如果我錯過對史考利做簡報，後果將會十分重大，而且可直接量化。也許，語音軟體對我同事的反應不會那麼好（我知道怎麼讓它表現

最好），史考利可能暫時不會考慮支持這項計畫，也可能他
會通過這項計畫，但是讓別人負責執行。我想像著我的 AI
研究的各種命運，為了讓成功的機會最大化，我一定得在
簡報現場。

當我在腦海裡做這些計算時，我們的醫生通知我，必須
立刻進行剖腹產。先鈴就這樣被匆匆推進了手術室，我也
跟在一旁。不到一個小時，我們輪流抱著剛出生的女兒，
開心極了。在共處了一些時間之後，我剩下一點時間趕赴
那場簡報。

簡報進行得非常順利，史考利通過我們的計畫，要求強
力宣傳我開發的東西。後續的宣傳活動，包括一場 TED
Talk、《華爾街日報》的報導，我們也在 1992 年上了美國廣

1992 年，我在蘋果開發的語音軟體上了《華爾街日
報》的頭版

播公司（ABC）《早安美國》（*Good Morning America*）的晨間新聞。史考利和我，向全美數以百萬計的觀眾示範這項技術。在節目上，我們用聲控安排了一場會議、開了一張支票、放了一卷錄影帶，示範一些頗具未來性的功能。二十年後，蘋果 Siri 和亞馬遜 Alexa 問世之後，這些功能才成為

1992 年，史考利和我上《早安美國》示範語音識別系統的操作

主流。這些勝利，讓我充滿了個人榮耀，也大力加速了我的職涯發展。

　　但回顧起來，我最記得的並不是這些事業成就，而是那一天在產房裡的情景。如果那一天，我真的必須被迫選擇，我可能會選擇那場簡報。我得承認，今日回想起來，我覺得這件事真的很令人難為情，雖然我的考量不是沒有原因，但那不是因為一場簡報，而是因為數十年來，我都像機器一樣思考。

他們叫我「鐵人」

　　年輕時，電腦科學和人工智慧深深吸引著我，演算法的清晰邏輯，反映了我本身的思維。當時的我把生活裡的每一件事──友誼、工作、家庭時間等，全部當成變數或輸入要素，灌進我的心智演算法。這些東西必須被量化，經過仔細

計算，以達成特定結果。

　　跟任何優秀的演算法一樣，我當然必須評估多項目標。自駕車不是只要用最快的速度把你送回家就好，還必須不違法，讓所有的意外風險降到最小。所以，我也得在個人生活和職業生活之間做出選擇。我當然不是一個完全缺席的父親、怠慢妻子的丈夫（雖然有前文的這種案例），或是一個不知感恩的兒子。我的社交演算法還算夠好，能夠記得結婚紀念日，也會買一些貼心的禮物，並且抽空和家人共處一些時間。

　　但是，我盡量最小化這些付出，用最少的時間達成我想要的結果。我總是最重視主要的演算法，最看重我的職涯目標——如何將工作時間、個人影響力，以及我的專業地位最大化。

　　如果我有四週的休假，我會花一、兩週的時間，回台灣陪伴我的母親，或是在北京陪伴我的家人。然後，我會立刻回到工作上。就算因為動了手術，我必須臥床兩週，我還是放不下工作，把電腦用一支金屬手臂架在枕頭

我在家裡臥室安裝的金屬工作架

上方，腿上連了一組鍵盤和滑鼠。在動完手術幾個小時之後，我就開始回覆電子郵件了。

　　我希望我的同事、老闆和粉絲，把我當成一部具有超級生產力的機器，工作量是正常人的兩倍，只需要一半的休息時間。無形中，這也對我的團隊發出暗號：我期望他們同樣努力。我的同事開始叫我「鐵人」，不諱言，我也喜歡這個綽號。

　　這種近乎瘋狂的工作態度，為我帶來前景十分明亮的人生。我有機會站上全球科學的最前沿、世界商務的高峰，變成備受關注的全國名人。2013 年，我很榮幸獲選為「時代百大人物」（*Time* 100），[1] 名列《時代》雜誌每年評選出全球最有影響力的 100 個人。

你希望墓碑上刻什麼字？

　　這些成就，每一項都更加點燃我的內心之火，讓我工作更賣力，甚至向無數的年輕人倡導這種生活方式。我寫了幾本中文暢銷書，書名包含《做最好的自己》[2]、《世界因你不同》，[3] 受邀到中國各地的大學校園，對莘莘學子進行勵志演講。歷經幾世紀的貧窮之後，中國再度崛起成為一個全球強國，我鼓勵學生抓住這樣的時機，在歷史上留下一番功績。

　　很諷刺地，我會用一個鮮明的想像，當作這些演講的結語——想像我的墓碑要刻什麼字。我告訴莘莘學子，想要找

到自己的天職，最好的方法就是想像你希望在墓碑上刻哪些
文字。我說，我的使命很明確，也已經想好墓碑上要怎麼
寫了：

> 李開復長眠於此
> 他是科學家、企業主管
> 透過在頂尖科技公司的努力
> 把複雜的科技進步
> 變成人人可用，並且受惠的產品

這樣的演講結語非常振奮人心，和中國上下的積極抱負
產生了絕佳共鳴。中國的發展與成長速度屢創高峰，全國的
興奮之情溢於言表。我覺得我的演講如魚得水，影響力達到
頂峰。

在我離開谷歌中國、創辦創新工場之後，我開始花更多
時間指導年輕人。我透過微博的龐大粉絲團，直接和中國各
地的學生互動，指引他們，並且撰寫公開信，這些公開信後
來也集結成書出版。我還是中國最具聲望的創投基金之一的
領導人，但各地的學生開始稱呼我為「開復老師」，在中國，
這是一種結合尊敬和親近的稱謂。

能夠身為數千萬學生的導師，這樣的角色讓我由衷感到
非常光榮。我相信，這樣的轉換，證明了我的無私，以及我

想幫助別人的真切渴望。所以，我在中國的大學校園繼續進行演講時，還是保留了墓碑這一段，但我想在墓碑上刻的文字改變了：

> 李開復長眠於此
> 他熱愛教育
> 在中國崛起的期間
> 他透過寫作、互聯網和演講
> 幫助了許多年輕學子
> 他們親切地稱呼他為「開復老師」

　　對著台下聽得認真的年輕聽眾說這些話，我真的很開心。我想，這樣的墓碑文會是更好的結語，代表了我的影響力，也顯示出我隨著年齡增長的智慧。一路上，我從科學家變成工程師，從企業主管變成學生的導師，我擴大了自己在世界上的影響力，讓我的粉絲感覺溫暖、有同理心。我告訴自己，我的心智演算法變得更完美了；直到現實的遭遇，我才了解我的算計有多麼愚蠢和錯誤。

「是第四期」

　　幫我做正子電腦斷層掃描（PET）的醫療人員，依照正規程序作業。他把我帶進檢查室之後，立刻輸入我的資料，

設定攝影器材。我太太和我,每年都會回台灣做健康檢查。2013 年初,我們的一位親戚被診斷出癌症,所以我太太決定我們兩人在那一年,要加做核磁共振和電腦斷層掃描的檢查。做完之後,醫生說他在初步的掃描中發現異常,要我回去醫院做正子掃描。

核磁共振和電腦斷層掃描的結果,需要專家的眼睛來判斷,但正子掃描的結果,一般人也能夠看得懂。接受檢查的人,會被注射放射性示蹤劑,這是一種含有微量放射性同位素的葡萄糖液,癌細胞通常比身體的其他部位吸收更多糖分,這些葡萄糖液會集中在可能長了癌細胞的部位,而正子掃描出來的鮮紅色部分,就代表這些集中的部位。在檢查之前,我問專業人員,掃描完成以後,我能不能看一下結果。

他說:「我不是放射科醫師,但我可以讓你看一下影像。」

於是,我整個人躺在機器上,被送進一個大圓柱裡。四十五分鐘之後,我被送出來了,掃描人員彎身坐在電腦前,緊盯著螢幕,快速點著滑鼠。

「我可以看影像了嗎?」

「您應該先請教放射科醫師,」他回答,沒有抬頭看我。

「但是,你剛剛告訴我,我可以看一下,」我表示抗議:「就在螢幕上,不是嗎?」

在我的堅持之下,他把螢幕轉向了我。我瞄了一眼之後,全身打冷顫,皮膚立刻起了雞皮疙瘩。螢幕上,我的胃

部和腹部，出現了大量群聚的紅點。

「那些紅色斑點是什麼？」我顫抖著下巴問。

他的眼睛不願直視我，原本的發冷，轉變成一陣強烈的恐慌。

我問：「是腫瘤嗎？」

他說：「可能是，」還是不願意直視我的眼睛：「但您應該先保持冷靜，請教放射科醫師的看法。」

我的腦袋一片暈眩，但身體繼續進行著自駕模式。我請那位專業人員把掃描結果列印出來給我，然後我走向放射科醫師的診間。我還沒有和放射科醫師約診，隨便看掃描結果是違反院方規定的，但是我一直請求，直到有人出來為我破例為止。看完掃描結果之後，放射科醫師告訴我，這些群集

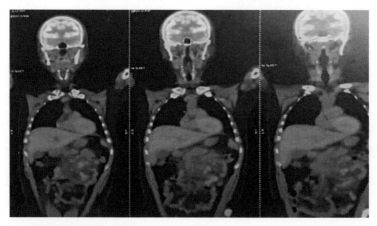

令人觸目驚心的掃描結果

型態顯示我罹患了淋巴癌。我問，是第幾期？他想要轉移這個問題。

「嗯，很複雜，我們必須檢查是哪一種……」

「第幾期？」我打斷他的話。

「可能是第四期。」

離開診間，走出醫院，我雙手抓著檢查報告，緊緊貼在胸前。我深怕有人看到，知道我身體裡面長了什麼東西。我決定，我必須立刻回家寫遺囑。

短短一頁，四個小時

這滴眼淚落在紙上，又得讓我再多花一個小時。當我感覺到淚水逐漸滲透眼眶時，我順手抽了張面紙，想要擦去淚水。但是，就是遲了一秒，它不偏不倚落在我寫在紙上的那個「李」字上頭。淚水融合紙墨糊了開來，變成了一坨黑漬，所以我得重寫一次。

在台灣，想要遺囑立刻生效，必須親筆手寫，不能有任何汙損或修改。規矩訂得簡單明白，雖然有點過時了。我拿出最好的鋼筆，我用這枝筆簽過不知道多少本我自己寫的書，包括一本自傳，好幾本鼓勵年輕人透過努力工作、掌控事業的勵志書籍，每一本的反應都很好。現在，這枝筆卻不聽我的使喚，我的手因為焦慮一直顫抖，正子掃描的影像，在我的腦海裡揮之不去。我試著專注在律師給我的指示，但

是我一走神，筆就滑了，不小心又寫壞了一個中文字，整個又得重新來過。

不是只有掃描結果的那些紅色區塊，讓整個遺囑的寫作過程那麼困難。我必須用繁體中文字來寫我的遺囑，一筆一畫都比中國使用的簡體中文字更複雜、更細緻，這是現今世上還在使用的最古老語文的一種。我從小學習繁體字，小時候愛看武俠小說，國小時還自己寫過一本。

我在 11 歲時，從台灣搬到美國田納西州就讀中學。這是比我年長許多、當時已在美國工作的哥哥給的建議。他告訴母親，台灣的教育制度過於僵化、考試導向，不適合像我這樣的孩子。要把年紀尚小的么兒，送到半個地球外的地方，對我的母親來說很是煎熬。在離別時，她只要我答應一件事：每週寫一封中文家書給她。她每次回信，都會附上我寫的上一封信的影本，上面標示了我的錯別字。這樣的通信習慣，我從中學、大學到研究所，都一直保持著。

但我在 1990 年代初期，進入蘋果公司之後，我們手寫通信的頻率就降低了。到了我移居北京，成立微軟亞洲研究院之後，電腦讓我花在手寫繁體中文字的時間更加減少了。想在電腦輸入中文字，只要打出羅馬拼音，再挑選正確的文字就好了。後來，AI 進一步提升打字的效率，會自動根據內容進行預測，挑選最符合前後文意的中文字。這項技術已經讓輸入中文字的效率，不亞於輸入英文等字母語言的效率。

效率是提高了，記憶卻流失了。此刻，我正彎著身子看著桌上的紙，努力從記憶中召喚被我荒廢了幾十年的繁體中文字。我一直忘了在某個字加上一點，或是不小心把某個字多寫了一劃。每一次我寫錯了字、無法巧妙修補時，就得把紙揉掉，整個重新來過。

我的遺囑只有一頁，我把所有東西都留給我太太先鈴。但我的律師堅持，我必須再把這一頁的遺囑寫成四份，以防萬一。萬一先鈴死了呢？我把所有東西留給我兩個女兒。萬一她們其中一人死了呢？萬一先鈴和兩個女兒都死了呢？對一個必須面對死亡的人來說，這是一堆有點可笑的假設，但法律不會考量到你的痛苦。

但是，這些假設倒是讓我重新思考，什麼才是真正重要的事──不是如何管理我的財務資產，而是哪些人在我的生命中真正重要。從我看到掃描結果那一刻起，我的世界似乎陷入了絕望的深淵，一個以我為中心點的風暴漩渦。為什麼這種事會發生在我的身上？我從未試圖傷害過任何人，我一直努力要讓這個世界變得更好，開發讓人類生活更便利的科技，並且用我的聲譽教育、鼓勵年輕人。我沒有做過任何傷天害理的事，應該在 53 歲終年啊。

也許，此刻你已經注意到，這些想法全部以「我」為開頭。我自以為是，認為這是「客觀」的價值判斷。直到我在遺囑上，一筆一劃寫下我太太和兩個女兒的姓名時，才從這

種自我中心和自怨自艾中解脫出來。真正的悲劇，不是我可能不久於人世，而是我活了這麼久，卻沒有慷慨地和身邊最親近的人大方分享愛。

看到自己生命的終點，突然讓我的人生焦點變得專注、清晰了起來，把我從自我中心的泥沼解救出來。我不再問，這個世界為何如此待我，也不再哀歎所有的成就都救不了我。我開始自問一些新的問題：為什麼長久以來，我那麼渴望把自己變成一部生產力機器？為什麼我沒有多花一點時間，和其他人分享愛？為什麼我會忽略掉身為人類的本質？

向死而生

台北的夕陽西下，我獨自坐在桌前，看著我花了四個小時寫的四份遺囑。我的太太和小女兒此刻正在北京，我獨自坐在我母親家的客廳，我母親在隔壁房間裡躺著。她已經失智多年，雖然她還認得我，但沒什麼能力了解周圍的世界。

有那麼片刻，我慶幸她已經失智了，否則得知我罹癌，我怕她會崩潰。她在 44 歲的高齡生下我，當時醫學沒有那麼發達，高齡產婦非常危險，醫生勸她終止懷孕，她拒絕了，勇敢生下我。她給我無限的關愛，撫養我長大。我是她的兒子，她最愛親手為我做紅油水餃，把我餵得飽飽的。麵皮裡包了新鮮絞肉，口感細膩，入口即化。

　　我搬到田納西州就讀中學之後，雖然我母親一句英語都不會，但陪我在美國生活了六個月，確保我已經適應了美國的生活。當她要準備啟程回台灣時，只要求我每週寫一封中文家書給她，為了保持母子之間的親近，也為了讓我不忘本。

　　她一輩子大方和子女分享愛，此刻我坐在她的餐桌前，她躺在隔壁房間。我內心湧出一陣又一陣的懊悔，自責為何我被感情如此豐富的女性撫養長大，還會過著那麼自我中心的生活？我為什麼從來沒有告訴我父親，我愛他？我為什麼沒在母親失智變得嚴重之前，對她展現深切的關愛？

　　面對死亡，最令人難過的事，不是無法獲得的體驗，而是無法重新來過的人生體驗。安寧照護服務員暨作家布朗妮‧維爾（Bronnie Ware），描述臨終病人在生命最後幾週最普遍的人生懊悔，他們在面臨人生終點時，能夠以非常清晰的角度回顧整個人生，而一般人每天生活則是忙忙碌碌，看不到這些真切的道理。他們談到人生中最後悔的事，包括：沒有過自己真正想要的生活，花太多時間和心力在工作上，沒有認知到是生命中出現的人讓人生真正有意義等。沒有人懊悔自己沒有更努力工作，很多人則遺憾自己沒有花更多時間和摯愛的人相處。

　　維爾寫道：「說到底，人生最重要的，就是愛和關係。人生最後幾週回想起的，就是愛和關係。」[4]

　　我坐在母親家的餐桌前，領悟了這項簡單的真理，內心開始燃燒。我的腦海快速回憶，想起了我和兩個女兒、我太太，以及我父母相處的點滴。我的人生並沒有忽略掉這些關係，只不過我精心算計每一段關係，把它們全部量化。我計算為了達成目標，應該如何分配最適量的時間給這些關係。現在，我有一種強烈的空虛感，以及一股無法彌補的損失感，懊悔我的心智演算法分配太少時間，給我摯愛的人。這種演算法思維，不但沒有做出「最適」時間分配，還使我喪失了人性。

山上的大師

　　就像任何可貴的體悟一樣，這些想法都需要時間才能參透。我感覺到自己的內心有所改變，但需要一點耐心和最殘酷、真誠的自省，才能把這些令人痛苦的懊悔，變成與周遭世界互動的新方式。

　　我的癌症診斷報告出來不久後，一位朋友建議我到高雄佛光山一趟。備受各界尊崇的星雲大師，在 1967 年創辦佛光山，至今仍然住在僧院裡。星雲大師推行「人間佛教」，主張讓佛教積極走入人群裡，把佛法落實在現實生活中，修行在人間，成道在人間。佛光山的師夫不是避世修行，而是歡喜擁抱現世。佛光山歡迎各界來的訪客，和他們進行交流，分享慈悲和智慧。在佛光山上，你可以看到新人舉行婚

禮，僧侶開懷大笑，遊客們暫離俗世忙碌生活，來到這裡享
受靜好時光。

　　我在美國成長的過程中，曾經上教會做禮拜，雖然現在
不歸屬於任何信仰，但我相信這個世界上有造物者，一個遠
遠大於我們的力量。我去佛光山時，並未抱持著任何特定目
的，只是想在那裡沉澱個幾天，思考我當時正在經歷的事，
反省一下我的人生。

　　有一天早課過後，我被安排和星雲大師共進早齋。天還
沒全亮，我們吃的是雜糧、豆腐和粥。星雲大師雖然坐輪椅
行動，他的心智仍然非常清晰、敏銳。用膳中，星雲大師突
然問我：「開復，你有沒有想過，你的人生目標是什麼？」

與星雲大師交談

　　我不假思索，反射性說出數十年來我給自己和他人的答
案：「把我的影響力最大化，改變世界。」

　　說完之後，我立刻感到難為情，就好像赤裸裸主張自己
的雄心抱負一樣。星雲大師沉默不語，這讓我更難為情了，
但我是誠實回答。追求影響力最大化，就像我身體裡面的一
顆腫瘤，一直都在，十分頑固，而且持續擴大。我看過不少
哲學和宗教的書籍，但數十年來，卻沒有好好檢視、質疑過
這個強烈激勵我的核心信念。

　　有好一餉，星雲大師不發一語，用一片麵包把木碗裡的
殘羹抹乾淨。我不安地在椅子上動了動。

　　「『影響力最大化』，是什麼意思呢？」大師開口問我：
「當一個人這麼說的時候，只是在掩飾他的自負、虛榮。如
果你真誠地向內看，你能說驅動你的，難道不是自負嗎？這
是你必須自問的問題，無論如何，千萬都不要欺騙自己。」

　　我腦中不斷地出現反駁，試著尋找無懈可擊的邏輯，客
觀解釋我的行為。自從診斷結果出來以後，我一直懊悔之前
和家人親友互動的方式，我逐漸接受我的情感生活空虛的這
項事實。這當然不容易，就像精神科醫師伊莉莎白・庫伯
勒・羅斯（Elizabeth Kübler-Ross）提出的「悲傷五階段」（Five
Stages of Grief）所言，[5] 在最後接受之前，一定會經過討價
還價的拉鋸。

　　我內心一直在說服自己，我對數千萬年輕人的影響力，

可以抵消我和親友分享的愛不足這項事實。我在微博上有超過5,100萬的粉絲群，我努力擴大我對這個社群的影響力，甚至做了一套 AI 演算法，來尋找、決定我應該轉貼哪些微博訊息。我一直追求把自己的影響力最大化。沒錯，我是把一些家庭時光用來進行演講，但想想看我觸及到多少人？我影響了數千萬的年輕學子，試著幫助一個曾經輝煌的大國走出貧窮，這一切加起來，難道不能說利大於弊嗎？我透過工作和努力，分享給那麼多陌生人的善意，難道不能抵消我和最親近的人分享愛不足的這件事嗎？這條等式無法成立嗎？

我已經這麼掙扎了，現在，星雲大師就好像把我坐的凳子最後一隻腳給踢掉。我試著對自己的行為做出解釋，強調達到了什麼效果，但他對這些結果不感興趣，很有耐心地一層層化解掉我的藉口與迷惑，讓我把對話導向內心，要我坦誠面對自己。

「開復，我們人不應該這麼思考。這樣不斷計算、量化所有東西，會損害到我們的內心，以及人與人之間最可貴的東西，會阻礙生命中真正的能量，那就是愛。」

「星雲大師，我開始了解這個道理了，」我說，低頭注視兩腿之間的地板。

「很多人都了解，」大師繼續說：「但是，要做到難多了。所以，我們必須謙卑，發自內心感覺自己的渺小，體認到世界上沒有什麼比和其他人分享愛這件事，更偉大或可貴

的了。做好了這點以後，其他的就會按部就班，這是我們達到真我的唯一途徑。」

說完之後，他向我告別，將輪椅調頭離去。他的話在我心中迴盪，自從診斷報告出來以後，我的日子陷入痛苦、懊悔、啟示、懷疑的漩渦裡。我了解，我的舊思維造成了多麼大的傷害，但我還沒有學會徹底擺脫演算法的思維，用比較人性的思維來和這個世界互動。

星雲大師的開導，讓我有了一些新的領悟。這不是一道謎題答案或問題解方，而是一種處世的態度。這是一種了解自己、與這個世界互動的方式，不是把一切分成投入、產出，一直想著要如何優化。

在擔任研究人員的時期，我站在 AI 知識的最前沿，卻從未真正了解其他人，甚至了解我自己。想要獲得這種了解，並不是做一套聰明的演算法、仔細計算一下就好，可能必須勇敢直視死亡，接受我和我做的機器不同的地方，那就是愛人的能力。

第二意見，第二次的機會

在思考這些領悟的同時，我的癌症治療也開始了。第一個醫生判斷這是第四期，也就是癌症末期。平均而言，我這種淋巴癌的第四期患者，五年存活率是 50%。在開始治療以前，我想聽聽第二意見。一位朋友引介我看他的家庭醫

師，他是台灣頂尖的血液腫瘤科醫師。

但是，我要再等一週，才能夠見到這位醫師。期間，我繼續研究這個疾病。我在情感方面，已經開始不再盡情追求量化和優化，但是身為一個訓練有素又命在旦夕的科學家，我實在無法不盡力了解自己身上的這個病，嘗試量化我的存活機會。我上網查詢所有找得到的淋巴癌資訊，了解可能的病因、最先進的療法、長期存活率等。在過程中，我知道醫生如何分期淋巴癌。

醫學教科書使用「階段」這個概念，來描述惡性腫瘤發展到什麼程度。通常，愈後期，存活率就愈低。以淋巴癌來說，傳統上是根據幾項簡單特徵來進行分期，例如：癌細胞侵犯的淋巴結是否多於一個？癌細胞侵犯的淋巴結，是否在橫膈膜上下側都有？癌細胞侵犯到淋巴系統以外的器官嗎？骨髓有沒有？傳統上，這些問題每增加一個「是」的答案，診斷出來的階段就會上升一期。我的淋巴癌侵犯超過二十個部位，橫膈膜上下兩側都有，在淋巴系統以外的器官也發現癌細胞，所以就自動被歸類為第四期。

在診斷結果出來時，我並不知道這種殘酷的分期法，其實主要是要讓醫學生好記，跟現代醫學可以治療的程度，並沒有那麼大的關連性。將複雜疾病用簡單特徵進行分類，是人類需要「強特徵」來做決策的一個典型範例。人類分辨變數關連性的能力非常有限，所以我們會尋求一些最明顯的指

標來當作指引，比方說，銀行在決定核貸時的「強特徵」，就包括了借款人的所得、借款人的房屋價值、信用評分等。在淋巴癌的分期中，「強特徵」只包括腫瘤的數量和位置。

這些所謂的「強特徵」，並不代表最正確的預後（預測治療效果）工具，但是夠簡單，足以讓整個醫療體系傳承知識，讓醫生輕易存取這些知識。醫學研究已經辨識出數十種其他的淋巴癌案例特徵，可以做為五年存活率更佳的預測變數。但是，就算是最優秀的醫學系學生，也難以記得所有預測變數的複雜關連性和預測準確率，所以絕大多數的醫師通常不會在判斷第幾期時，全盤考慮這些其他的預測變數。

我自己的研究做得很深，我發現有一篇研究論文，量化了這些其他變數的預測能力。論文作者是義大利摩德納雷吉艾米利亞大學（University of Modena and Reggio Emilia）的研究團隊，他們分析了 15 種變數，[6] 辨識出五種特徵，綜合考慮的話，和五年存活率的關連性最強。這些特徵包括一些傳統指標（例如侵入骨髓與否），也包括一些比較不那麼直覺的指標（例如，有腫瘤直徑超過 6 公分嗎？血紅素值是否低於 12g/dL ？病患是否超過 60 歲？）。這篇論文根據病患有多少項這些特徵，統計出平均的存活率。

對一個訓練有素的 AI 專家來說，這些新的決策量尺絕對稱不上嚴謹，因為就算是最簡單的 AI 演算法，也會根據數百種、甚至數千種不同的特徵來做判斷。這套新的決策量

尺，還是尋求把一個複雜的系統，拆解成人類能夠處理的幾項特徵。它顯示了標準的癌症分期指標是很糟糕的結果預測變數，這種分期法主要是要讓學生好記，考試容易通過。新的決策量尺遠遠更為資料導向，所以我抓住機會，用它來量化我的存活率。

我翻了很多醫學報告，還有醫院的檢查結果。我詳細了解每一項指標的資訊，包括我的年齡、最大腫瘤直徑、骨髓被侵入的情況、$\beta 2-$ 微球蛋白檢驗結果、血紅素值。在這五項和五年存活率低具有強關連性的特徵中，我好像只有一項。我的眼睛瘋狂掃視，逐一檢視各項圖表，評估我的風險因子和存活率。

結果是：雖然醫院診斷出我罹患淋巴癌「第四期」，五年存活率只有 50％，但這篇論文更詳細的科學量尺，把我的存活率提高到 89％。

我回頭再次檢查數字，每確認一次，我就愈加狂喜。我體內沒什麼改變，但是我覺得自己從絕境中復活。那週稍後，我去見了朋友向我推薦的那位台灣頂尖淋巴癌專家。他確認這項研究說的：把我的淋巴癌判斷為「第四期」具有誤導作用，因為我的病具有高度可治療性。沒有什麼是一定的，此刻的我當然更明白這點，但是我很有機會能夠通過這項考驗，繼續存活下去。我感覺，我重生了。

徹底鬆了一口氣，開始第二人生

　　相信這種感覺，很多人在驚險的場合發生之後，都會感受到。就像你在路上急踩煞車，差一點就發生車禍，你會嚇出一身冷汗，或是激動到頭皮發麻。等到腎上腺素消退以後，肌肉放鬆下來，大多數的人都會暗自發誓，絕對不要讓類似的情況再度發生。當然，我們會遵守承諾幾天或幾週，然後又回到舊習慣。

　　我開始接受化療，病況逐漸平穩。我當然也暗自發誓，絕對要牢記癌症給我的啟示。診斷報告出來以後的那幾週，有好幾個晚上我躺在床上，一再回想我的人生，疑惑自己為何那麼盲目。我告訴自己，不論我還剩下多少時間，再也不要讓自己陷入自動模式，讓心智演算法來主導我的生活，一味追求優化所有的變數。我要和那些慷慨給我那麼多愛的人分享愛，這並不是為了達成什麼目標，只是因為這麼做，感覺美好又真實。我不想再當一部高生產力的機器了，只要成為一個懂得愛人的人就好。

　　在我治療癌症的期間，我的家人給我的關愛，不斷地提醒我這點。他們給了我很大的支撐力量，儘管這麼多年來，我給他們的時間那麼少。在我生病時，我太太、我的姊姊們及兩個女兒，全部出現照顧我。在漫無止境的化療過程中，先鈴總是陪伴在我的身邊，無微不至地照顧我。她每天靠在

我的床邊，只能睡幾個小時。由於化療會破壞消化系統，正常的味道也會導致噁心、想吐，我的姊姊們送食物來醫院時，總會細心觀察、記錄我對每種味道的反應，不斷地調整食譜和食材，好讓我在治療期間，也能夠享用她們在家裡烹煮的食物。她們無私的愛和持續照顧，令我感動到不能自已。她們親身示範了我頓悟到的一切，我由衷感受到這些情感，也開始體悟應該怎麼做。

在恢復得差不多了之後，我開始珍惜和最親近的人相處的時間。以前，我兩個女兒從大學回到家，我只會抽出幾天的時間來陪她們。現在，她們從繁忙的工作回到家，我會撥出幾週的時間。現在不論是商務或渡假旅行，我都會帶著先鈴一起。我也花更多的時間，回台灣照顧我的母親，並且試著把週末空出來，去看看老朋友們。

我向過去曾經傷害或忽略的朋友道歉，嘗試修補那些友誼。我會和許多找上我的年輕人見面，不像過去那樣，只透過社群媒體溝通。我試著避免看「誰有潛力」，來安排這些會面的順序，盡我所能平等對待每個人，不論他們的地位或才能。

女兒發給我的父親節手繪賀卡

我不再思考墓碑上要刻哪些字，不是因為我避免去想死亡這件事。現在的我當然更加清楚，生命無常，死亡一直長伴左右。我不去思考墓碑上的文字，是因為我知道墓碑只不過是塊石頭，一塊沒有生命的岩石，和構成美好人生的那些人們與記憶相比，完全比不上。我也知道，我才剛學會周圍很多人早已體悟到的人生道理；雖然這些道理很簡單，卻改變了我的生命。

它們也改變了我如何看待人類與機器之間的關係。這項改變發生在我反思整個生病、接受治療的過程中，包括正子掃描檢查、診斷罹患癌症、陷入極度痛苦，以及之後的身心治療。我發現，我的治療分成兩個部分：技術面與情感面，它們也構成 AI 未來的支柱，我會在下一章仔細討論這些。

我非常敬佩、感謝負責治療我的醫療人員，他們用多年的經驗和先進的醫學技術，幫助我對抗體內的淋巴瘤。他們的專業知識，以及為我量身打造療法的能力，拯救了我的生命。不過，這些只是幫助我治療癌症的其中一半，如果沒有醫療技術，以及資料導向的醫療專業人員，利用資料來拯救人命，我恐怕無法活到現在。此外，如果沒有先鈴、我的姊姊們，以及我的母親，一直默默以身作則，向我示範無私的愛，我也無法和大家分享這個故事。

其他還有很多人，像維爾那本探討臨終懊悔的感人著作，在我最脆弱的時候給我力量。還有星雲大師，他用大智

慧把我從事業的錯覺中喚醒,強迫我誠實面對自負。如果沒有這些無法量化、無法優化的人際連結,我或許永遠也學不會人生的真義。沒有這些體驗,我可能永遠也不會調整我的優先要務,為生活重定方向。

我很快就開始減少工作,多花一些時間與他人相處。我不再試著量化每個行動的影響力,想著應該和誰會面、要先回誰的信、應該花時間和誰相處等。我盡力平等對待所有人,這樣的改變不只對他人有益,也讓我感覺到完整、滿足與平靜。這些感覺,是我職涯那些空洞成就所不能給我的。

現實的情況就是,在不久的將來,AI 演算法就能執行現在很多醫療專業人員做的診斷工作,而且 AI 診斷的結果將會更精準,開出來的療法會更有效。在一些情況下,醫生可以運用 AI 輔助診療;在另一些情況下,演算法可以完全取代醫生。但是,沒有任何演算法能夠取代我家人在整個療程中所扮演的角色,他們與我分享的東西非常簡單,卻比 AI 能夠創造出來的任何東西,都更加深刻。

AI 有種種驚人的能力,但有個東西只有人類能夠提供,正好也是我們生活中最需要的,那就是關愛。愛是什麼?是我們看見新生兒的時刻,是一見鍾情的那種感覺,是朋友能以同理心傾聽我們的那種溫暖,是我們在幫助有需要的人時,體驗到的自我實現感。其實,我們並不十分了解人類心智,更遑論要複製人類心智。但是,我們都知道,人類

具有愛人與被愛的獨特能力，也有愛人與被愛的渴望，愛人與被愛讓我們的生命有價值。

我相信，我們必須結合這些：AI 的思考能力，以及人類愛人的能力，打造我們共同的未來。如果我們能夠創造出這樣的綜效，就能利用 AI 的強大力量來創造繁榮，同時擁抱基本人性。但這不會自動發展，想要打造這樣的未來（不管是為了自己、國家或全球共同體），需要我們重新想像、改造我們的社會。這需要社會團結、有創意的政策，以及人類的同理心，如果達成的話，可以把一個嚴重危機，轉變成一次空前的機會。

在人類史上，從未有過如此龐大的繁榮潛力——也從未出現過如此巨大的失敗風險。

第 8 章

人類與 AI 共存
的藍圖

　　我在台灣接受癌症化療的時候,有個老朋友來找我,他是一位連續創業家,最近新創辦的公司出現了一點問題,所以來找我聊聊。他創辦過幾家成功的消費性科技公司,也把這些公司賣了。隨著年紀漸長,他想要做點更意義的事,幫科技新創公司經常忽略的人群打造產品。我們兩個的年紀都已經到了父母的日常生活需要更多協助的階段,所以他決定設計一項能夠幫助老年人的生活過得更輕鬆的產品。

　　他做的是一種直立機台,上面有一個可以觸控的大螢幕,整座機台安裝在老年人床鋪的旁邊。螢幕上有幾個簡單、實用的應用程式,可以用來叫外賣、看連續劇、呼叫醫生等。上網或智慧型手機對老年人來說,往往比較不好用,不是按鍵太小,就是功能對他們來說比較複雜一點,所以我的朋友盡量把操作簡化,只要點幾下,就能夠使用這些應用程式。他甚至還想到要做一個按鍵,如果這些大齡朋友們需要操作說明的話,就可以直接打視訊電話給客服。

　　這項產品聽起來很棒,而且現在就有市場。中國有很多成年子女過分忙於工作,實在是騰不出時間來照顧年邁父母,可能會因為不能善盡孝道而感到心中有愧,但現實生活就是如此,他們就是找不出時間來妥善照顧父母,而這項觸控螢幕產品,可能會是個不錯的替代品。

　　但是,在推廣這項產品的時候,我朋友發現了一個問題。這個裝置最常被使用的功能,並不是叫食物外賣、看電視或

諮詢醫生，而是客服。公司客服接到很多老人家透過客服按鈕，尋求服務，這到底是怎麼一回事？我朋友明明把整套系統做得很簡單，難道顧客還是不知道怎麼點選這些按鍵？

　　並不是。他和客服團隊開完會之後，發現這些老人家打電話進來，不是因為不會操作，只是因為太寂寞了，想要找人說說話而已。這些老人家的孩子，很多都努力確保滿足了父母的物質需求——吃飯沒有問題、有醫師照顧、有人會送藥物過來，但是物質需求滿足了以後，他們真正想要的，是實際的人際互動，他們想要有人可以交談相處。

　　要是我朋友在我生病之前，來找我討論這個「問題」。幾年前的我，大概會這樣建議他：只要在技術上面做點小調整就好，也許是加一套 AI 聊天機器人，可以進行基本對話，騙騙這些老人家。但是，隨著我的病情逐漸康復之際，考量到 AI 對就業造成的衝擊與含義，我開始有了不同的看法。

　　從朋友說的問題中，我看到沒有被滿足的人際互動需求，也看到人類與 AI 共存的藍圖。沒錯，智能機器的能力會愈來愈強，可以做我們會的許多工作，滿足我們的物質需求，同時破壞了許多產業，取代很多的人類工作者。但是，還有一項東西，是只有人類能夠創造、彼此分享的，那就是關愛。

　　雖然機器學習出現了許多進步，但事實就是，我們尚未創造出擁有情緒感受的 AI 機器。你可以想像，要是你花了

一輩子努力鑽研某項技藝，然後在國際大賽中打敗了世界冠軍，你會有多麼高興嗎？AlphaGo 成功做到了這件事，擊敗人類最頂尖的圍棋手，但是它感受不到絲毫的樂趣，贏了也不會感覺開心，在完勝柯潔以後，也沒有想要擁抱心愛的人的欲望。

儘管有像《雲端情人》（*Her*）這樣的科幻電影，描述男子和 AI 談戀愛，但在今日的現實世界中，AI 沒有任何愛人、被愛的能力或欲望。好萊塢女星史嘉蕾・喬韓森（Scarlett Johansson）的聲音，或許能夠令你相信她扮演的 AI，具有愛人和被愛的欲望，但那是因為她是人類，擁有真實愛人與被愛的經驗，所以能夠創造並向你傳達那些情感。

想像一下，如果你告訴一台智能機器，威脅著要拔掉它的插頭。然後，你改變心意，決定先不要這麼做，這台機器並不會因此改變它對生命的看法，發誓要花更多時間和其他機器相處。它的心境不會成長，並且發現關愛他人、為他人服務的價值。

人類具有成長、同情／同理、關愛他人的獨特能力，我從中看到了希望。我相信，我們必須在 AI 和人類心靈之間，求取一種新的綜效，善用 AI 將為我們帶來的物質富裕，促進社會上的關愛與同理心。如果我們能夠做到這些，我相信將能創造出一條途徑，通往經濟繁榮與心靈富足的未

來。這條路當然不好走，但如果我們能夠團結一致，共同努力達成這項目標，我相信人類不僅能在 AI 時代存活下去，而且還會比以前更繁榮發展。

火的試煉，新社會契約

　　前方的挑戰將十分巨大，就像我在第 6 章敘述的，我預測在未來十五年內，就技術上而言，美國有 40％～ 50％的工作可以被自動化。但是，這並不是說，這些工作將在一夕之間全部消失。不過，如果任由市場機制自然發展，世界各地的工作者，將會開始承受巨大的壓力。中國和其他開發中國家，受到衝擊的時間點可能不同，工作流失可能發生得更晚或更早，視經濟結構而定，但整體的趨勢大致上相同：失業增加，貧富不均擴大。

　　技術樂觀主義者可能會借鑑歷史，以工業革命和 19 世紀的紡織業為例，證明情況會愈來愈好。但是，我也在前文討論過，這樣的論點愈來愈站不住腳，AI 革命的規模、速度和偏重特定技能，將會迫使我們面對史上前所未見的全新挑戰。就算最嚴峻的失業預測沒有實現，AI 也會嚴重加大互聯網時代造成的財富不均。

　　我們已經目睹薪資停滯和貧富不均擴大，可能導致政治不穩定，甚至造成暴動。隨著 AI 席捲全球的經濟與社會，這些趨勢很可能加劇又加快。長期而言，勞動市場會自我平

衡，但在那之前，我們必須先通過就業流失和不均擴大的火的試煉，這些試煉可能就會讓我們先嚴重脫軌。

想要克服這些挑戰，我們當然不能被動反應，必須主動掌握 AI 為我們創造的物質財富，重建我們的經濟、更新社會契約。罹癌帶給我的啟示雖然非常個人，但我相信這些領悟也給了我一個全新的觀點，思索我們如何共同應付這些問題。

想要打造一個能在 AI 時代繁榮發展的社會，經濟會需要巨大的改變，文化和價值觀也是。過去，長達幾世紀的時間，我們生活在工業經濟中，相信自己在社會上的主要角色（甚至身分認同），存於一份具有生產力、可以賺取薪資的工作中；如果沒有這個，個人與社會最強的連結就消失了。隨著我們從工業時代轉型到 AI 時代，必須改變「工作＝生活」這樣的心態，不能繼續把人類當成生產力優化演算法的變數，必須轉型到比以往更重視愛、服務、同理心的新文化。

沒有任何經濟或社會政策，能夠用「蠻力」改變我們的心。但是，在選擇不同的政策時，我們可以獎勵不同的行為，逐漸把文化推往不同的方向。我們可以選擇純粹的技術治理方法，把每個人視為一個待滿足的金融／物質需求組合，給所有人足夠生活的錢，讓他們不至於餓死或無家可歸。事實上，這種「全民基本收入」（Universal Basic Income, UBI）的主張，近年來似乎愈來愈流行。

如果做出這種選擇，我認為，將會貶低我們的人性價值，錯失了一個空前的機會。相反地，我認為，我們可以運用 AI 創造出來的財富，加倍下注於人類的獨特性。想要成功做到這件事，就必須改寫基本的社會契約，也必須調整經濟誘因，獎勵對社會有益的活動，就像工業經濟獎勵對經濟有益的活動一樣。

當然，這些改變絕對不會太容易，需要多面向、同心協力的做法，來應付經濟和社會的轉型。社會全員都必須投入，而且必須不停地探索、大膽地做實驗。就算我們盡了最大的努力，也不保證一定就能轉型成功，但失敗的代價和成功的潛在回報實在是太大了，我們無法不去嘗試。

接下來，我會帶各位檢視三種適應 AI 經濟最常見的政策建議，很多都來自矽谷。這三項建議，基本上都是「技術性解方」，對政策和商業模式進行調整，以求順利轉型，並未實際改變文化。了解技術性解方的優劣之後，我會再提出三項類似的改革建議，我認為它們有助於減輕工作流失的問題，也可以推動更深層的社會進化。

這些提議不只是技術性解方而已，還可以在私人部門創造就業機會，並且影響投資和政策。這些方法的目標，不只是要讓人類保持領先 AI，也要打開社會繁榮、人類進步的新途徑。我相信，它們將會構成新社會契約的基礎，幫助我們用 AI 打造一個更人性化的世界。

中國對 AI 和就業的觀點

在開始討論矽谷提出的技術性解方之前，我們先來了解一下中國對這些議題的看法。到目前為止，中國的科技業精英，比較少討論到 AI 可能對就業造成的負面衝擊，我個人認為，這不是因為他們想對大眾隱瞞黑暗的事實，而是因為他們真的相信，不必害怕 AI 對就業造成的衝擊。從這點來看，中國的科技業精英和美國技術樂觀主義的經濟學家一樣，相信就長期而言，科技總會創造出更多的就業、更大的繁榮。

但是，中國創業家為何會有這種信念？因為過去四十年來，中國人民看到國家的技術進步，提升了全方位的發展。長久以來，中國政府強調，科技進步是中國經濟發展之鑰，這種模式在近幾十年間非常成功，讓中國從農業社會轉型成工業巨人，現在即將成為世界的創新中心。在這段期間，貧富不均必然擴大，但相較於生活品質普遍獲得改善，那些負面效果就不足為道了。這樣的新興發展，明顯與美國社會許多區塊感受到的停滯與衰退不同，就像我們在第 6 章看過的「大脫鉤」，生產力持續上升，薪資和就業卻持平或下降。這足以解釋為何中國的科技業人士，似乎並不擔心他們的創新對就業的潛在衝擊。

就算是預見 AI 將對就業造成負面衝擊的中國創業家，

也普遍認為中國政府會照顧所有被科技取代而失業的人。這種看法是有歷史根據的，1990 年代，中國大刀闊斧，對龐大的國有企業進行了一連串痛苦的改革，裁掉了數千萬吃公家飯的工作者。儘管龐大的勞動市場出現了巨大動盪，但國家的經濟力量和政府努力幫助工作者調適，成功將經濟轉型，並未出現大規模的失業。展望未來的 AI 發展，中國許多科技專家和政策制定者都有一種共識，認為這些機制會幫助中國避開 AI 導致的就業危機。

　　老實說，我個人認為，這樣的預測過度樂觀，所以我現在努力提升中國的危機意識，我在美國也致力於這件事。考量到 AI 時代的巨大就業挑戰，中國創業家、科技業人士和政策制定者，都必須認真看待這些挑戰，開始準備創意解方。由於過去四十年來，中國持續繁榮發展，有關 AI 對就業衝擊的討論很少，被提出的解方更少，所以我們先來看看矽谷的觀點。

3R：再訓練、減少工作時數、重新分配所得

　　矽谷提出的許多技術性解方，大致上可以分成三類：再訓練工作者（retraining workers）；減少工作時數（reducing work hours）；重新分配所得（redistributing income）。每個方法都瞄準了調節勞動市場的一個變數，分別是技能、工作時間和酬勞，對工作流失的速度與嚴重性有不同的假設。

　　提倡再訓練的人，傾向相信 AI 會慢慢改變市場需求的技能，如果工作者能夠接受訓練、調整技能，就不會發生人力需求減少的問題。提倡減少工作時數的人，相信 AI 會減少人力需求，但如果一週減為工作三、四天，把同樣的工作時間分配給更多工作者，就可以吸收人力需求減少的衝擊。提倡重新分配所得的人，對 AI 導致的工作流失預測最為悲觀，很多人預測隨著 AI 進步，會徹底取代、驅逐工作者，再多的訓練或調整工作時數都沒有用。相反地，我們必須採取比較激進的重新分配所得方法來幫助失業者，更均勻分配 AI 創造出來的財富。接下來，我會討論一下這些方法的價值和陷阱。

　　提倡再訓練的人，通常會指出兩個相關趨勢，認為它們對準備面對 AI 的轉型非常重要，那就是 1.）線上教育；2.）終身學習。他們相信，現在愈來愈多的線上教育平台（免費和付費的都有），可能被取代的工作者擁有前所未有的管道，可以取得訓練教材和課程，學習新工作需要的技能。這些平台──包括串流影音網站、線上編碼教學等──是終身學習者的好工具，可以幫助他們不斷地更新技能，順利轉入還沒有被自動化的新行業。這樣的再訓練如果運作流暢，失業的保險經紀人可以利用 Coursera 之類的線上教育平台，成功轉職為一名程式設計師。如果新的工作再度被自動化，還可以再訓練一次，也許這次變成演算法工程師，或是心

理醫師。

　　透過線上平台終身學習，當然是很棒的主意，而且我也相信工作者接受再訓練，會是非常重要的一環。這個方法特別能夠幫助第 6 章兩張就業風險評估圖「慢變區」中的工作者，讓他們保持領先 AI 的能力，更具備創意思考，或是在非結構化環境工作的能力。我也喜歡這個方法，能夠為這些工作者創造個人成就感，以及掌控生活的自主感。

　　但是，考量到 AI 對就業衝擊的深度與廣度，我擔心，這種方法無法解決大量失業的問題。隨著 AI 持續占領新行業的工作，就業者每隔幾年就必須轉行，要快速學會別人花了一輩子才練就的技能。由於自動化的速度和路徑並不確定，這使得情況變得更加複雜。就連 AI 專家也難以預測哪些工作在未來幾年會被自動化取代，我們真的能夠期望一般工作者，可以正確選擇自己的再訓練計畫，準確預測未來幾年哪些工作比較安全嗎？

　　我擔心，工作者將會陷入換來換去的狀態，就像動物遇到不斷高漲的洪水，自動就會從一塊岩石跳到另一塊岩石去，尋找更高處，以求安全。再訓練確實可以幫助很多人在 AI 經濟中找到工作，但是我們必須實驗不同的方法，設法擴大再訓練的規模，讓這件事變得非常普及。不過，我認為，我們不能只靠這種比較隨意的方法，應付即將橫掃全球勞動市場的大規模破壞力量。

在這裡，我必須說明一點，我相信教育會是解決未來 AI 失業問題最好的長期解方，畢竟人類數千年來早已證明我們在技術創新，以及自我訓練新技能以適應創新這兩件事上，擁有驚人的能力。但是，由 AI 造成的改變發生的規模與速度，不會讓我們有餘裕可以只靠週期很長的教育革新，就跟得上我們自身發明不斷改變的需求。

很多人都了解這樣的破壞力量可能有多大，例如谷歌共同創辦人賴利‧佩吉（Larry Page）等人，甚至提出更激進的主張：一週改成只要工作四天，或是讓多人「共享」同一份工作。[1] 這種主張還有一個版本是，把一份全職工作拆成好幾份兼職工作，讓更多工作者可以分享愈來愈稀缺的工作資源。諸如此類的方法，都代表大多數工作者的薪資可能減少，但至少可以避免他們完全失業。

一些很有創意的工作共享方法已經實施，[2] 2008 年全球金融危機之後，美國有好幾州實行工作共享的方法，避免因為業務突然暴跌，導致公司大量裁員。很多面臨業務危機的公司，並不是直接解雇一部分的員工，而是讓一部分的員工減少工作時數 20％～ 40％，然後地方政府提供部分的損失補助，通常是 50％。這種方法在某些地方運作得很好，讓公司和員工不必遭受裁員的風暴，以及日後業務好轉後又得重新徵人的麻煩，也幫助地方政府省下原本必須支付的全額失業救濟金。

　　工作共享的安排，有助於減少失業，尤其是在兩張就業風險評估圖「結合區」中的工作。這些工作由 AI 負責執行主要的任務，只需要少量的員工來和顧客互動。如果執行得當的話，這些安排可以當作政府補助或誘因，讓公司繼續雇用更多的員工。

　　但是，這種方法雖然可以應付短期的衝擊，恐怕無法應付 AI 對就業市場的持續巨大衝擊。現存的工作共享方案，只補助薪資損失的一部分，工作者的實質所得還是減少。如果只是暫時性的經濟危機，工作者或許能夠接受這種安排，但肯定沒人想要薪資長期停滯或向下流動。一個人原本每年可以賺 20,000 美元，你告訴他／她現在每週工作四天，年薪降為 16,000 美元，這種方法肯定不會被低收入者擁戴。當然，如果類似方法還能夠更有創意一點，或許能夠修正這點，所以我鼓勵企業和政府繼續做實驗。但是，我擔心這種方法，遠遠不足以應付 AI 對勞動市場造成的長期壓力，所以可能得採取更激進的重新分配所得的方法。

全民基本收入

　　目前，這種重新分配所得的方法，最受歡迎的是前文提過的全民基本收入（Universal Basic Income, UBI）。UBI 的核心概念很簡單：每個國民（或成年人）定期領取政府發放的所得津貼，不用任何附帶條件。UBI 和傳統的福利金或失

業救濟金不同，它發放給每個人，不受時間限制，也不用先找工作，要怎麼花錢也沒有限制。此外，還有一種名為「最低保障收入」（Guaranteed Minimum Income, GMI）的方案，但是只對窮人發放津貼，保障某一特定的最低收入，不像UBI 那麼普遍。

那麼，這些方案的錢，要從哪裡來？對 AI 革命的贏家課徵高稅。這些贏家可能包括：大型科技公司，能夠適應改變、利用 AI 的傳統企業，以及因為這些公司成功而獲得巨富的超級富豪們。支持者議論著到底要給多少錢，有些人主張不要太多，也許每年 10,000 美元就好，這樣工作者還是有強烈誘因去找工作。不過，也有人主張把這種津貼拿來代替正職收入，這樣 UBI 可能就變成打造悠閒社會的重要一步，將世界各地的人們完全從工作中解放出來，自由追求熱情與嗜好。

美國討論 UBI 或 GMI，可以回溯至 1960 年代，贏得了不少人的支持，包括馬丁・路德・金恩（Martin Luther King, Jr.）和尼克森總統（Richard Nixon）。當時，支持這些構想的人，把 GMI 視為終結貧窮的簡單解方。其實，尼克森總統在 1970 年已經要通過一項法案，讓每個美國家庭有足夠的錢生活在貧窮線之上，但是這項法案最後還是沒有成功，而 UBI 或 GMI 的討論，大致上退出了公共論壇。

就這樣，直到近年，矽谷才又對這樣的概念興奮了起

來。最近，這種想法啟發了很多矽谷精英的想像，有些產業巨子像知名育成中心 Y Combinator 的總裁山姆・奧特曼（Sam Altman），[3] 以及臉書的共同創辦人克里斯・休斯（Chris Hughes），[4] 就贊助了研究計畫，實驗基本收入方案。雖然 GMI 一開始被視為在一般經濟時期針對貧窮問題的解方，但矽谷對這類方案感興趣的人，則認為它可以是應付 AI 導致的廣泛技術性失業的解方。

廣泛性失業的悲觀預測，以及可能伴隨失業而來的社會動盪，讓許多矽谷精英緊張不安。這些在整個職涯大力宣揚破壞福音的人，似乎突然警覺到，破壞了一個產業，也會破壞並取代在這個產業工作的人。這些超級富豪創辦或投資的互聯網公司，帶來了重大的轉型，導致貧富不均擴大，現在似乎決心設法減輕 AI 時代的衝擊。

對這些倡議者來說，大規模重新分配所得的方案，可能有效解決 AI 經濟所導致的廣泛失業和貧富不均擴大。他們認為，面對自動化的大量普及，再訓練和減少工作時數都是無效的解方，只有保障收入才能幫助我們順利避開逐漸逼近的失業災難。

不過，要如何實施 UBI，這件事有待研究和觀察。Y Combinator 贊助的研究組織，目前正在加州奧克蘭進行一項實驗方案，給一千個家庭每個月 1,000 美元的補助，為期三到五年。[5] 研究團隊透過定期問卷調查，追蹤這些家庭的整

體福祉和活動，再和每個月只領 50 美元的控制組對比。

很多矽谷人士透過自己身為創業家的經驗，來看這種方案。他們認為，這些錢不僅是一種安全網，也是一種「對個人自創的投資」，就像一位科技作家說的：「對個人進行創投。」[6] 在這種世界觀中，UBI 給失業者一些「個人天使投資」，讓他們可以用來創業或學習新的技能。2017 年，祖克柏受邀到哈佛大學畢業典禮上致詞，表達了對 UBI 的支持，認為我們應該研究如何落實 UBI：「讓人人都有緩衝空間，可以放手嘗試新點子。」[7]

對我來說，我了解矽谷精英為何如此醉心於這個點子，因為這是一種符合矽谷「輕量」模式的技術性解方，若能有效應付他們創造出來的龐大、複雜社會問題，那又會成為一個矽谷奇蹟。但是，採用 UBI 將會造成社會契約的重大改變，我們應該謹慎評估、思索之後，才真正落實。我支持保障一些基本需求，但我並不認為 UBI 會是化解未來失業危機的萬靈丹，因為如果這樣的話，我們將會大大地錯失了良機。想了解為什麼我會這麼說，我們必須認真看一下矽谷精英對 UBI 狂熱興趣的背後動機，一起思考如果落實了UBI，可能會創造出什麼樣的社會。

矽谷的「魔杖」心態

觀察矽谷對 UBI 的高度興趣，我相信其中確實有一部

分，是源於真正關心那些即將被新科技取代的人們；但是，我擔心，這裡面還有更自利的成分存在。矽谷的創業家都知道，他們的巨額財富，以及他們推動這些破壞力量席捲全球的關鍵角色，在日後情況失控時，會讓他們成為眾矢之的。他們的內心時刻存有這種擔憂，所以開始尋求彌補的解方。

當然，這些複雜的考量，不應讓我們立刻否決他們的解方，畢竟這群人包括世界上最聰穎、頂尖的商業和工程人才。矽谷一向敢於夢想、實驗、快速迭代，這有助於我們安度前方不斷變動的年代。然而，妥善了解這些動機，能夠讓我們更敏銳看待 UBI 這類提案，留心工程師和投資人在處理新問題時可能會有的文化偏見，尤其是這麼一個對社會和人類都有深刻影響的問題。最重要的是，在評估這些提議解方時，我們必須知道他們究竟想要達成什麼──是確保科技真的造福社會上所有人？或者，只是設法規避社會動盪最糟糕的情況？他們是真的願意辛苦投入相關建設嗎？或者，只是想找個快速的權宜之計，減輕自己的良心不安，同時免除自動化造成更深層個人心理衝擊的責任？

我擔心，很多矽谷精英比較傾向後者，把 UBI 當作一支神奇的「魔杖」，以為簡單揮個幾下，就能消除他們在 AI 時代創造出來的種種經濟、社會與心理衝擊。我在第 3 章曾經說過，矽谷向來採取「輕量」模式，專注於數位領域，避開大量投入實體世界的實務。UBI 也算反映了這種模式，傾

向認為所有問題都可以透過調整誘因來解決，或是簡單用數位帳戶轉一下錢就可以了。

這種方法最棒的是，研究人員甚至也不用深思，新科技對全球社會造成的衝擊；每個人只要每個月都領到一筆UBI，彷彿這個世界就太平了。這些科技精英可以放心去做原本計畫的事：繼續打造創新公司，收割龐大的財務報酬。當然，資助UBI會需要課徵更高的稅，會吃掉獲利的一部分，但是AI創造出來的驚人財富，絕大部分仍被這群科技精英所占有。

從這個角度來看，UBI不是一帖建設性的解方，不過是一劑止痛藥，用來痲痺、鎮靜被AI相關技術傷害的人們。而且，這種痲痺效果是雙向的，不但能夠減少被科技取代的失業者的痛苦，也能夠減少導致大量失業的人的良心不安。我在前文提過，我認為某種形式的保障收入是必要的，但如果我們能做的就只是這樣，我們會錯失這項新科技帶來的機會。

純粹的UBI問題是不勞而獲，一個失業的人如果每個月可以不付出勞動就領得一筆薪資，真的能夠保證他／她會努力學習、再找工作嗎？還是比較有可能會終日無所事事、沉迷遊戲、菸酒，甚至毒品？再者，一個人即便上進，想要接受再訓練，再找到一份好的工作，也不能保證他／她能夠知道哪些工作在幾年後又會被AI取代。所以，他／她可能

拿著 UBI 去接受再訓練，一年後找到工作，又被取代。什麼再訓練值得補助，應該由政府諮詢專家決定，不是讓個人自己去找。

　　我想，我們不該只是退而求其次，讓 UBI 發揮止痛劑的效果就好了，應該積極尋求善用 AI 的能力，加倍下注於人類和機器不同的地方，那就是愛人的能力。當然，這件事肯定不容易，需要我們提出不同的創意解方。而且，如果要妥善執行這些方法，肯定需要辛苦的工作和「重磅」模式的投入，不能只是停留在數位世界，必須深入實體世界，執行大量繁複的工作。但如果我們現在就開始，我相信，我們不只很有機會避開大規模的失業災難，還可以普遍培養我在罹癌時體悟到的那種人類價值。

人機協作：AI 優化任務＋人類提供協助

　　私人部門引領 AI 革命，所以我認為，私人部門也應該主導創造更人性化的新就業機會。其中，有些機會會從自由市場的自然運作而生，有些則必須靠人為創造，需要花費一番努力。

　　自由市場創造出來的工作，很多都是結合人類與機器能力的協作機制：由 AI 負責執行例行性的優化任務，人類則是負責執行需要創意和策略思維的工作，以及關愛性質的人際工作。這會需要重新調整現在不少工作，也會創造出很多

新的工作,讓人類和機器聯手提供高效率又照顧人性需求的
優質服務。

在第 6 章兩張就業風險評估圖中,這種人機協作機制可
望為左上角的「結合區」,提供最多的新就業機會——AI 做
分析性思考,人類則是善用溫暖和關愛,傳達機器所做的分
析。「安全區」和「慢變區」的工作也相當適合,人類可以
善用 AI 來增強創意和決策的能力。這是發揮人類光芒的最
好機會,因為創意和關愛是 AI 還做不到的事。有鑑於此,
我們應該積極發展 STEM 教育,重視孩子在「科學」
(Science)、「科技」(Technology)、「工程」(Engineering)、
數學(Mathematics)的學習,也要積極培養有創意、有興
趣的孩子,加速他們的發展。這一塊和關愛型工作,將是未

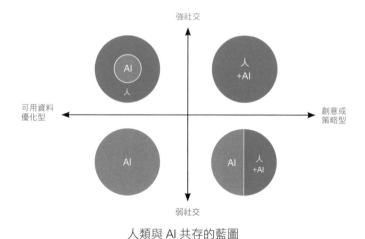

人類與 AI 共存的藍圖

來教育的兩項重心。但是，假以時日，左邊兩個以 AI 為中心的圓圈，由於 AI 進步，將會逐漸移向右邊，能夠走到中間線，但還能走多遠，目前並不清楚。

在左上角「結合區」的工作，有一個人機協作很好的例子，那就是醫療領域的工作。我很確信幾十年後，AI 診斷疾病、建議療法的能力，最後會超越人類醫生。當然，醫學院、協會、醫院等傳統機構，可能會延遲採用這些診斷工具，只在狹窄領域運用，或是只當作參考工具。但是，我相信經過幾十年的發展，由於準確度和效率實在是太高了，AI 診斷工具終究會取代醫生絕大部分的診斷工作。

面對這樣的發展，有一個可能的結果是，機器完全取代醫生，AI 完成全部的看診工作。但是，我們必須考慮到，很多病患可能不會只想讓機器診療。想想看，如果你面對一部充滿大量最新醫療知識的黑盒子，它冷冰冰地告訴你：「結果是，淋巴癌第四期，五年內死亡率 70%。」你可能會有什麼感覺？我想，絕大多數的病患應該都會想要獲得更人性化的醫療體驗，我相信市場也會創造出這樣的體驗。

關於這點，傳統醫生可以進化，扮演另一種角色，我稱為「關懷照護師」。這些新型態的醫療專業人員，將結合護士、醫事人員、社工，甚至心理醫師的技能。他們必須接受各種訓練，包括：學會操作、了解診斷工具，懂得跟病患溝通，並且能夠安慰受創的病人，在整個療程中提供病患支

持。要是病患的病情並不樂觀，他們不會只是客觀告知病患優化後的存活率，還能夠分享一些能為病人加油打氣的小故事，例如：「李開復也跟你一樣，得過這種淋巴癌。他康復了，我相信你也可以。」病人感受到溫暖的關懷，能夠增加康復的自信，康復的概率也會提高。

這些關懷照護師，不會和機器比賽記憶或優化療法的能力，因為長期來說，這是人類肯定會輸的戰役。他們將會獲得良好的訓練，但主要是在需要更多 EQ 的活動上，不是只專注在學習醫學方面的知識。如果執行得很好的話，他們會和機器完美互補，提供病患空前正確的診斷，以及現在繁忙醫院疏於提供的親切關懷。這種透過自由市場創造出來的人機協作機制，將會讓我們的社會慢慢變成一個更和善、更充滿關愛的世界。

最棒的是，這些關懷照護師的出現，將會大量增加工作機會，並且提升整體的醫療照護品質。現在，訓練精良的醫生人數總是有限，導致醫療保健的成本提高，但服務品質卻下降。從目前的供需情況來看，增加醫生人數在成本上並不可行，所以好像只能犧牲服務的品質。但是，沒人想要排隊好幾個小時，等到好不容易看到醫生了，卻只能說上幾句話。這種體驗會讓大多數的人，非得等到絕對有必要時才會上醫院。新型態的關懷照護師，雖然也必須接受良好的訓練，但人才可以選自更廣泛的出身背景，不需要經歷現在醫

生苦背、磨練多年的教育和訓練流程。所以，整個社會將能夠在成本上支持更多關懷照護師，他們的人數將遠遠多於現在的醫生，我們也能夠獲得更多更好的醫療照護服務。

這種綜效也會出現在很多其他的領域，包括教學、法律、活動策劃、高端零售業等。律師事務所的助理，可以讓演算法執行一般的研究工作，他們則是專注在和客戶多溝通，讓客戶感覺備受關照。像 Amazon Go 這樣的 AI 超市，或許不再需要收銀人員，但可以雇用友善的服務人員，像我在第 5 章介紹過的那樣，顯著提升顧客的消費體驗。

至於在專業領域工作的人，當 AI 工具變得普及時，將必須學會運用這些 AI 工具。就跟任何技術革命一樣，很多工作者可能會發現，新工具使用起來並不完美，也具有潛在的威脅性，但是 AI 只會愈來愈好，想要對抗的話，終究會輸。從長期來看，一味抗拒只是徒勞無益，人機協作將會獲得良好的回報。

網際網路促進了共享經濟，也可以明顯減輕工作流失造成的衝擊，重新定義 AI 時代的工作。未來，我們將會看到更多人走出傳統的職涯，因為這些領域已被 AI 大量破壞。他們會改用一些新的平台，這些平台走的是 Uber 模式，提供各種不同的服務。目前，已經有不少這樣的例子出現了，例如 Care.com，這是一個媒合居家照護人員與需求家庭的平台。我相信，在教育和其他領域，也會迅速出現類似的蓬

勃發展。很多大眾市場的產品與服務，都會持續貢獻資料，演算法也會持續優化這些資料，但共享經濟有些比較需要分階段完成的，或是比較個人化的工作，還是只有人類才能夠執行。

過去，這類工作基本上都在公司垂直化的組織架構中，這些公司努力招攬顧客、派員工去做，縱使沒有足夠的工作量，還是繼續聘用所有的員工。將這些產業平台化，能夠顯著提升效率、提高整體需求，讓工作者帶回家的酬勞增加。如果能夠善用 AI，就像叫車平台滴滴和 Uber 做的那樣，將能夠大幅提升效率，吸引更多人參與。

除了已經出現的角色，我相信，我們將會看到現在難以想像的全新服務工作出現。就像你要是跟 1950 年代的人解釋「人生教練」是什麼，他們可能會懷疑你腦子有問題。隨著 AI 鬆綁我們的時間，創意十足的創業家和一般民眾，將會善用這些平台，創造出更多新型態的工作。或許，人們會雇用「換季師」，每隔幾個月就重新整理衣櫥，並且在居家環境中搭配符合季節的香氛。至於重視環保的家庭，也可以雇用「居家永續顧問」來滿足住家的需求，找出有趣的創意方法，減少環境足跡。

營利事業會不斷地想出新的解方，但是我擔心，光靠自由市場的運作，不足以抵消龐大的工作流失和不斷擴大的貧富不均。私人部門的公司，已經創造出大量人本服務工作，

可惜這些工作的薪資往往不佳。無論是由於經濟誘因、公共政策或文化觀點，現在很多最能夠展現親切、關愛的工作，往往最缺乏就業保障或基本尊嚴。

美國勞工部勞動統計局的調查發現，居家保健服務和個人照護，雖然是全美成長最快速的兩個職業，[8] 預估到了 2026 年，將會增加 120 萬個就業機會，但是這些工作的平均年薪，只有 20,000 美元出頭。[9] 至於其他展現人道關愛的工作，例如在家自學、照料年邁或失能的親人等，都不能算是一份「工作」，沒有正式的報酬。

然而，這些展現親切、關愛的活動或工作，正是我們應該在 AI 經濟擁抱的，可惜私人部門至今尚未好好促進這些工作的發展。或許，未來會有一天，我們享受了足夠的物質富裕，不再需要經濟誘因，但在目前的經濟和文化中，金錢還是非常重要。想要真正啟動文化轉型，需要的不只是創造出這類工作，還要讓這類工作擁有真正的職涯發展，收入體面，獲得更多的尊敬。

為了鼓勵並給予這些利社會活動相對的報酬，我們不能只靠私人部門市場的人機協作機制，還必須透過服務業的影響力投資（impact investing）和政策，推動更廣泛的文化價值轉變，為這些產業注入新的活力。

芬克的信：新的影響力投資

當掌管 5.7 兆美元資產的人說話，全球商業界安靜聆聽。全球最大投資管理公司貝萊德（BlackRock）創辦人暨執行長勞倫斯・芬克（Laurence D. Fink），發布了一封信給企業執行長，呼籲大家更關注社會衝擊，全球企業界都受到震盪。這封信的標題是〈目的感〉（"A Sense of Purpose"），芬克寫道：

> 我們……看到很多政府都疏於準備未來，不管是退休、自動化的基礎建設，或是工作者再訓練。整個社會也因此愈來愈轉向私人部門，要求企業對更廣泛的社會挑戰做出反應。……社會要求上市和未上市的公司，肩負起社會服務的責任……。公司必須照顧到所有利害關係人的福祉，包括股東、員工、顧客和整個社群。[10]

芬克的這封信，在 2018 年 1 月發表，就在 2018 年世界經濟論壇舉辦的幾天前。每年全球工商、學術、媒體等領域的精英，都會在瑞士達沃斯齊聚一堂，我也出席了這場盛會。今年，我看到各國的 CEO 焦急討論這個控管他們公司可觀股權的男士所提出的嚴肅警告，雖然很多人都公開認同芬克的觀點，但私底下卻說，呼籲重視更廣泛的社會福祉，

根本有違私人企業的經營邏輯。

　　用狹義的觀點來說，他們說的其實有道理：上市公司在商言商，肩負股東託付的獲利最大化的責任。但是，在 AI 時代，這種只向錢看的冷酷邏輯將會站不住腳，盲目追求獲利、完全不考慮社會衝擊，不只在道德上會遭受質疑，而且其實十分危險。

　　芬克在信中多次提到自動化和再訓練，他管理的資產橫跨全球經濟，他認為 AI 導致的失業問題，不能完全交由自由市場來應付。相反地，我們必須重新想像、重新提振企業社會責任（CSR）、影響力投資，以及社會創業（social entrepreneurship）。過去，這是企業有錢有閒才會做的事，他們可能會想：要不投點錢給微型貸款新創事業好了，否則買點企業碳補償（Carbon Offset）也好，可以發發新聞稿來好好宣傳一下。但是，在 AI 時代，我們需要更認真投入在這些活動上，同時擴大這些活動的定義。以往，這些活動主要聚焦在一些感覺良好的慈善主題上，例如環保、打擊貧窮等；面對 AI 時代的社會衝擊，必須考慮到全新的層面：為那些被取代的失業者，創造大量的服務工作。

　　身為創投業者，我看到新型影響力投資的重要性。我希望，將會出現一種創投生態系統，認為創造人道服務業的工作對整個社會非常有益，也會投資這些產業。這將把資金導向以人為主的服務計畫，進而雇用大量的人力，例如產後哺

乳顧問、青少年運動員教練、家族口述史撰述、國家公園導
遊、老年人聊天夥伴等。這些工作在社會層面和個人層面都
具有重要的涵義，很多也已經能夠創造出實質的收入，但不
是像獨角獸科技新創公司那樣，單一公司的投報率高達
10,000％。

要展開這樣的生態系統，需要參與的創投人士改變心
態。基本上，創投賭的是高風險和指數型報酬，在投資 10
家新創公司時，早就準備好可能會有 9 家失敗，但只要成功
的那家長成獨角獸，光是一家就能創造出指數型的報酬，讓
整個創投基金獲得巨大的成功。之所以能夠創造出這種指數
型的報酬，是因為網際網路的獨特經濟效益：數位產品可以
在幾乎零邊際成本的情況下無限擴增，最成功的公司可以創
造出天文數字的利潤。

然而，服務導向的影響力投資並不一樣，雖然能夠創造
出有意義的工作，但是報酬會是線性的，這是因為人力型的
服務工作，無法創造出指數型的投資報酬。如果有人創辦了
一間很棒的照護服務公司，無法數位化複製這些服務，立刻
推廣到全球去，相關業務必須由一個又一個工作者、一件又
一件地做。老實說，傳統的創投公司根本不會考慮投資這些
線性報酬的公司；但是，在打造 AI 經濟時，這些公司會是
重要的支柱，不但可以創造新的就業機會，也可以加強人際
之間的連結。

當然，這絕對免不了一些失敗，報酬也永遠比不上純粹的科技創投。但是，願意投資的人，並不十分在意這些。在這個生態系統，可能會有比較資深的創投高階主管，他們想要做一點不同的事，也可能會有年輕一點的創投家，正在經歷「休假」階段，或者只是純粹想要做點公益。他們同樣會以敏銳的直覺，挑選創業者和公司，或許也會從中協助這些線性報酬的服務業公司。政府可能也會投入資金，因為想要尋找有效創造新就業的機會，而且做 CSR 的公司也可能會投資。

這些人加起來，將會創造出一個獨特的生態系統，比純粹的慈善事業更創造就業導向，比純粹的創投更影響力導向。如果我們能把社會上不同的良知力量結合在一起，我相信，我們將能編織出一張新的就業安全網，建設一個充滿關愛與仁慈的社會。

政府的角色

然而，就算有自由市場的力量，以及社會創業家的良善意圖，還是有很多人會在夾縫中求生存。只要看看現在世界上有那麼多地方嚴重貧富不均和赤貧，就知道光靠市場機制和道德命令並不足夠。想要推動經濟結構的根本改變，通常需要政府全力介入；如果我們希望為 AI 時代撰寫新的社會契約，就需要公共政策的支持，所以矽谷有些人才會支持

UBI。面對工作機會不足，政府必須提供全面的經濟保障，發錢可以讓失業者免於窮困，也可以讓那些科技精英不必那麼傷腦筋。

這種無條件的補助，也符合矽谷高度個人主義，以及「自己活、也讓別人活」的自由意志主義。提倡 UBI 的人會問：政府到底有什麼權力，告訴民眾如何安排自己的時間？只要給他們錢，讓他們自己決定就好。這種方法符合矽谷科技精英如何看待這個社會——從「用戶」的角度，不是「公民」的角度；從「顧客」的角度，不是「社群」的角度。

我有不一樣的看法。我不想生活在被科技劃分成不同階級的社會裡，AI 精英生活在金字塔頂端，財富多到令人咋舌，但是靠著最微薄的施捨，讓龐大的失業族群閉嘴、不至於暴動。我希望，我們可以共同創造出一個全員發展的制度，妥善運用 AI 創造出來的財富，讓整個社會變得更富同理心、充滿人性和關懷。當然，這會需要創意性思考和複雜的政策制定，靈感往往來自意想不到的地方，對我來說，佛光山啟發了我不少想像。

山上的 CEO 司機

早晨，天還沒全亮，我走在佛光山龐大的園區內，打算拜會星雲大師。就在這天，我獲邀和星雲大師共進早齋。我加緊腳步往山上走，此時來了一輛高爾夫球車，停在我的

身旁。

「早安！」司機對我說：「要我載你一程嗎？」

我不想讓星雲大師等候，所以接受了。我坐上車，告訴他我要去哪裡。他穿著牛仔褲和簡單的長袖上衣，外加一件橘色背心，年紀看起來跟我差不多，五十多歲，頭上有幾撮白髮。就這樣，我們沉默地前進了幾分鐘，自在享受園區的靜謐，早晨微風徐徐吹來。車子繞著山路走，我開口打破了沉默。

「這是你的工作嗎？」

「不是，」他說：「有空的時候，我來這裡當志工。」

我注意到他穿的橘色背心，左胸前繡了「志工」兩個字。「喔，那你是做什麼工作的呢？」我問。

「我開了一家電子製造公司，我是 CEO。但是，我最近減少工作時間，更常來這裡當志工。我在這裡看星雲大師和民眾分享智慧，真的很特別。我感到很祥和，也想用自己的力量來幫助別人。」

他說的這些話，還有說話時的平靜態度，深深打動了我。電子製造業是非常競爭的產業，利潤很薄，還要不斷地創新、升級、優化作業，工作壓力沒完沒了。想要事業成功，往往得犧牲健康，白天在工廠工作的時間很長，晚上免不了還得陪客戶喝酒、抽菸、應酬。

但是，這位司機看起來身體健康，一派祥和。他告訴

我，他週末來佛光山當志工，已經變成一種紓解工作壓力的方法。他還沒有要退休，來佛光山當志工、服務遊客，讓他感受到比商場爾虞我詐更簡單、深刻的東西。

不久後，我們到了，我向這位 CEO 司機致謝，他笑著對我點點頭。在接下來的早齋中，星雲大師和我分享的智慧，深刻影響了我對工作和生活的思考。但是，我跟這位志工的聊天，也讓我印象十分深刻。

起初，我以為他比較特別一點，這種謙卑服務的態度，可能是受到宗教的影響。但是，我回到台北接受化療之後，發現城市裡有很多穿著志工背心的人，無論在圖書館、交叉路口、公家機關、國家公園等，都可以看見他們的蹤影。他們可能舉著「停」的旗幟，導護孩童安全過馬路，或是在國家公園裡介紹台灣的原生植物，或是在櫃檯指導民眾申辦健保。這些志工很多都是老年人，或者才剛剛退休，生活的基本需求沒有問題，所以把時間貢獻出來幫助他人，和所屬的社區保持緊密連結。

我在接受化療時，反覆思考 AI 時代即將來臨的危機，經常會想到這些志工。雖然近來很多人主張 UBI，彷彿它是萬用的社會鎮靜劑，但這些志工和他們創造出來的更廣泛的社區文化，卻讓我看見某種智慧。城市如果沒有這些穿著背心、頭髮斑白的志工，當然能夠繼續運作……，但是就會少了那麼一點親切、一點人情味。在這種微妙的轉變中，我逐

漸看清一條前進的路。

社會貢獻薪資：照護、服務、教育

　　就像那些志工貢獻自己的時間和精力，讓社區變得更有愛心一點，我相信，我們也有義務運用 AI 時代的經濟富庶，促進相同的價值觀，鼓勵這些活動。但是，我提議的不是 UBI，而是我稱為「社會貢獻薪資」（social investment stipend）的方案。這些薪資由政府支付，凡是投資時間和精力在讓社會變得更仁慈、和善、更有創意的活動的人，政府就會支付一筆還算不錯的報酬。這些活動主要可以分成三大類：照護工作、社區服務和教育。

　　它們將會形成一種新社會契約的支柱，就像我們現在獎酬高經濟生產力的活動，這些活動重視、獎酬的是高度對社會有益的活動。但是，這種社會貢獻薪資並不是要取代社會安全網，也就是滿足民眾基本需求的傳統社會福利、健保和失業救濟金等，而是要給選擇從事對社會有益活動的人，提供一份還算不錯的收入。今天，一個人在社會上的地位，大致上還是跟所得和事業成就有關。為了展現我們對這些職業的敬意，應該支付他們還算不錯的薪資，並且提供一般職涯會有的升遷機會。如果執行得當，這些社會貢獻薪資會把我們的文化推往更仁慈、更充滿關愛的方向去，我們將能用 AI 創造出來的經濟財富，打造一個更美好的社會，不是單

純領錢來麻痺 AI 造成的失業痛苦而已。

照護工作、社區服務、教育這三大類社會活動，每一類都涵蓋了非常廣泛的項目，針對全職和兼職的投入，應該給予不同的薪資。照護工作可能包括：在家自學、照料年邁父母、幫助照顧病友，或是幫助提升身心障礙者的生活品質等。從事這類活動的人群將會十分龐大，包括親友、愛人，甚至是陌生人等。他們能夠協助這些有需要的人提升生活品質，提供我那位創業家朋友的直立機台無法給老年人的東西，那就是溫暖的人際互動。

服務工作的定義同樣很廣泛，涵蓋了現在很多非營利組織的工作，還有我在台灣看到的那些志工所從事的活動，包括環境復育、課後輔導、國家公園導遊、整理社區耆老的口述史等。參加這些活動的人，將會隸屬特定組織，服務滿特定時數之後，才能夠領取社會貢獻薪資。

最後，在教育這個工作類別，涵蓋了從 AI 時代的專業工作訓練，到把嗜好變成職涯的訓練課程。一部分的社會貢獻薪資所得人，可以運用這項財務自由，追求機器學習的學位，再用這個學位來找高薪的工作。至於其他人則可以運用相同的自由，去上表演課、學學數位行銷等；政府會把大部分的補助，用在不會被 AI 取代的領域的培訓。

我要特別強調一點，規定領取社會貢獻薪資的人從事這些活動，並不是要強制他們的日常活動。人類的美在於多元

性，每個人都有不同的背景、技能、興趣和個人特質，我不是主張要用一些狹窄的社會活動，靠著指揮控制制度來扼殺這種多元性。必須對社會做出貢獻才能夠領取薪資，是為了培養與 UBI 自由放任個人主義明顯不同的意識形態。參與利社會活動可以領取薪資，加強了一項明確的訊息：我們之所以能夠達到這樣的經濟富裕，靠的是社會上無數人的努力；現在，我們共同利用這些富裕，對彼此做出貢獻，加強人際之間的關愛和連結，這些都是我們身為人類的特別之處。

看看前述這些活動，我相信，會有足夠廣泛的選擇，可以讓所有被 AI 取代的人找到合適的工作。喜歡和人親近的人，可以選擇照護工作；比較有抱負一點的人，就可以去上職訓課程；受到社會理想激勵的人，可以選擇服務或倡議類的工作。在智能機器取代我們成為經濟引擎的時代，我希望我們能夠重視照護、服務、自我培育的活動，認同它們是集體社會建設計畫的一部分，可以幫我們打造出一個更人性化的社會。

問題十分複雜，開放討論

要實施這種社會方案，當然會引發一連串的問題與摩擦。例如：該付多少錢才夠？需要看績效敘薪嗎？要怎麼知道有沒有認真執行「照護」工作？哪些活動可以算是「服務」

工作？這些問題確實很難回答，目前也沒有明確的答案，而且要在人口破億的國家實行，肯定需要政府和相關組織大量的文書作業和實務工作。

不過，這些挑戰並非無法克服。已開發社會的政府，為了維持公共服務、教育制度和社會安全網，已經運作、維持了種種的官方作業；各地政府也固定施行建築物安檢、學校評鑑、失業給付、餐廳衛生檢查、全民健保等非常繁複的作業。實施「社會貢獻薪資」，確實會大量增加工作量，但是我相信，這些絕非無法應付。考量到相關方案的益處，我認為新增的組織挑戰是值得的，因為能夠為社會帶來許多正面的力量。

但是，政府有能力負擔嗎？要提供足以支應生活的薪資，給這些執行社會貢獻活動的人，將會需要非常龐大的稅收，這對很多負債累累的國家來說，似乎吃不消。AI 會提升社會的生產力，但它會產生夠大的收益，讓政府有充足財源支付這些薪資嗎？

這些問題當然有待解答，而且要等到 AI 在我們的經濟中大量普及之後，才可能會知道答案。如果 AI 確實達到、甚至超越預測的生產力提升和財富創造，我相信，我們可以透過對超級獲利課徵超級稅額，來支應這些方案。沒錯，這可能會降低發展 AI 的經濟誘因，但由於 AI 時代的贏家獲利非常驚人，我不認為這將會實際阻礙創新。

　　不過，要達到天文數字的獲利，還需要好幾年的時間，在這個過程中，有不少工作者會先受害。為了讓整個轉型過程順暢一點，我提議逐步採取漸進措施，因為直接實施「社會貢獻薪資」顯然並不可行，所以我們可以在一路上逐漸改善政策，先試著減輕工作流失所造成的社會衝擊，再逐步邁向前文提過的新社會契約。

　　舉例來說，政府可以先大幅提高對新手父母的補助，讓他們可以選擇在家裡育嬰，或是把小孩送到全日托兒所那裡。如果父母幫孩子選擇在家自學，達到特定檢定成績的人，政府就提供相當於教師薪資的補助。此外，公立學校也可以大量增加老師的人數，也許最終增加 10 倍，讓每個老師只負責幾個學生就好，這樣他們就可以跟 AI 教育系統搭配。接受職業再訓練的人，或是正在照料年邁父母的人，政府也可以提供補助或津貼。這些方案比較簡單，可以用來為「社會貢獻薪資」鋪路，開始改變我們的文化，為未來更大的實施做好準備。

　　隨著 AI 持續創造出更大的經濟價值、取代愈來愈多的工作者，我們可以逐漸擴大補助的範圍，超越照護活動或職業訓練。等到 AI 對社會的衝擊全面降臨，也就是生產力大幅提升、嚴重影響到就業，我們應該就能集合資源和公共意志，實施像「社會貢獻薪資」之類的方案。等到發展到那一天，我希望這類方案不僅能夠減輕 AI 時代對我們造成的經

濟、社會、心理衝擊，甚至能讓我們有能力開啟新的生活模式，彰顯我們的人性價值，善用在我們身上機器做不到的事，那就是和身旁的人分享關懷。

環顧四周，展望未來

本章提出的建議，只是面對未來 AI 造成的巨大破壞所設想的一些初步解方。我們看了技術性解方，包括再訓練工作者、減少工作時數、透過 UBI 重新分配所得。雖然這些技術性解方有所幫助，但我認為並不足夠。我的預期是，私人部門能用有創意的方法促進人機協作機制，而且會出現新一波的影響力投資，投資以人為本的服務工作。此外，政府會採用「社會貢獻薪資」之類的方案，給予貢獻在照護、服務、教育類別的工作者報酬。這些結合起來，可以重新調整我們的經濟、改寫社會契約，獎勵對社會有益的活動。

當然，這些建議絕對不完整，也不是權威判斷，足以教各位適應廣大的自動化變革。但是，我希望至少可以當作一套參考架構，或是一套價值觀，協助我們順利轉型。這些看法來自我幾十年在 AI 的專業經驗，以及我對全球科技業的了解。至於背後的人性價值，則是來自一些最親密的關係和人際連結，包括我的罹癌經驗、我太太和家人帶給我的轉變、星雲大師傳授給我的智慧，還有很多人與我無私分享愛和智慧。

如果我不曾經歷過這種由衷感到恐懼、但最終具有啟發性的人生經驗，我可能永遠也不會覺悟到關愛在人際互動中的核心角色。如果不是這樣的體驗和領悟，我大概會和其他 AI 專家一樣，用差不多的角度來看迫近的危機，把這項危機視為簡單的資源分配問題，只要用 UBI 這種最簡單、有效的方法來應付就好，不會提倡共同建設一個更充滿關懷、同理心的世界。在我經歷了罹癌的體驗之後，我才看出這種方法的空洞。

這項個人體驗也教我細心觀察，人們謙卑動作隱藏的智慧。我當了那麼多年的鐵人，也必須卸下一身盔甲，面對自己會死這件事，懂得欣賞世俗所謂沒那麼「成功」的人所做出的貢獻。

我相信，我們很快就會在國際間看到相同的發展。中美兩個 AI 超級強權，或許有最好的專業發展這些科技，但是在 AI 時代，創造人類榮景要靠全球各行各業的人攜手合作。在我們展望未來的同時，切莫忘了環顧四周。

第 9 章

我們和 AI 的故事

2005 年 6 月 12 日，賈伯斯受邀到史丹佛大學，發表了有史以來最令人難忘的畢業演說之一。他在演說中，回顧了他一路上曲折的職涯發展，從大學輟學到共同創辦蘋果，從他慘遭蘋果開除到創辦皮克斯動畫工作室（Pixar），最後又在十年後榮耀返回蘋果。面對台下這群充滿雄心壯志的精英學生，其中很多人早已熱切規劃好要爬到矽谷的頂峰，賈伯斯提醒他們，未必要預先規劃好自己的人生和事業。

賈伯斯對著整個運動場的學生說：「人生會有很多的轉折點，你不可能事先連結這些點，知道它們會如何發展。你只能在事後回顧，發現原來是這樣。所以，你必須相信這些點在未來都可能連結起來。」

我初次聽到賈伯斯這席話，就認為他很有人生智慧，現在更是這樣認為。寫這本書，讓我有機會連結過去四十年在工作、成長、各項發展上的點，整段旅程結合了公司、文化，我從 AI 研究人員、企業主管、創投業者、作家到抗癌鬥士的經驗，涵蓋的議題包括全球和非常個人的面向，討論 AI 崛起、幾個我稱為「家」的地方的命運糾纏，還有我怎麼從一個「鐵人」工作狂，進化到一個更懂得愛人的父親、丈夫和人類。

賈伯斯 2005 年在史丹佛的畢業演說

這些經驗結合起來，構成了我對全球 AI 前景的看法。我回顧人生中的那些

點，它們串連起來形成了星座，變成前進的指引。我在科技
和商務長年的經驗，讓我能夠看清這些科技將在中美等地如
何發展；我突然間得知罹癌的消息，讓我醒悟我們必須善用
這些科技，共同打造一個更充滿關愛的社會；最後，我長年
浸淫在東西方文化，讓我了解共同進步的價值，以及超越國
界互相了解的必要。

這不是一場軍備競賽，這是我們共同的未來

在描述 AI 的全球發展時，很容易令人聯想到軍備競賽
或零和遊戲。很多人把今天的 AI 競賽，拿來和 1960 年代
的太空競賽相比；[1] 更糟糕的是，還和冷戰時期的大規模毀
滅性武器軍備競賽相比。[2] 雖然這本書的英文書名，用了「超
級強權」（superpowers）這個單字，不禁讓人聯想到地緣政
治的敵對狀態。但是，會使用《AI 超級強權》（*AI
Superpowers*）當作英文書名，主要是要提醒大家關注 AI 科
技目前的發展，尤其是中美兩個領先國家的進步，以及這些
進展對全球的影響，並不是要彰顯兩國在科技上的軍備優
勢。然而，過分關注政治姿態的人很容易模糊了焦點，不去
設想應該怎麼做，人類在 AI 時代才能夠繼續繁榮下去。

如果不謹慎面對，「AI 軍備競賽」這樣的概念，可能會
損及我們對 AI 共同未來的規劃與行動。一場競賽通常只有
一位贏家，那是零和遊戲，中國贏了，美國就輸了，反之亦

然，沒有共同進步、一起繁榮發展的看法，只有不計代價追求勝利的執念。這種心態導致美國許多評論家，把中國近年來在 AI 的快速發展當作文字炮彈，刺激美國領導人趕快採取行動。他們說，美國很快就會失去科技領先的地位，這項科技優勢有助於 21 世紀的軍備競賽。

我們必須了解，這不是一場新的冷戰。雖然 AI 確實有潛在的軍事應用，但這只是千萬種應用之一。做為全方位技術（omni-use technology），AI 真正的價值不是在破壞，而是在創造。如果我們能夠正確了解這項價值，並且加以利用，AI 可以幫助我們創造出人類史上前所未見的經濟價值與繁榮。所以，現在的 AI 榮景，更像是工業革命或電力的發明，而不是冷戰時期毀滅性武器的軍備競賽。沒錯，中美兩國的公司會彼此競爭，看誰更能利用 AI 來提升生產力，但這些公司並不打算要征服對方的國家。谷歌向海外推廣 TensorFlow，或阿里巴巴在吉隆坡啟動「城市大腦」，都更像是早年蒸汽引擎或電燈泡出口，而不是比賽槍響，全球新軍備競賽全面啟動。

能夠看清楚 AI 長期影響的人，就會看到一項必須嚴陣以待的事實：在未來數十年，AI 最大的破壞力量不在國際軍事，而在它對全球勞動市場和社會體系的巨大衝擊。光是認知到未來可能會有的社經動盪，就應該使我們變得謙卑，讓我們把人類的競爭本能，變成共同尋求克服嚴峻挑戰的合

作心態，因為到時候不分社經階級、不分國籍，所有人的命運都是一體的。

汲取全球智慧，爲未來做好準備

當全球都感受到 AI 的創造力和破壞力時，我們需要尋求彼此的支持，獲得一些重要的靈感。中美兩國將會領先 AI 的經濟應用發展，但是其他國家和文化，肯定會繼續對更廣泛的社會發展，做出寶貴的貢獻。面對未來龐大、繁複的種種議題，沒有任何一個國家能夠解答所有的問題，但如果我們懂得汲取各種智慧，我相信沒有我們解決不了的問題。我們可以汲取的多元化智慧，包括對教育制度進行務實改革、在文化價值觀上進行微妙調整，以及對人類發展、隱私、治理這些觀點做出重大改變。

舉例來說，在教育改革方面，我們可以借鑑南韓的資優教育，著重培養數學和科學的頂尖人才，政府、大學和企業攜手合作。這種方法有助於創造物質繁榮，對整個社會有益。此外，全球各地的學校，也可以學習美國在社交和情緒教育（Social and Emotional Education）上所做的實驗，培養未來關愛型工作需要的重要技能。

在學習如何調整工作方法和態度方面，瑞士和日本的匠人精神，非常值得我們學習。他們追求完美的精神，將例行性的工作，變成追求藝術和極致的活動。至於加拿大和荷蘭

等國的活躍志工文化，則是打破我們對「工作」的傳統看法，「工作」可以是多面向的。在照顧年長者、經營多代同堂家庭這一塊，中華文化會是很好的智慧源頭。在結合公共政策和個人價值這一塊，我們真的應該好好花點時間研究一下新的衡量方法，例如不丹就決定用「國民幸福指數」（Gross National Happiness）做為一項重要的發展指標。

最後，在處理資料隱私、數位壟斷、線上安全、演算法偏見這些棘手的議題時，各國政府必須經常借鑑彼此的做法。我們可以比較歐盟、美國和中國政府的做法，歐盟一般來說比較嚴格一點，曾經用反托拉斯法重罰谷歌，並且和科技公司爭奪資料管控權；中美兩國對科技公司比較寬鬆一點，在非得介入旁觀之前，會先讓科技和市場自然發展。

這些方法都有一些取捨，有的看重隱私更勝於科技進步，其他的則是相反。想要善用 AI 來建設我們想要的社會，就必須密切關注相關政策對真實世界的影響，隨時保持開放的態度，採取不同方法的優點。

人人都是協作者

想要汲取多元化智慧，我們得先對這項快速發展的科技，保有一種主控感。新聞頭條經常報導 AI 的最新發展，很容易讓人感覺人類好像已經失去對自身命運的主宰。關於「機器人大軍」和人類淪為「無用階級」的預言，不時在我

們腦海裡縈繞，讓人感覺到人類在面臨強大科技時的無力感。在這些末日預言的情境中，確實含有幾分對 AI 潛力描述的事實，但它們主要描繪的無力感，卻掩蓋了一項重點：AI 的未來如何發展，最重要的單一因素是人類如何採取行動。

在人類和 AI 的故事中，我們不能當個被動的旁觀者，每個人都是協作者。這表示，我們選擇重視哪些價值，就會變成自我應驗的預言。如果我們告訴自己，人類的價值只在於經濟貢獻，我們就會據此行動。在不久的未來，我們就會看到大量的機器，出現在各種工作場所取代人類，甚至淪落到郝景芳在《北京折疊》裡描繪的那種階級世界。

但是，結局不一定非得這樣不可。這種反烏托邦的意識形態——把人當成經濟生產單位的總和，只能顯示出我們過分迷惘。我們出生在這個世界上，不是只為了做那些重複性的工作而已。我們不需要整天汲汲營營累積財富，只是為了能在死後把財富留給子孫，好讓他們繼續重複這段過程——人類演算法的最新迭代。如果我們相信人生在世有其意義，不是無止境地追求物質財富而已，AI 或許能夠幫助我們挖掘出這些更深層的意義。

善用我們的心智

我在 1983 年展開 AI 研究生涯時，在申請卡內基美隆大

學電腦科學博士班的讀書計畫中，把 AI 描述為：「對人類學習過程的闡釋、對人類思維過程的量化、對人類行為的澄清，以及對人類智力的理解。AI 是人類認識並理解自己的最後一步……。」這算是當時這個領域浪漫概念的精華版，日後也一直鼓勵著我把AI的能力和人類知識的界限往外推。

三十五年後的今天，我的年紀增長了不少，希望智慧多少也跟著增長了一些，我看事情的角度完全不同了。我們研發出來的 AI 系統，在許多工作上已經可以模仿人類、甚至超越人類，我身為研究人員和 AI 科學家，當然對這些成就引以為傲。但是，如果我的目標是要了解我自己和其他人類，那麼這幾十年來的「進展」，其實沒有太大的幫助。事實上，我甚至感覺有點錯失目標了，不該追求機器勝過人腦，應該追求了解人類的心靈。

這項人生功課，我卻花了太長的時間才學會。我的成年生活花了太多時間和心力執著於工作，追求把我的影響力最大化。為此，我把大腦變成不斷精修的演算法，不停地在各國奔走、跨時區工作，從未真正了解更有意義、更具人性的東西，其實是在我家人、朋友，以及周圍關心我的人的心靈裡。直到我被診斷出癌症，我家人對我無私的愛，終於讓我把所有的點，串連成一幅更清晰的圖像，讓我看清楚我們和自己打造出來的機器真正的不同。

這段過程改變了我的人生，迂迴地把我帶回到最初研究

AI 的目的：透過 AI 來理解人類的本質。如果 AI 真的能夠
幫助我們了解自己，不會是因為演算法理解人腦的機械運作
原理，而是因為它們解放了我們，讓我們不再一味追求優
化，進而聚焦在真正使我們成為人類的東西，那就是愛人與
被愛的能力。

　　想要做到這件事，需要我們全體的努力，以及有意識的
選擇。還好，人類具有自由意志，可以選擇自己的目標，這
是 AI 還做不到的。我們可以共同努力，打破階級和國界的
藩籬，共同撰寫人類和 AI 故事的結局。讓我們選擇讓機器
當機器、人類當人類吧！我相信，AI 的發展多少參雜了一
點機緣和運氣，但是在非常正確的時間，在我們的身邊展開
大規模的實務應用。面對未來 AI 的發展，我相信，它可以
使人類從乏味、無趣的例行性工作中獲得解放，敦促我們思
考人之何以為人，以及人生在世的意義。

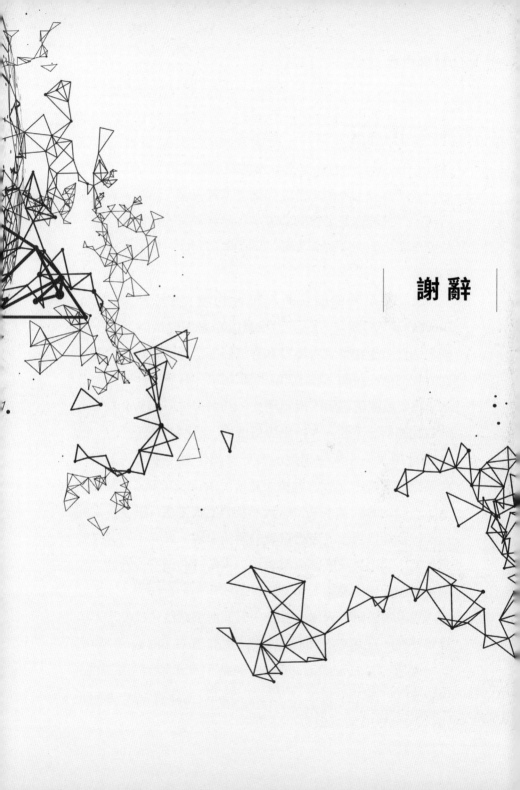

謝辭

這本書的誕生，首先要感謝我的協作者麥特・席漢（Matt Sheehan），他在非常緊湊的截稿時間內，投入了大量心力在這本書上。如果各位覺得這本書有趣、好看，資訊很豐富，大部分都是麥特的功勞。我非常幸運能夠找到這麼一位協作者，他對中國、美國、科技業和寫作，都有非常深入的了解。

起初，是我的朋友兼經紀人約翰・布洛克曼（John Brockman）和團隊，說服了我寫這本書。他相信這個主題的迫切性，也相信我有能力針對這個主題提供獨到的見解。他對我的信心說服了我，事後回想起來，我認為他對極了。

我要感謝美國版的編輯理查・沃爾夫（Rick Wolff），勇敢對我的信念下注，支持出版這個未經證明的選題。對一個11歲就留美的小學生來說，中英文創作需要強大的編輯，我要感謝繁體中文版的編輯邱慧菁（Bernice Chiu）。繁體中文版經過她的細膩修改，達到了我的出版要求：讓中英文的寫作，都能以母語人士最自然的語法呈現。此外，她非常勤奮敬業，找出英文版不少錯誤和不夠嚴謹的地方。她的工作遠遠超越編輯的職責，希望以後還能夠和她合作。

我也要感謝下列這些人士，幫助閱讀初稿，提供了不少寶貴意見：艾瑞克・布林優夫森（Erik Brynjolfsson）、詹姆斯・曼宜卡（James Manyika）、強納生・渥策爾（Jonathan Woetzel）、保羅・特麥洛（Paul Triolo）、薛曉嵐（Shaolan

Hsueh）、陳序（Chen Xu）、楊永妙（Cathy Yang）、袁莉、蔡妍（Maggie Tsai）、崔德智（Michael Chui）、羅力‧鄂藍（Laurie Erlam）、張小凡，以及我在創新工場的團隊馬曉紅、林其玲、黃蕙雯（Anita Huang）、吳卓浩。

　　最後，我由衷感謝我的家人，他們在過去半年忍受了我的怠慢，我等不及要重回他們的懷抱。我跟他們說，這應該是我近期寫的最後一本書了，但之前我曾經七次對他們說過這句話，希望他們還會相信我。

注 釋

第1章　中國的史普尼克時刻

1. "Go and Mathematics," in Wikipedia, s.v., "Legal Positions," https://en.wikipedia.org/wiki/Go_and_mathematics#Legal_positions.

2. Cade Metz, "What the AI Behind AlphaGo Can Teach us About Being Human," *Wired*, May 19, 2016, https://www.wired.com/2016/05/google-alpha-go-ai/.

3. Paul Mozur, "Beijing Wants A.I. to be Made in China by 2030," *The New York Times*, July 20, 2017, https://www.nytimes.com/2017/07/20/business/china-artificial-intelligence.html.

4. James Vincent, "China Overtakes US in AI Startup Funding with a Focus on Facial Recognition and Chips," *The Verge,* February 2, 2018, https://www.theverge.com/2018/2/22/17039696/china-us-ai-funding-startup-comparison.

5. Kai-Fu Lee and Sanjoy Mahajan, "The Development of a World Class Othello Program," *Artificial Intelligence* 43, no. 1 (April 1990): 21–36.

6. Kai-Fu Lee, "On Large-Vocabulary Speaker-Independent Continuous Speech Recognition," *Speech Communication* 7, no. 4 (December 1988): 375–379.

7. John Markoff, "Talking to Machines: Progress Is Speeded," *New York Times*, July 6, 1988, https://www.nytimes.com/1988/07/06/business/business-technology-talking-to-machines-progress-is-speeded.html?mcubz=1.

8. ImageNet Large Scale Visual Recognition Challenge 2012, Full

Results, http://image-net.org/challenges/LSVRC/2012/results. html.

9. Catherine Shu, "Google Acquires Artificial Intelligence Startup for Over $500 million," *TechCrunch,* January 26, 2014, https:// techcrunch.com/2014/01/26/google-deepmind/.

10. Shana Lynch, "Andrew Ng: Why AI is the New Electricity," The Dish (blog), *Stanford News,* March 14, 2017, https://news. stanford.edu/thedish/2017/03/14/andrew-ng-why-ai-is-the-new-electricity/.

11. Dr. Anand S. Rao and Gerard Verweij, "Sizing the Prize," PwC, June 27, 2017, https://www.pwc.com/gx/en/issues/analytics/ assets/pwc-ai-analysis-sizing-the-prize-report.pdf.

第2章　從山寨到世界級創業家

1. Gady Epstein, "The Cloner," *Forbes,* April 28, 2011, https://www. forbes.com/global/2011/0509/companies-wang-xing-china-groupon-friendster-cloner.html#1272f84055a6.

2. 孫進、李靜穎、孫進、劉佳,〈社交媒體衝向互聯網巔峰〉,第一財經日報, April 21, 2011, http://www.yicai.com/ news/739256.html.

3. "This Little-Known Startup Just Hit a Valuation of $30 Billion," *Bloomberg News*, October 19, 2017, https://www.bloomberg. com/news/articles/2017-10-19/china-s-meituan-raises-4-billion-at-30-billion-valuation.

4. "To Each According to His Abilities," *The Economist,* May 31, 2001, https://www.economist.com/node/639652.

5. Gabrielle H. Sanchez, "China's Counterfeit Disneyland Is Actually Super Creepy," *Buzzfeed,* December 11, 2014, https://www.buzzfeed.com/gabrielsanchez/chinas-eerie-counterfeit-disneyland.

6. Xueping Du, "Internet Adoption and Usage in China," *27th Annual Telecommunications Policy and Research Conference,* Alexandria, VA, September 25–27, 1999, https://pdfs.semanticscholar.org/4881/088c67ad919da32487c567341f8a0af7e47e.pdf.

7. "Ebay Lectures Taobao That Free Is Not a Business Model," *South China Morning Post,* October 21, 2005, http://www.scmp.com/node/521384.

8. 周鴻禕／范海濤著,《顛覆者》,北京聯合出版有限公司,2017年11月出版。

9. Dr. Andrew Ng, Dr. Sebastian Thrun, and Dr. Kai-Fu Lee, "The Future of AI," moderated by John Markoff, Sinovation Ventures, Menlo Park, CA, June 10, 2017, http://us.sinovationventures.com/blog/the-future-of-ai.

10. Eric Ries, *The Lean Startup: How Today's Entrepreneurs Use Continuous Innovation to Create Radically Successful Businesses* (New York: Crown Business, 2011). 本書繁體中文版《精實創業》,由行人出版社出版。

第3章　中國的另類互聯網宇宙

1. Francis Tan, "Tencent Launches Kik-like Messaging App," *The Next Web,* January 21, 2011, https://thenextweb.com/

asia/2011/01/21/tencent-launches-kik-like-messaging-app-in-china/.

2. Connie Chan, "A Whirlwind Tour Through China Tech Trends," Andreesen Horowitz (blog), February 6, 2017, https://a16z. com/2017/02/06/china-trends-2016-2017/.

3. Josh Horwitz, "Chinese WeChat Users Sent out 20 Million Cash-Filled Red Envelopes to Friends and Family Within Two Days," TechinAsia, February 4, 2014, https://www.techinasia.com/ wechats-money-gifting-scheme-lures-5-million-chinese-users-alibabas-jack-ma-calls-pearl-harbor-attack-company.

4. Premier Li's Speech at Summer Davos Opening Ceremony," *Xinhua,* September 10, 2014, http://english.gov.cn/premier/ speeches/2014/09/22/content_281474988575784.htm.

5. http://www.gov.cn/zhengce/content/2015-06/16/content_9855. htm.

6. Zero2IPO Research,〈清科觀察：《2016政府引導基金報告》發布，管理辦法支持四大領域、明確負面清單〉, 清科研究中心，March 30, 2016, http://free.pedata.cn/1440998436840710. html.

7. "Venture Pulse Q4 2017," *KPMG Enterprise,* January 16, 2018, https://assets.kpmg.com/content/dam/kpmg/xx/pdf/2018/01/ venture-pulse-report-q4-17.pdf.

8. "China's O2O Catering Industry Makes Eating Easy," August 17, 2015, http://www.ecns.cn/business/2015/08-17/177427.shtml.

9. Lucinda Shen, "After SoftBank Investment, Uber Is No Longer World's Most Valuable Unicorn," January 20, 2018, http://

fortune.com/2018/01/19/uber-softbank-didi-worth-most-valuable-startup/.

10. Joshua Brustein, "GrubHub Buys Yelp's Eat24 for $288 million," *Bloomberg*, August 3, 2017, https://www.bloomberg.com/news/articles/2017-08-03/grubhub-buys-yelp-s-eat24-for-288-million.

11. Kevin Wei Wang, Alan Lau, and Fang Gong, "How Savvy, Social Shoppers Are Transforming Chinese E-Commerce," McKinsey & Company, April 2017, https://www.mckinsey.com/industries/retail/our-insights/how-savvy-social-shoppers-are-transforming-chinese-e-commerce.

12. 第41次《中國互聯網絡發展狀況統計報告》，中國互聯網絡信息中心，January 18, 2018, http://www.cac.gov.cn/2018-01/31/c_1122346138.htm.

13. 〈你的城市還用現金嗎？杭州的劫匪已經搶不到錢了〉，文／巴九靈（吳曉波頻道），April 3, 2017, http://www.sohu.com/a/131836799_565426.

14. "China's Third-Party Mobile Payments Report," iResearch, June 28, 2017, http://www.iresearchchina.com/content/details8_34116.html.

15. Analysis 易觀，〈中國第三方支付移動支付市場季度監測報告2017年第4季度〉，http://www.analysis.cn/analysis/trade/detail/1001257/.

16. 〈2017年中國GDP增長6.9％，新動能已成為經濟重要支撐〉，January 19, 2018, http://www.xinhuanet.com/fortune/2018-01/19/c_129794593.htm.

17. Lu-Hai, Liang, "China Rides into a Bike-Sharing Future,"

January 30, 2018, https://www.thenational.ae/business/technology/china-rides-into-a-bike-sharing-future-1.700338.

18. Cate Cadell, "China's Meituan Dianping Acquires Bike-Sharing Firm Mobike for $2.7 Billion," *Reuters,* April 3, 2018, https://www.reuters.com/article/us-mobike-m-a-meituan/chinas-meituan-dianping-acquires-bike-sharing-firm-mobike-for-2-7-billion-idUSKCN1HB0DU.

19. 引用摩拜CEO王曉峰2017年9月在創新工場年會的演講。

20. Thomas Laffont and Daniel Senft, "East Meets West 2017 Keynote," East Meets West 2017 Conference, Pebble Beach, CA, June 26–29, 2017.

第4章　北太平洋兩岸對峙的巨人

1. Sarah Zhang, "China's Artificial Intelligence Boom," *The Atlantic,* February 16, 2017, https://www.theatlantic.com/technology/archive/2017/02/china-artificial-intelligence/516615/.

2. Dr. Kai-Fu Lee and Paul Triolo, "China Embraces AI: A Close Look and a Long View," presentation at Eurasia Group, December 6, 2017, https://www.eurasiagroup.net/live-post/ai-in-china-cutting-through-the-hype.

3. Shigenori Arai, "China's AI ambitions revealed by list of most cited research papers," Nikkei Asian Review, November 2, 2017, https://asia.nikkei.com/Tech-Science/Tech/China-s-AI-ambitions-revealed-by-list-of-most-cited-research-papers.

4. Same Shead, "Eric Schmidt on AI: 'Trust Me, These Chinese People Are Good,'" *Business Insider,* November 1, 2017, http://

www.businessinsider.com/eric-schmidt-on-artificial-intelligence-china-2017-11.

5. Gregory Allen and Elsa B. Kania, "China Is Using America's Own Plan to Dominate the Future of Artificial Intelligence," *Foreign Policy*, September 8, 2017, http://foreignpolicy. com/2017/09/08/china-is-using-americas-own-plan-to-dominate-the-future-of-artificial-intelligence/.

6. Allison Linn, "Historic Achievement: Microsoft Researchers Reach Human Parity in Conversational Speech Recognition," *The AI Blog, Microsoft,* October 18, 2016, https://blogs.microsoft. com/ai/historic-achievement-microsoft-researchers-reach-human-parity-conversational-speech-recognition/.

7. Andrew Ng, "Opening a New Chapter of My Work in AI," Medium, March 21, 2017, https://medium.com/@andrewng/opening-a-new-chapter-of-my-work-in-ai-c6a4d1595d7b.

8. 〈雲栖大會｜阿里技術主席王堅：城市大腦是阿里和杭州獻給城市發展的禮物〉, October 13, 2017, http://www.sohu.com/a/197854624_670688.

9. "Preparing for the Future of Artificial Intelligence," https://obamawhitehouse.archives.gov/sites/default/files/whitehouse_files/microsites/ostp/NSTC/preparing_for_the_future_of_ai.pdf.

10. Paul Mozur and John Markoff, "Is China Outsmarting America in A.I.?" *New York Times,* May 27, 2017, https://www.nytimes. com/2017/05/27/technology/china-us-ai-artificial-intelligence. html?_r=0.

11. "Capitalizing on 'venture socialism'" *The Washington Post,*

September 18, 2011, https://www.washingtonpost.com/opinions/capitalizing-on-venture-socialism/2011/09/16/gIQAQ7sYdK_story.html?utm_term=.5f0e532fcb86.

12. "Scale of Traffic Deaths and Injuries Constitutes 'a Public Health Crisis'—Safe Roads Contribute to Sustainable Development," World Health Organization, Western Pacific Region, press release, May 24, 2016, http://www.wpro.who.int/china/mediacentre/releases/2016/20160524/en/.

第5章　人工智慧四波浪潮

1. Frederick Jelinek, "Some of My Best Friends Are Linguists," presentation at the International Conference on Language Resources and Evaluation, May 28, 2004, http://www.lrec-conf.org/lrec2004/doc/jelinek.pdf.

2. "Toutiao, a Chinese News App That's Making Headlines," *Economist,* November 18, 2017, https://www.economist.com/news/business/21731416-remarkable-success-smartphone-app-claims-figure-users-out-within-24.

3. 2017年10月我和焦可的談話。

4. 朱曉穎，〈江蘇 "案管機器人" 很忙：輔助辦案，還考核檢察官〉，中國新聞網, March 2, 2018, http://www.chinanews.com/sh/2018/03-02/8457963.shtml.

5. Shai Danziger, Jonathan Levav, and Liora Avnaim-Pesso, "Extraneous factors in judicial decisions," *PNAS* 108, no. 17 (2010): 6889-92, http://www.pnas.org/content/pnas/108/17/6889.full.pdf.

6. https://eur-lex.europa.eu/legal-content/EN/TXT/?qid=152887467 2298&uri=CELEX%3A32016R0679.

7. 《中華人民共和國網絡安全法》, http://www.npc.gov.cn/npc/ xinwen/2016-11/07/content_2001605.htm.

8. Sarah Dai, "China's Baidu, Xiaomi in AI Pact to Create Smart Connected Devices," *South China Morning Post,* November 28, 2017, http://www.scmp.com/tech/china-tech/article/2121928/ chinas-baidu-xiaomi-ai-pact-create-smart-connected-devices.

9. April Glaser, "DJI Is Running away with the Drone Market," Recode, April 14, 2017, https://www.recode. net/2017/4/14/14690576/drone-market-share-growth-charts-dji-forecast.

10. Fred Lambert, "Google's Self-Driving Car vs Tesla Autopilot: 1.5M Miles in 6 Years vs 47M Miles in 6 Months," *Electrek,* April 11, 2016, https://electrek.co/2016/04/11/google-self-driving-car-tesla-autopilot/.

11. "Xiong'an New Area: China's Latest Special Economic Zone?" CKGSB Knowledge, November 8, 2017, http://knowledge.ckgsb. edu.cn/2017/11/08/all-articles/xiongan-china-special-economic-zone/.

第6章 烏托邦、反烏托邦，AI真正的危機

1. Dom Galeon and Christianna Reedy, "Kurzweil Claims That the Singularity Will Happen by 2045," *Futurism,* October 5, 2017, https://futurism.com/kurzweil-claims-that-the-singularity-will-happen-by-2045/.

2. James Titcomb, "AI Is the Biggest Risk We Face as a Civilisation, Elon Musk Says," London *Telegraph,* July 17, 2017, https://www.telegraph.co.uk/technology/2017/07/17/ai-biggest-risk-face-civilisation-elon-musk-says/.

3. Greg Kumparak, "Elon Musk Compares Building Artificial Intelligence to 'Summoning the Demon,'" *TechCrunch,* October 26, 2014, https://techcrunch.com/2014/10/26/elon-musk-compares-building-artificial-intelligence-to-summoning-the-demon/.

4. Nick Bostrom, *Superintelligence: Paths, Dangers, Strategies* (Oxford: Oxford University Press, 2014), 19. 本書繁體中文版《超智慧》，由八旗文化出版。

5. Geoffrey Hinton, Simon Osindero, and Yee-Whye The, "A Fast Learning Algorithm for Deep Belief Nets," *Neural Computation* 18 (2006): 1527–1554.

6. Hao Jingfang, *Folding Beijing,* trans. Ken Liu, *Uncanny Magazine,* https://uncannymagazine.com/article/folding-beijing-2/.

7. Robert Allen, "Engel's Pause: A Pessimist's Guide to the British Industrial Revolution," University of Oxford Department of Economics Working Papers, April 2007, https://www.economics.ox.ac.uk/department-of-economics-discussion-paper-series/engel-s-pause-a-pessimist-s-guide-to-the-british-industrial-revolution.

8. Erik Brynjolfsson and Andrew McAfee, *The Second Machine Age: Work, Progress, and Prosperity in a Time of Brilliant Technologies* (New York: Norton, 2014), 75–77. 本書繁體中文

版《第二次機器時代》，由天下文化出版。

9. Erik Brynjolfsson and Andrew McAfee, "Jobs, Productivity and the Great Decoupling," *New York Times,* December 11, 2012, http://www.nytimes.com/2012/12/12/opinion/global/jobs-productivity-and-the-great-decoupling.html.

10. Eduardo Porter and Karl Russell, "It's an Unequal World. It Doesn't Have to Be," *New York Times,* December 14, 2017, https://www.nytimes.com/interactive/2017/12/14/business/world-inequality.html.

11. Matt Egan, "Record Inequality: The Top 1% Controls 38.6% of America's Wealth," CNN, September 17, 2017, http://money.cnn.com/2017/09/27/news/economy/inequality-record-top-1-percent-wealth/index.html.

12. Lawrence Mishel, Elise Gould, and Josh Bivens, "Wage Stagnation in Nine Charts," *Economic Policy Institute,* January 6, 2015, http://www.epi.org/publication/charting-wage-stagnation/.

13. Claire Cain Miller, "As Robots Grow Smarter, American Workers Struggle to Keep Up," The Upshot (blog), *New York Times,* December 15, 2014, https://www.nytimes.com/2014/12/16/upshot/as-robots-grow-smarter-american-workers-struggle-to-keep-up.html.

14. 同上注。

15. Dana Olsen, "A Record-Setting Year: 2017 VC Activity in 3 Charts," Pitchbook, December 15, 2017, https://pitchbook.com/news/articles/a-record-setting-year-2017-vc-activity-in-3-charts.

16. "Top AI Trends to Watch in 2018," *CB Insights,* February 2018,

https://www.cbinsights.com/research/report/artificial-intelligence-trends-2018/.

17. Carl Benedikt Frey and Michael A. Osborne, "The Future of Employment: How Susceptible Are Jobs to Automation," *Oxford Martin Programme on Technology and Employment,* September 17, 2013, https://www.oxfordmartin.ox.ac.uk/downloads/academic/future-of-employment.pdf.

18. Melanie Arntz, Terry Gregory, and Ulrich Zierahn, "The Risk of Automation for Jobs in OECD Countries: A Comparative Analysis," *OECD Social, Employment, and Migration Working Papers,* no. 189, May 14, 2016, http://dx.doi.org/10.1787/5jlz9h56dvq7-en.

19. Richard Berriman and John Hawksworth, "Will Robots Steal Our Jobs? The Potential Impact of Automation on the UK and Other Major Economies," PwC, March 2017, https://www.pwc.co.uk/economic-services/ukeo/pwcukeo-section-4-automation-march-2017-v2.pdf.

20. James Manyika et al., "What the Future of Work Will Mean for Jobs, Skills, and Wages," McKinsey Global Institute, November 2017, https://www.mckinsey.com/global-themes/future-of-organizations-and-work/what-the-future-of-work-will-mean-for-jobs-skills-and-wages.

21. https://xw.qq.com/stock/20180612011724/STO2018061201172400.

22. Karen Harris, Austin Kimson, and Andrew Schwedel, "Labor 2030: The Collision of Demographics, Automation and Inequality," Bain and Company, February 7, 2018, http://www.

bain.com/publications/articles/labor-2030-the-collision-of-demographics-automation-and-inequality.aspx.

23. Martin Ford, "China's Troubling Robot Revolution," *New York Times,* June 10, 2015, https://www.nytimes.com/2015/06/11/opinion/chinas-troubling-robot-revolution.html.

24. Vivek Wadhwa, "Sorry China, the Future of Next-Generation Manufacturing Is in the US," *Quartz,* August 30, 2016, https://qz.com/769897/sorry-china-the-future-of-next-generation-manufacturing-is-in-the-us/.

25. Rao and Verweij, "Sizing the Prize."

26. Yuval N. Harari, "The Rise of the Useless Class," TED Ideas, February 24, 2017, https://ideas.ted.com/the-rise-of-the-useless-class/.

27. Binyamin Appelbaum, "The Vanishing Male Worker: How America Fell Behind," *New York Times,* December 11, 2014, https://www.nytimes.com/2014/12/12/upshot/unemployment-the-vanishing-male-worker-how-america-fell-behind.html.

28. Rebecca J. Rosen, "The Mental-Health Consequences of Unemployment," *Atlantic,* June 9, 2014, https://www.theatlantic.com/business/archive/2014/06/the-mental-health-consequences-of-unemployment/372449/.

29. Anne Case and Angus Deaton, "Mortality and Morbidity in the 21st Century," Brookings Papers on Economic Activity, Spring 2017, https://www.brookings.edu/wp-content/uploads/2017/08/casetextsp17bpea.pdf.

第7章　罹癌帶來的智慧

1. http://time100.time.com/2013/04/18/time-100/slide/kai-fu-lee/.

2. 本書繁體中文版《做最好的自己》，由聯經出版公司出版。

3. 本書繁體中文版《世界因你不同》，由天下文化出版。

4. Bronnie Ware, "Top 5 Regrets of the Dying," *Huffington Post*, January, 21, 2012, https://www.huffingtonpost.com/bronnie-ware/top-5-regrets-of-the-dyin_b_1220965.html.

5. Elisabeth Kübler-Ross, *On Death and Dying* (New York: Macmillan, 1969).

6. Massimo Federico et al., "Follicular Lymphoma International Prognostic Index 2: A New Prognostic Index for Follicular Lymphoma Developed by the International Follicular Lymphoma Prognostic Factor Project," *Journal of Clinical Oncology* 27, no. 27 (September 2009): 4555–4562.

第8章　人類與AI共存的藍圖

1. Seth Fiegerman, "Google Founders Talk About Ending the 40-Hour Work Week," *Mashable,* July 7, 2014, https://mashable.com/2014/07/07/google-founders-interview-khosla/#tXe9XU.mr5qU.

2. Steven Greenhouse, "Work-Sharing May Help Companies Avoid Layoffs," *New York Times,* June 15, 2009, http://www.nytimes.com/2009/06/16/business/economy/16workshare.html.

3. Kathleen Pender, "Oakland Group Plans to Launch Nation's Biggest Basic-Income Research Project," *San Francisco*

Chronicle, September 21, 2017, https://www.sfchronicle.com/business/networth/article/Oakland-group-plans-to-launch-nation-s-biggest-12219073.php.

4. The Economic Security Project, https://economicsecurityproject.org/.

5. 同注3。

6. Steve Randy Waldman, "VC for the People," Interfluidity (blog), April 16, 2014, http://www.interfluidity.com/v2/5066.html.

7. Chris Weller, "Mark Zuckerberg Calls for Exploring Basic Income in Harvard Commencement Speech," *Business Insider,* May 25, 2017, http://www.businessinsider.com/mark-zuckerberg-basic-income-harvard-speech-2017-5.

8. Ben Casselman, "A Peek at Future Jobs Reveals Growing Economic Divides," *New York Times,* October 24, 2017, https://www.nytimes.com/2017/10/24/business/economy/future-jobs.html.

9. U.S. Department of Labor, Bureau of Labor Statistics, Occupational Employment Statistics, "Home Health Aides and Personal Care Aides," https://www.bls.gov/ooh/healthcare/home-health-aides-and-personal-care-aides.htm, and "Personal Care Aides," https://www.bls.gov/oes/current/oes399021.htm.

10. Larry Fink, "Larry Fink's Annual Letter to CEOs: A Sense of Purpose," BlackRock, January 18, 2018, https://www.blackrock.com/corporate/en-us/investor-relations/larry-fink-ceo-letter.

第9章 我們和AI的故事

1.　John R. Allen and Amir Husain, "The Next Space Race Is Artificial Intelligence: And the United States Is Losing," *Foreign Policy,* November 3, 2017, http://foreignpolicy.com/2017/11/03/the-next-space-race-is-artificial-intelligence-and-america-is-losing-to-china/.

2.　Zachary Cohen, "US Risks Losing Artificial Intelligence Arms Race to China and Russia," CNN, November 29, 2017, https://www.cnn.com/2017/11/29/politics/us-military-artificial-intelligence-russia-china/index.html.

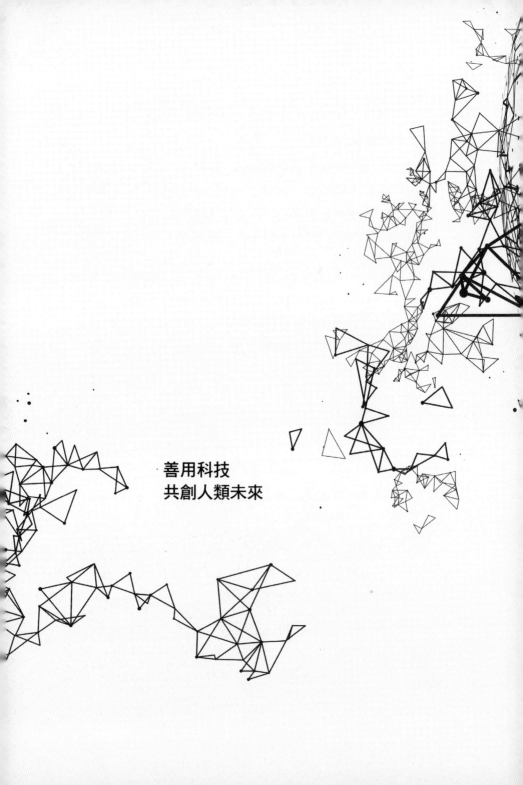

善用科技
共創人類未來

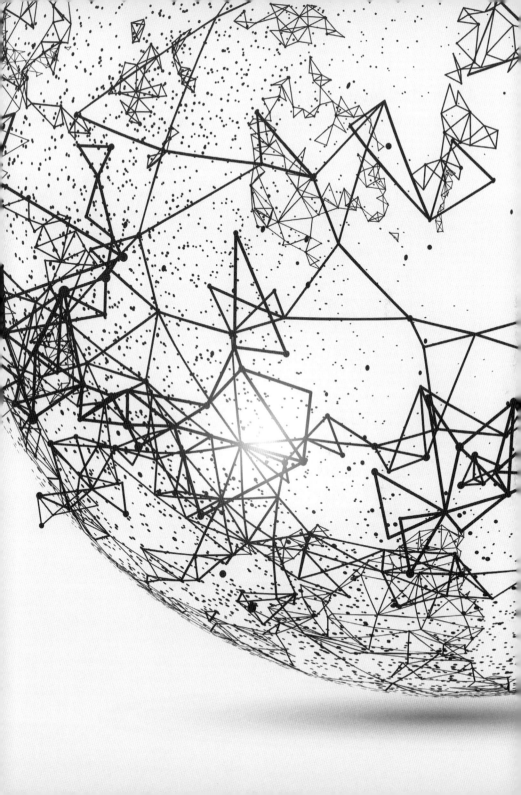

財經企管 BCB645

AI 新世界 中國、矽谷和 AI 七巨人如何引領全球發展
AI Superpowers: China, Silicon Valley, and the New World Order

作者 —— 李開復

總編輯 —— 王力行
資深行政副總編輯 —— 吳佩穎
書系副總監暨責任編輯 —— 邱慧菁
特約編輯 —— 吳依亭
文字協力 —— 李芳齡
封面設計 —— FE 設計 葉馥儀

出版者 —— 遠見天下文化出版股份有限公司
創辦人 —— 高希均、王力行
遠見‧天下文化‧事業群 董事長 —— 高希均
事業群發行人／CEO —— 王力行
天下文化社長／總經理 —— 林天來
國際事務開發部兼版權中心總監 —— 潘欣
法律顧問 —— 理律法律事務所陳長文律師
著作權顧問 —— 魏啟翔律師
社址 —— 臺北市 104 松江路 93 巷 1 號
讀者服務專線 —— 02-2662-0012｜傳真 —— 02-2662-0007；02-2662-0009
電子郵件信箱 —— cwpc@cwgv.com.tw
直接郵撥帳號 —— 1326703-6 遠見天下文化出版股份有限公司

電腦排版 —— bear 工作室
製版廠 —— 中原造像股份有限公司
印刷廠 —— 中原造像股份有限公司
裝訂廠 —— 中原造像股份有限公司
登記證 —— 局版台業字第 2517 號
總經銷 —— 大和書報圖書股份有限公司｜電話 —— 02-8990-2588
出版日期 —— 2018 年 07 月 31 日第一版第一次印行

國家圖書館出版品預行編目（CIP）資料

AI 新世界 / 李開復 著 -- 第一版 . -- 臺北市：遠
見天下文化，2018.07
384 面；14.8x21 公分 . --（財經企管；
BCB645）
譯自：AI Superpowers: China, Silicon Valley, and
the New World Order
ISBN 978-986-479-524-6(平裝)

1. 資訊社會　2. 人工智慧 3. 產業發展

541.415　　　　　　　　　107012113

定價 —— 500 元
ISBN —— 978-986-479-524-6
書號 —— BCB645
天下文化書坊 —— bookzone.cwgv.com.tw